实战版

腰建发 著

BIBLE OF STOCK

股市投资宝典

技术篇

经济管理出版社
ECONOMY & MANAGEMENT PUBLISHING HOUSE

图书在版编目（CIP）数据

股市投资宝典. 技术篇/腰建发著. —北京：经济管理出版社，2016.6
ISBN 978-7-5096-4455-3

Ⅰ. ①股… Ⅱ. ①腰… Ⅲ. ①股票投资—基本知识 Ⅳ. ①F830.91

中国版本图书馆 CIP 数据核字（2016）第 135215 号

组稿编辑：陈　力
责任编辑：陈　力
责任印制：黄章平
责任校对：超　凡

出版发行：经济管理出版社
（北京市海淀区北蜂窝 8 号中雅大厦 A 座 11 层　100038）
网　　址：www. E-mp. com. cn
电　　话：(010) 51915602
印　　刷：三河市延风印装有限公司
经　　销：新华书店
开　　本：710mm×1000mm/16
印　　张：12.25
字　　数：170 千字
版　　次：2016 年 7 月第 1 版　2016 年 7 月第 1 次印刷
书　　号：ISBN 978-7-5096-4455-3
定　　价：58.00 元

序：我的股市人生

笔者从事证券期货投资18年，在期货行业先后培训职业操盘手几万名。曾经先后两次亏完自己全部积蓄，负债进入中国股市。其经历了从刚开始靠给客户待客理财维持在这行业中的发展到后来开了自己的投资公司，从一个马钢厂工人成功转型为一位职业操盘手，从一个无业游民到创建了自己公司的老板，从一个身无分文的年轻人到年赚百万的证券投资者的艰辛历程。

本书除了均线、K线基础介绍和本书最后两章少量的部分内容外，其余全是本人根据实战经验总结撰写的。同样都是均线应用，我们的参数准确度肯定要远远高于其他均线；同样说K线，我们会告诉你不同位置和不同的用法，不同于其他地方介绍出现一根大阳或大阴K线就是上涨或者下跌信号。

本书献给那些热爱证券期货行业并执着追求梦想的人们，经过2015年暴跌，看到很多投资者损失惨重，笔者实在不忍心，所以才写下这本书，希望能帮助更多投资者在股市期货上成为赢家。

希望你能好好阅读此书，这是笔者18年实战总结的经典经验。在股票市场上没有百分之百的成功，我们只是把一个简单的盈利模式重复去做，重复的事情认真去做。有位哲人曾说劳动创造了人类，那么重复就创造了成功人类。

由于笔者工作较忙，加之时间仓促，本书可能有部分语言用词并不流畅，请读者多多谅解。

在此，笔者感谢曹双鹏、赵贞国、金启顺等朋友的大力支持，因为有了你们的支持，本书才能顺利完成。

腰建发

2016年5月于北京

前 言

成功是一种习惯，成功交易也是一种习惯！很多交易者误以为参与市场交易的过程，需要付出艰苦的劳动，其实这是一种曲解，所谓艰苦的劳动是指形成方法的过程，而不是指参与交易实战的过程。事实上，成功的交易是将正确的交易模式简单而重复地在市场中使用！成功交易只是将正确的交易变为一种习惯！

托尔斯泰曾经说过，全世界的人都想改变别人，就是没人想改变自己。罗丹也说过类似的话："有人问我为什么能把一块石头雕刻得栩栩如生，我告诉他们，其实美早就已在生命里了，我只是把多余的部分敲掉。"我们不难发现，成功的人似乎永远成功，而失败的人似乎永远失败。这是为什么呢？有位社会心理学家就此分析说："没有别的，习惯两个字在起作用。一个人习惯于每天晨跑，他就会几十年如一日地跑；一个人习惯于懒惰，他就会无事可做地四处瞎溜达；一个人习惯于勤奋，他就会像日本的阿信一样克服一切困难，从而所向披靡。成功也是一样。"

当你有了适合自己的高正确概率的盈利模式以后，准确而正确地运用于实战就成为攸关成败的关键，而当你多次都能正确地重复使用时，你就会形成一种操作习惯，这种习惯就是成功的习惯；同样地，失败也会形成习惯，你是选择成功的习惯还是选择失败的习惯，那也只有你自己能决定！

一、交易习惯的形成因素

良好的交易习惯的形成必须是在充分认识市场和认识自己的前提下，经由多次正确操作的行动而产生的行为习惯。

（一）认识习惯

习惯的力量是惊人的，有这样一个寓言故事：一位没有继承人的富豪死后将自己的一大笔遗产赠送给远房的一位亲戚，这位亲戚是一个长年靠乞讨为生的乞丐。这名接受遗产的乞丐立即摇身一变，成了百万富翁。这名幸运的乞丐接受了记者的采访，“你继承了遗产之后，想做的第一件事是什么?”乞丐回答说：“我要买一只好一点的碗和一根结实的木棍，这样我以后出去讨饭时就更方便一些。”可见，习惯对我们有着极大的影响，因为它是一贯的，在不知不觉中，经年累月地影响着我们的行为，影响着我们的效率，左右着我们的成败。

一个人一天的行为中，大约只有5%是属于非习惯性的，而剩下的95%的行为都是习惯性的。即便是打破常规的创新，最终可以演变成为习惯性的创新。根据行为心理学的研究结果：3周以上的重复会形成习惯；3个月以上的重复会形成稳定的习惯，即同一个动作，重复3周就会变成习惯性动作，形成稳定的习惯。

亚里士多德说：“人的行为总是一再重复。因此，卓越不是单一的举动，而是习惯。”我想投机的环境也是如此。拿破仑·希尔说：“成功和失败，都源于你所养成的习惯。有些人做每一件事，都能选定目标，全力以赴；有些人则习惯随波逐流，凡事碰运气。不论你是哪一种人，一旦养成习惯，都难以改变。”习惯决定着我们操作的结果，也决定着我们投机的成败！养成好的习惯对于我们的交易成功乃至我们的人生无疑都非常重要！正如心理学巨匠威廉·詹姆士所说：“播下一个行动，收获一种习惯；播下一种习惯，收获一种性格；播下一种性格，收获一种命运。”

（二）认识市场

凡进行过股票期货交易的人都知道，市场无非是由起起落落的价格组成的，认识市场就是了解掌握价格的运行轨迹。通常说，价格的运行有两种状态，即趋势状态和盘整状态。

1. 趋势状态

道氏理论告诉我们：趋势由一系列不断抬高（降低）的高（低）点和低（高）点组成。连接其中两个最高（低）点和最低（高）点，得出两条趋势线，价格在其上升（下降）通道内运行。通道不破，趋势不改，趋势具有连续性和稳定性，中间会有调整，但方向不会轻易改变。

2. 盘整状态

由形态理论、K 线组合理论可知，盘整状态的特征表现为价格在一定幅度内上下震荡。从时间上可将其分为短期盘整、中期盘整、长期盘整。盘整形态经常从价格的大幅震荡，逐渐过渡到小幅波动。盘整状态只是暂时的，可能是上涨或下降途中的休息，也可能是一轮行情反转前的准备。

成功的投机就是沿着价格运动阻力最小的方向而做的顺势操作，就是投机者依据自己的投机经验和操作系统，进行冷静分析，并始终清醒地把握行情发展的规律，静如处子，动如脱兔，像狼一样捕捉时机！投机的真谛就是把握和发现重大的交易时机！

（三）认识自己

“认识你自己”，这是古希腊伟大的圣哲苏格拉底的一句著名箴言，它被高高地镌刻在德尔菲太阳神庙之上，以其深邃的思想恩惠着后人。要想从平庸中脱颖而出，成为一名专家级交易者，你必须学会了解自我，必须熟悉市场的各种运行机制，使它们在你的大脑中形成一个整体模式，并能清楚地明白，你自身的优点和弱点是如何影响你的操作业绩的。正如亚当·斯密在其著作《金钱游戏》中所说的那样，“如果你不知道自己是谁，那么市场是一个能找到答案的昂贵场所”。

首先，要了解自己的风险承受能力。有人亏几个点就沉重得吃不下饭，有人可能亏几十个点也满不在乎，这就是风险承受能力的不同。这种不同没有好坏、对错之分，只有应对策略的不同，因为它可能影响你的交易心态，主宰你的情绪。

其次，要了解人性的弱点和自己的特点。天下熙熙，皆为利来，天下攘攘，皆为利往，在利益和诱惑面前，人们往往会深陷其中。表面看来，股票期货投资获利容易，只要一敲键盘，说不定就是几倍的利润。然而，在实际操作中，股票期货投资远非想象的那么简单，无情的现实会很快击碎浅薄交易者的梦想，不到半年就爆仓出局的投资者比比皆是。为什么呢？因为贪婪和恐惧！人生的敌人其实在你我心里，在投资的行为上，贪婪、恐惧的嘴脸不断重演！贪婪和恐惧是人类的天性，天性往往会主宰我们的意志，使我们不能去客观、冷静地分析行情。

最后，要了解自己的性格特征，是稳重、坚韧、勇敢，还是易怒、好动、怯懦，这对养成良好的交易习惯，进而建立自己的交易系统，形成自己的交易风格具有重要的参考作用。

如同人是大自然的产物，并不可能战胜自然一样，投资者在市场面前，也是非常渺小和脆弱的。如果市场可以被大多数人准确地预测，那么市场就会失去存在的基础，作为投资者只有适应市场，顺应市场，做到随波逐流，才可能在市场中生存。交易者若能在外界投射来的刺激下，不起贪心，不生惧心，很坦然、很从容地站在超然的立场上，自然可以自在地知进退。追求一个内心平静的世界，这正是跨越投资领域最大的难处。

总之，了解自己就是要了解自己的风险承受能力、个性、习惯、性格特征等，从而形成自己个性化的交易风格。股票期货投资之道不是人云亦云，不是用所谓大众化的交易方法代替自己的方法，而是从大众化的方法中提炼出属于自己、适合自己的方式来应对市场。

二、成功交易者应养成的行为习惯

（一）成功者目标明确

一个人没有目标就不可能有实际的行动，更不可能获得实际的结果。成功者最明显的习惯之一就是，他们虽重视事情的过程，但更重视事情的目的，而目的的清楚则有助于他达到结果并且享受过程。根据这一目标，自己必须切实做到哪些事情，然后一一付诸实施。因此，他们往往如期成功、如愿以偿。这样做的目的是让人不要见一步走一步，拖拖拉拉，一事无成。当然，目标并不是一成不变的，目标随着时间的推移而改变，我们制定了目标之后，还需要经常审阅目标表，针对当时的情况进行修改，修改后的目标表必须能够体现出你当时对要完成某事的最好判断，而不是认为自己无法完成目标而去修改。

（二）成功者重视积累

在参与交易时，越轻松越好，但在交易前的准备却是一个艰苦的过程，两者的关系是辩证的，这并不矛盾。要成为优秀的交易者，首先要对市场进行研究、观察，做好交易前的各种准备和学习，累积实战经验；艰辛劳动是指人的观念、创造力、毅力、动力、欲望和投入精神，艰辛劳动不是指和市场作斗争，而是越顺应市场趋势就越容易赚钱。经验是投资或投机能否获利的关键，积累经验难免要缴学费。

（三）成功者注重学习

养成读书的好习惯永远不会过时。哈里·S.杜鲁门是美国历史上著名的总统。

他没有读过大学，曾经营过农场，再后来经营一间布店，经历过多次失败，当他最终担任政府职务时，已年过五旬。但他有一个好习惯，就是不断地阅读。经过多年的阅读，杜鲁门的知识非常渊博，从而使他能带领美国顺利度过第二次世界大战，并使这个国家很快进入战后繁荣。他懂得读书是成为一流领导人的基础。读书还使他在面对各种有争议、棘手的问题时，能迅速做出正确的决定。例如，20 世纪 50 年代他顶住压力，把人们敬爱的战争英雄道格拉斯·麦克阿瑟将军解职。他的信条是："不是所有的读书人都是一名领袖，然而每一位领袖必须是读书人。"

每一个成功者都是有着良好阅读习惯的人。其实在投机市场也是一样，要想在这个风云诡谲、变化莫测的风险市场上生存，并得到长久的发展，仅靠想当然的主观愿望是不可能的，也不现实。资本市场是永远充满变化的，但并非没有规律可循。我们应该从其本质到实战运行，从出入市点位把握、风险管理、资金管理到心态控制，进行全面、细致、系统的学习和研究，彻底掌握股市的本质规律。

（四）成功者先计后战

在这个风险市场上，我们不能终日漫无目的地对市场的波动随意展开没有章法的操作，必须要有可行的操作计划与规程，并严格执行。

如果仅凭一时的感觉或冲动就盲目下单，往往会铸成遗憾，特别是在已出现了亏损的情况下，你往往会因想尽快弥补损失而进行频繁的超量操作，其结果是越操作损失越大，最终会被迫斩仓出局。

（五）成功者自我控制

任何一个成功者都有着非凡的自制力。成功者控制自己的情绪，失败者被自己的情绪所控制。所谓成功的人，就是心理障碍突破最多的人，因为每个人或多或少都会有各式各样、大大小小的心理障碍。

股票期货市场是一个风险很大的市场，它在创造高利润的同时必然伴随着另一方的高亏损，而对自己的高度自制是唯一能使你避免重大亏损从而走向盈利的不二法门。

三、成功交易者的思维习惯

（一）成功的交易者绝不幻想

高手不做自己看不懂的走势，从来不会勉强自己做单，没有十足的把握不会出手。因为是高手，看得懂的走势多，所以老是赚钱。而低手老是在一知半解下急于入场，甚至有点影子就急于加码以扩大盈利，最终败多胜少。

一旦你把资金投入市场，而其没按原来的预想运动，怎么办？一般人常常想象出各种理由把这一不正常的运动“合理化”。这种为避免割肉痛苦的合理化假设是极其致命的，这也是许多有一定经验的炒手最终不得不举手投降的主要原因。一位成功的投资者决不让情感左右自己，有的话程度也很小。无论割肉认错是多么痛苦，他们决不迟疑。他们明白，让这样的情况延续只会带来更大的痛苦和损失。

（二）成功的交易者绝不侥幸

侥幸是止损的天敌，也是引发大亏损的直接原因。有一个原则投资人必须要记住：当事情有可能变坏的时候，发生的一定是最坏的结果！这就是著名的墨菲法则。对于这个法则，比较形象的解释就是：如果桌子上有一块面包，面包的一面有奶油，那么当面包从桌子上跌落到名贵的地毯上的时候，一定是有奶油的那一面向下。

很多投资者就是犟脾气，做错了死不认输，不知在第一时间解决掉手中的错单，以致让错误不断地延续，后果可想而知。这种心态万万要不得。

（三）成功的交易者绝不重搏

高手从来不会与市场重仓对赌，只会随着趋势的发展有计划地逐渐增加仓位，因为他知道市场走势常有出人意料之处，长久的获利才是胜算；而低手总是急于一朝暴富，重仓出击，虽偶尔有赌对的时候，但久赌必输，最终一无所获。高手不贪，循规蹈矩地金字塔加码，无论走势好坏，皆有收获；而低手则急于加码扩仓，最终行情反转时，反胜为败。重仓或满仓操作虽然有可能使你快速增加财富，但更有可能让你迅速爆仓。财富的积累是和时间成正比的，这是国内外投资大师的共识。

（四）成功的交易者绝不自大

谦虚不仅是一种美德，更是一种人生的智慧，相对于市场的博大，一个交易者没有理由不谦虚。

美国证券史上有名的资深分析师卡费罗，曾创下连续 22 个月盈利不亏的纪录；贝托·斯坦曾在华尔街创下一单赚取十亿美元的纪录；而迈克·豪斯则曾经七年雄居华尔街富豪榜第一名。但是他们的结局有些相似——卡费罗死时身上只有

5美元；贝托·斯坦被几百名愤怒的客户控告诈骗而入狱10年，出来时一文不名；而迈克·豪斯更惨，他在45岁时就因破产自杀了。

为什么会有这样的结局？原因很简单，他们都有一个共同的特点，就是投资操作成功的概率总是远远高于众人。但奇怪的是，在他们自我感觉最好、自觉伟大的时候，九十九次成功所积累的金钱却没能经受住一次“决战”失利造成的损失。越是自我感觉良好、充满自信，就越不容易承认自己在市场上会犯错，就越难以说服自己及时断臂止损。结果就是总会有一次要让你败在市场的滚滚车轮之下！

（五）成功的交易者超越自我

成功者人生的目标通常是超越自我，运用冥想的技巧，运用自我暗示的力量。当你不断想象自己达成目标时的情景，潜意识会引导身体作出那些效果。交易的成功者不是天生的，也绝对不是妄图用一些自以为是的投机取巧的伎俩来战胜市场的！其必是不屈的灵魂在经历了非凡的勤奋和天才的努力之后彻悟的结晶！

成功是一种智慧，成功是一种习惯，成功是一种追求，成功是一种决心。成功有秘诀，但成功永远没有捷径。执着使你通向成功之路，智慧助你打开成功之门。

而习惯的力量是惊人的，习惯能载着你走向成功，也能驮着你滑向失败，如何选择，当然最终还是取决于你自己！

目录

第一章　教你如何看盘

一、看盘先从哪里入手

看盘是每个专业操盘手必须要做的功课，它是锻炼操盘手利用小趋势分析法来精准预判大盘走势的一种方法，是每一个专业高手必经之路。这也是一项很辛苦的工作，不但考验操盘手的看盘分析能力也考验着操盘手的心理状态。专业操盘手总是通过最快速的方法抓住问题的关键，来展开自己高水平的实战操作。

要在股票市场上赚钱，学会看盘是必要的。如果你会看盘，就会买到低价，卖到高价，如果你不会看就只能追涨杀跌，一买就跌，一卖就涨。

世上没有无缘无故的爱，更没有无缘无故的恨。股价的涨跌同样如此，无论是上涨还是下跌，都存在着自身的合理性。涨自然有涨的道理，说明有资金的推动，资金能够持续买入，又从侧面显现了对股价的预期因素，而这种预期的背后似乎又存在着另类的基本面和题材的支撑，这些都是环环相扣的。下跌表明了资金的流出，流出的意义恰恰在于要么是对涨幅过高的风险担忧，要么就是为了洗盘所进行的暂时蓄势整理。而看盘就是洞察盘面变化，了解盘面语言。

而盘面语言是通过数字信息传达的、是与上一交易日在时间和空间上有一定联系的、是描述市场两股力量进行较量的、是在某一时间反映一切基本面和主力意图的语言。而我们就是要从这些盘面语言发现买卖时机。

那么我们先从哪里入手呢？在操盘前必须做好准备工作，首先要在开盘前浏览阅读完当日财经新闻，了解相关财经信息和行业政策。了解个股公布的基本面信息，在个股方面要重点关注个股的业绩公布、高送转或者重大消息公布（如重组、非公开发行股票等），从中会发现可能具备买入的个股，以及了解一下手里持有的股票和一些相关行业的政策新闻。

在了解了这些信息之后我们会在心里有个大概的预期，要对这些信息和当日走势有一个大概的预测。至少心里有个大概想法，这样在对我们手里持仓股票该如何处理先有个心理准备。

假如是公布重大利好，那么今天大盘可能就是高开高走或是高开低走，面对这两个方向我们该如何去操作手里的股票，如是加仓还是减仓也会有一个大概的操作计划。

以上这些准备工作我们必须在开盘前 5 分钟完成，也就是到了 9：25 集合竞价之前把一切准备工作全部做好，股票账户也都全部打开等待迎接开盘。

二、如何看集合竞价

所谓集合竞价就是在当天还没有成交价的时候，欲要入市的投资者可根据前一天的收盘价和对当日股市的预测来输入股票价格，而在这段时间里输入计算机主机的所有价格都是平等的，不需要按照时间优先和价格优先的原则交易，而是按最大成交量的原则来定出股票的价位，这个价位就被称为集合竞价的价位，而这个过程就被称为集合竞价。

集合竞价是以最大成交量为原则的，即以此价格成交能够得到最大成交量。高于集合竞价产生的价格的买入申报全部成交；低于集合竞价产生的价格的卖出申报全部成交；等于集合竞价产生的价格的买入或卖出申报，根据买入申报量、卖出申报量的多少，按少的一方的申报量成交。

1. 集合竞价时间

上海市场：9：15~9：20；深圳市场：9：15~9：20 可以挂单也可以撤单。

上海市场：9：20~9：25；深圳市场：9：20~9：25 只能挂单不能撤单

2. 集合竞价申报规定

沪深两市每个交易日 9：25~9：30 的开盘集合竞价阶段，两个交易所交易主机都不接受任何竞价交易申报。

集合竞价主要产生了开盘价，接着股市要进行连续买卖阶段，因此有了连续竞价。集合竞价中没有成交的买卖指令继续有效，自动进入连续竞价等待合适的价位成交。

三、看盘内容及技巧

每一天市场上的投资者都会面临三种投资选择，即买入、卖出、观望，而让投资者作出这一选择的动机源于投资者对盘面的认知，盘中看点并不局限于日线，它还有周线、60 分钟线等时间单位的图表。

1. 看开盘

开盘价：它是多空双方在开盘前 5 分钟撮合而成的。

开盘价是对上一交易日市场运行趋势的延续。每天开盘价在技术分析上具有重要的意义。它从总体上反映了机构当日的操作思路，由此可以了解多空基本意愿。具体操作中，主要是与收盘价相比，看开盘价格的高低和量能变化等。

先看一下手里持仓的股票开盘价格，是高开低开或者平开，然后再看上证指数大盘是高开低开或者平开，其是否和个股一致。

一般情况下，高开＋放量说明上涨意愿较强，则个股当日收阳的概率较大。低开＋缩量说明做空意愿较强，则个股当日收阴的概率较大。也有很多时候是高开低走或者低开高走，这都需要开盘之后密切关注量价关系是否正常。

一般情况下大盘低开或者高开，手里股票大致和大盘一样，有些强势股票或者有利好公布的股票会强于大盘，出现高开高走，有的直接是开盘涨停。也有很多时候个股比大盘弱，大盘高开或平开，个股却是低开。

所谓高开，是指当天的开盘价高于昨天的收盘价，而低开则是指当天的开盘价低于昨天的收盘价。开盘价表示出市场的意愿，期待今天的股价是上涨还是下跌。成交量的大小则表示参与买卖的人的多少，它往往对一天之内成交的活跃程度有很大的影响。

2. 看热点

股价运行之后我们要先看行情软件上面打开 81 键盘后所显示的内容，也就是沪市分钟涨幅排名、委比排名和 5 分钟涨速排名。再打开 83 键盘，也就是深市 5 分钟涨幅排名、委比排名和 5 分钟涨速排名。尤其是要关注 5 分钟涨速排名，在这里往往是发现热点板块最快的地方，也是短线高手发现短线操作机会绝佳的入手点。

市场热点通常表现在市场的领涨板块，它可以是与大盘趋势相反的对称板块，也可以是与大盘趋势方向一致的板块，市场有热点、活跃度高，趋势的延续度才会高。

3. 看压力和支撑

在个股价格变动过程中，要注意看个股的压力和支撑位置，这些对个股当日走势影响较大。比如重要的均线系统压力或者支撑，密集区的压力或者支撑等。认真研究分析个股在压力位和支撑位成交量与股价变化情况，对投资者的操作有较强的指导意义。

4. 看个股与大盘背离

多数情况下个股会与大盘上涨下跌同步运行，这是一种正常情况，我们要看个股和大盘走势的不一致性，即大盘上涨时手里的股票是下跌，或者大盘下跌时手里的股票是逆势上涨，这种现象一般值得关注，尤其是大盘大跌个股却强势上涨，如果该股没有利好消息下多为强庄入住或者后期有潜在利好。有时候大盘大涨个股却下跌，这种现象在个股没有利空消息下不排除是机构洗盘的一种手法。

5. 看中盘技巧

中盘时间是指 10：00~11：30，13：00~14：30，总计 3 个小时。经过开盘对前一天收盘及消息面的反映和调整后，股市进入中盘阶段。在中盘这 3 小时中为多空斗法三阶段，又可分为多空搏斗、多空决胜和多空强化三个阶段。

（1）多空搏斗。

开盘时多空之间只是相互试探，还没有正面交锋。盘中则是多空双方短兵交接的开始，又是早市潜伏的黑马股启动的时刻，需重点关注启动个股；这也是对全天的大盘走势作进一步判断的时刻。指数、股价波动的频率越高，则表明多空双方的搏斗越激烈。若指数、股价长时间平行，则表明多空双方持续观望，无意恋战。这个阶段，股民也可慎重判断，不必急于出手。

（2）多空决胜。

经过前面多空双方的激烈拼杀，胜负趋势逐渐明朗。大盘走势出现明显的倾斜。若多方占据优势，会把股价不断推高，若空方占据优势，则股价持续跌落。占优方将乘胜追击，扩大战果；另一方见大势已去，抵抗力明显减弱。此时，股民可通过关注各种类型和板块的强弱变化选择进出的最佳时机。

（3）多空强化。

多空强化是盘中的最后阶段，占优方乘胜追击，败方大势已去且无时间还击。盘中出现一面倒的局面，胜负结果不问便知。如果股价创了新高，那么尾盘还会有一番急拉行情，如果此时股价走低，那么尾盘还会有一番急挫走势。强者更强，弱者更弱。实战中将 10：30 前盘中出现的最高点和最低点描出并取其中间值为标准，如果此时指数在中间值和最高点中间，则涨势会进一步强化，尾盘有望高收。若此时指数在中间值和最低点，则尾盘震荡向下的概率较大。

6. 休盘和复盘时的短线机会

在上午临近休盘和下午后复盘阶段也值得关注，它是承前启后的时间段。上午休市前的走势一般具有指导意义，如大市处于升势，上午收于高点，表明人气旺盛，行情向好；反之，如大市处于跌势，上午收于低点，表明人气低迷，行情向淡。临近休盘走势也是多空双方争夺的要点。由于中午休盘时段，投资者有充裕的时间检讨前市走向，研判后市发展，作出自己的投资决策。因此，主力庄家常利用休市前的机会制造出有利于自己的走势，如升势中上午收于低点，跌势中上午收于高点，引诱广大中小散户跟风上套。

下午复盘后的重点在于，如果有冲动性买盘进场，大势可能快速冲高，即使回落后也有向好机会，可以借机买入。

这时看盘，有一个问题十分重要，就是要把休盘前和复盘后的走势作为研判下午走势的一个整体，相互印证。如果大市连绵下跌，反弹迫在眉睫，主力往往会作出跌势未尽的假象，在上午休市前刻意打压，使之以最低价报收。下午复盘后，中午经过思考下定决心斩仓的人会迫不及待地卖出，指数急挫，但这往往是最后一跌，主力不但能趁机吃进后拉高，还能提高此时追进者的持股成本。于是，中午休盘前的下跌便成了最佳的短线建仓良机。

7. 看顶部和底部

对于股民来说，判断当日内指数的顶部和底部具有极为重要的意义，有利于把握日内短线买卖时机，尤其是爱做短线的投资者掌握住大盘日内顶部底部才能找到最佳出市入市点。虽然这往往比较困难，但是，如果能认真注意盘中变化，多观察大盘在重要的支撑位置和压力位置的盘面变化，利用日内趋势线、箱体理论、包括 V 型反转以及 10：30 分创出的最低和最高等方法还是能研判出日内顶部和底部位置来。只要掌握了这些方法才能对当日指数走势的高低点有大体把握，也就容易对手中股票进行加仓或者减仓的操作。当然在特殊情况下重大利空或利好消息刺激下，会导致指数的大幅下跌或者上涨就不那么容易准确把握。但是多数情况下指数走势还是有规律性的，所以我们必须要长期盯盘，在技术和盘感上逐步提升自己的水平，就能对日内顶部和底部有所把握。

四、如何看大盘分时走势图

分时图是指大盘动态实时（即时）分时走势图，其每一分钟的走势称为大盘分时走势，又称大盘即时走势。

大盘分时走势图在实战研判中的地位极其重要，是即时把握多空力量转化即市场变化直接根本，在这里先给大家介绍一下概念性的基础常识（如图 1-1 所示）。

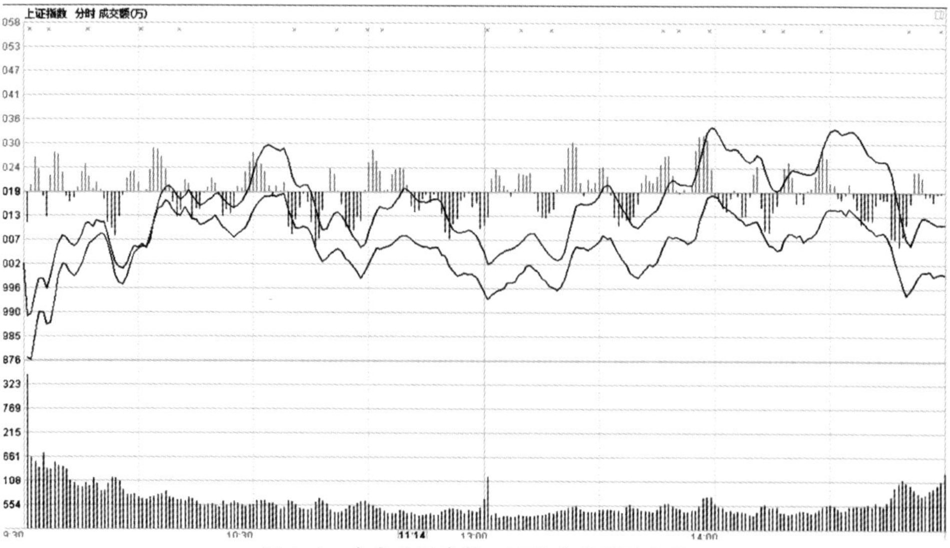

图 1-1　大盘分时走势，又称大盘即时走势

1. 红色柱状线和绿色柱状线

红色柱状线和绿色柱状线是用来反映指数上涨或下跌强弱程度的。大盘向上运行时，在横线上方会出现红色柱状线，红色柱状线出现越多、越高，表示上涨力度越强，若渐渐减少、缩短，表示上涨力度渐渐减弱。大盘向下运行时，在横线下方会出现绿色柱状线，绿色柱状线出现越多、越长，表示下跌力度越强，若绿色柱状线渐渐减少、缩短，表示下跌力度渐渐减弱。

2. 粗横线

粗横线表示上一个交易日指数的收盘位置。它是当日大盘上涨与下跌的分界线，它的上方，是大盘的上涨区域；它的下方，是大盘的下跌区域。

3. 白色曲线和黄色曲线

白色曲线，表示上证交易所对外公布的通常意义下的大盘指数，也就是加权数。黄色曲线，是不考虑上市股票发行数量的多少，将所有股票对上证指数的影响等同对待的不含加权数的大盘指数。

参考白色曲线和黄色曲线的相对位置关系，可以得到以下信息：当指数上涨，黄色曲线在白色曲线走势之上时，表示小盘的股票涨幅较大；而当黄色曲线在白色曲线走势之下时，则表示大盘的股票涨幅较大。

当指数下跌时，如果黄色曲线仍然在白色曲线之上，这表示小盘股的跌幅小于大盘股的跌幅；如果白色曲线反居黄色曲线之上，则说明小盘股的跌幅大于权重股的跌幅。

4. 黄色柱状线

黄色柱状线表示每分钟的成交量，单位为手。最左边一根特长的线是集合竞价时的交易量，后面是每分钟出现一根。成交量大时，黄色柱状线就拉长；成交量小时，黄色柱状线就缩短。

五、如何看当日大盘强弱

分辨当日大盘强弱是非常重要的，是关系我们当日是加仓还是减仓的重要参考依据。

很多投资者经常会早上开盘，看大盘上涨就立刻买入股票，到了下午大盘大跌手里买入的股票当天就被套。所以分析当日大盘走势是每一个专业人士必须学会的。

1. 首先看第一板个股涨幅

看第一板，上海看 61、深圳看 63。深沪两市都可以用通过市场要素快速排序的方法告诉我们市场的真正实质。市场量价要素排序的功能是专业选手快速掌握市场真正情况的窗口，也是专业看盘的标准次序。

涨跌龙虎榜的第一板直接告诉我们当日、当时市场中最强大的庄家的活动情况。如果连力量最强大的庄家都不敢出来表现，则市场强弱可以立即得出判定。

第一板中如果有 10 只以上的股票涨停，则市场处于特别强势，第一板中如果所有个股的涨幅都大于 5%以上，则市场处于强势。

第一板中如果个股没有敢于涨停并且涨幅大于 5%的股票很少则市场处于弱势。

第一板中如果所有个股的涨幅都小于 5%，则市场处于极弱势，此时市场基本没有操作机会，此时观望和等待是最好的策略。

2. 看热点

如果当天盘中没有任何热点拉升就说明资金对当日大盘不乐观，大盘处于弱势下跌可能较大。如何盘中热点板块持续走强，大盘当日维持强势概率较大。

3. 看波动线形态

大盘波动态势低点不断上移，高点一波高于一波，股价波动黄线和成交均价白线均处于向上的态势，且上涨幅度大于 3%以上属于强势态势，是典型的单边上扬。

大盘波动态势重心不断上移，高、低点偶有重叠，大盘处于上扬之中，属于典型的震荡上扬。

大盘波动态势重心横向水平波动，高点、低点反复重叠，大盘处于震荡之中。此时大盘处于牛皮市。

大盘波动态势重心向下运动，高点、低点逐级下移，大盘处于跌势之中，大盘属于弱势。

4. 看个股涨跌家数

涨跌家数的大小对比，可以反映大盘涨跌的真实情况。

大盘上涨，同时上涨家数大于下跌家数说明大盘上涨自然，涨势真实。大盘上涨，相反下跌家数却大于上涨家数，说明有人拉升权重股，涨势为虚涨。

大盘下跌，同时下跌家数大于上涨家数说明大盘下跌自然，跌势真实。大盘下跌，相反上涨家数却大于下跌家数，说明有人打压权重股，跌势虚假。

5. 大盘强弱转换

（1）由弱转强。

多数大盘低开之后向下运行，在遇到重要支撑位置后产生支撑。此时留意大盘可能由弱转强，此时看涨幅榜，涨停家数个股增多，盘中出现热点板块很快涨停，多数个股也是稳步上升。跌停股票开始打开，跌幅榜上个股下跌幅度收缩。

（2）由强转弱。

大盘高开或者上涨到压力位置附近，热点板块龙头股涨停打开，下跌家数开始增多，多数上涨股票盘中重心开始逐渐下移。

分辨当日强弱转换是很重要的，由强转弱时仓位重的投资者及时减仓手里的股票。由弱转强时及时进行加仓可在日内做手里股票的 T+0 操作。

六、如何看个股分时走势图

看了大盘走势我们必须了解个股走势和大盘是否一致，是强于大盘或者弱于大盘。大盘上涨或者下跌时手里的股票是否能强于大盘，或者是跟大盘同步。这样衡量目标股票和持有股票当日走势的强与弱，来分析当日机构对个股的动向。

在个股走势图上有一根黄色的线和一根白色的线，黄色的表示当日均线，白色的是当日股票的价格，多数情况下，黄线在下方白线在上方表示走势比较强，为上涨走势；黄色线在上方白色线在下方表示股价走势弱，为下跌的走势。盘中分析还应重点观察均线，因为均线对盘中走势的判断具有明确的警示和支撑以及压力的作用。

在日内看盘重点注意开盘一小时后走势，多数股票容易在 10：30 创下当日日内阶段性高点和低点，之后股价可能是缓慢下移，或者上移，或者围绕均线附近维持上下小幅震荡。尤其是很多股票容易开盘放量直线拉升，大幅上涨，但是并不涨停，在 10：30 内出现了阶段性高点，之后股价可能会缓慢下跌或者围绕均线上下来回震荡，短线投资者要特别留意这种现象抓住最佳短线出局点。

盘中个股一旦放量有效突破前一个小时内最高，股价多数以上涨为主。同理，要是该股跌破前一个小时内最低，股价多数会继续下跌。如果在 10：30 之后股价不突破产生的最高，也不跌破 10：30 内的最低，而是围绕均线上下震荡，多数个股当日会出现以横盘区间震荡为主。

华平股份 2016 年 3 月 23 日在 10:23 创下当日新高，随后缓慢下跌，11:20 跌破当日均线，明显弱势（如图 1–2 所示）。

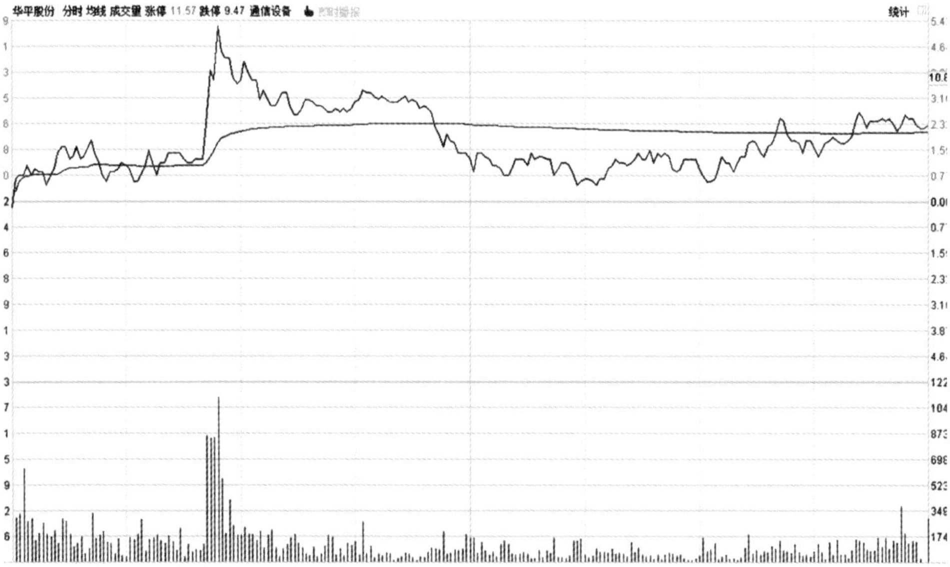

图 1–2 华平股份（300074）2016 年 3 月 23 日分时走势

胜利股份在 2006 年 3 月 23 日 10：00 创出阶段性新高后在均线附近横盘始终没有跌破当日均线（就是黄线），下午放量突破，尾盘涨停（如图 1–3 所示）。

除了这些还要看盘中涨跌时的量价关系。涨的时候是否有成交量进行配合，跌的时候是否有成交量进行配合。如果上涨的时候有量，下跌的时候无量，那么就说明它的整个状态比较好，这种就是属于比较健康的量价关系，操作的时候可积极地展开。如果下跌的时候放量，上涨的时候无量，这种属于非健康的量价关系，这种情况下应该停止操作。

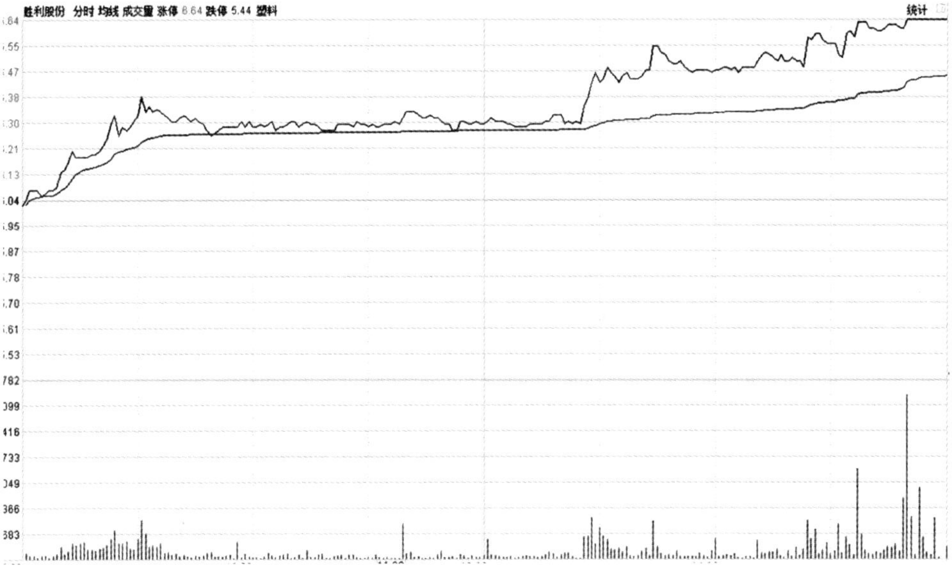

图 1–3　胜利股份（000407）2016 年 3 月 23 日分时走势

总体来说，对于个股当日分时走势应关注以下几方面：第一，价格在当日均线之上还是之下运行来判断强弱。第二，个股在盘中是否是上涨放量下跌无量来判断力度大小。第三，股价是在 10：30 内的高低点之上运行还是之下运行，还是围绕在高低点之间来回上下区间震荡。这些对当日走势都具有指导性意义。

七、如何看内外盘

我们看个股的时候必须要关注外盘、内盘数量的大小和比例，投资者可从中发现主动性的买盘多还是主动性的抛盘多，由此判断趋势强弱的真实情况，不过这只是一个较佳的辅助指标。

一般正常情况下股票上涨肯定是外盘大于内盘，即买入数量比卖出数量大。下跌是内盘大于外盘即卖出的数量多于买入的数量。

外盘是主动买盘，是按市价买进的累计成交量，成交价是卖出价：内盘是主动卖盘，是按市价卖出的累计成交量，成交价是买入价。

但投资者在使用外盘和内盘时，要注意结合股价在盘中分时的低位、中位和高位的成交情况以及所占该股的当日总成交量比例的情况来分析。因为主力做盘的原因，所以，很多时候外盘大，股价也并不一定上涨；内盘大股价也并不一定下跌。我们要特别注意股价涨幅过高时外盘特别大、内盘特别小股价反而上涨乏力，这种情况多为机构出货或者刻意压盘吸货，这两种的区别是前者在股价高位，后者股价则处于低位区域。

内外盘只是日内庄家机构的一种手法，会影响短期走势，对大趋势并没有太大影响。

我们经常会遇到这一个小时内盘很大卖出量大于买入很多，下一个小时就出现外盘超过内盘股价一路飙升现象。

一般股票处于拉升期时要多注意，一旦涨幅过高出现卖盘特大时就可能是机构出货，在拉升期内外盘差距不大时多数是洗盘。

在实战操盘中，我们必须多结合别的方面去内外盘现象才更可靠，因为机构也会经常利用挂单撤单方法来欺骗投资者，总之不能仅仅用内盘外盘大小来分辨个股后市走势。

八、如何看成交量

成交量指标（VOL）是指一个时间单位内撮合成交的股数，用条形实体来表示。如果是阳线，实体画成红色，否则画成青色或绿色。成交量是研判行情的最重要因素之一，它对于股价技术分析而言有很重要的意义，而分析成交量最重要的工具，莫过于对换手率数据的分析，这是研究成交量最有效率的重要秘密武器。

股市中有句老话："技术指标千变万化，成交量才是实打实的买卖。"可以说，成交量的大小，直接表明了市场上多空双方对市场某一时刻的技术形态最终的认同程度。

成交量是测量股市行情变化的温度计、晴雨表，股价的上升与下降，无时无刻不受成交量的影响与制约。它可以在分时图中绘制，也可以在日线图、周线图甚至月线图中绘制。

K 线图、成交量、移动平均线这三种图线，是证券界公认的“三大法宝”，是投资者不可缺少的“当家技术”。经过对 K 线组合、移动平均线组合和成交量组合三个不同组合进行综合分析，判断出的买卖信号，可靠性更高。

虽然说成交量也可以作假，但是成交量仍是最客观的要素之一。其实任何技术，不管它的有效性高到何等程度，均会受到大势的影响，违背趋势而逆市操作，终会导致失败。当日成交量的大小反映了市场投资者在当日的价格区间进行交易的偏好程度，它还体现出投资者目前的心理状态，积极介入或出场观望或持币等待，更深一层地看，它反映出价格向某方向变动的能量在集聚或被释放，当成交量有效放大时，或是行情的开始或是行情阶段性结束，当然要根据价格高低等因素综合判断。

成交量的变化关键在于趋势。趋势是金，所谓的“天量天价，地量地价”，只是相对某一段时期而言的，具体的内容则需要看当时的盘面状态以及所处的位置，才能够真正确定未来可能的发展趋势。在股价走势中，量的变化有许多情况，最难判断的是一个界限，多少算放量，多少算缩量，实际上并没有一个可以遵循的规律。很多时候只是一个“势”，即放量的趋势和缩量的趋势，这种趋势的把握来自对前期走势的整体判断以及当时的市场变化状态。在用成交手数作为成交量研判的主要依据时，也可辅助使用成交金额与换手率进行研判，从而更好地把握量的“势”。这里我们将阐述量能的运用。

1. 上涨时成交量变化

（1）上涨无量。

上涨无量是股票最强的情况，这里说的是无量开盘涨停。无量涨停是大家一致同意股票上涨的表现，没有人投反对票，造成了没有成交量出现，或者成交量稀少，这个时候手上没有这种股票的人，一般是买不到的，有这种股票的人，只需安心拿着，静等成交量放大的到来再做决断。

有时候上涨无量也会出现在一些高度控盘的庄股中，这个时候股价一般也在高位，庄家利用拉升出货的办法，自己拉抬股价，由于庄家控制了大部分的流通筹码，少量的成交量就能造成股价大幅连续上涨。

（2）温和放量。

如果此前个股是在成交长时间低迷后出现温和放量时，则一般可以看作是新增资金介入较为明显的一种迹象。由于是底部放量，加之又是充分换手，因此，此类个股未来的上涨空间应相对较大，同时成为强势股的可能性也很大。投资者有必要对这种情形作重点关注。所以，上涨时成交量温和放大，此种量增价涨的关系，表示股价将继续上升。

（3）突放巨量。

如果股价经历了较长时间的上涨过程后放巨量，通常表明多空分歧加大，有实力资金开始派发，后市继续上涨将面临一定困难，随时可能出现调整。

如果该股出现在低位区域突发连续出现巨量，多数是机构扫货导致，那么该股值得我们去关注。

2. 下跌时成交量变化

（1）下跌无量。

下跌无量是股票最弱的情况，演义到极致时便是无量跌停。无量跌停是大家一致同意股票下跌的表现，造成了没有成交量出现，或者成交量稀少，这个时候手上有这种股票的人，一般是卖不出去的。下跌无量一般出现在庄股跳水，或者股票遇到突发性利空时出现。

还有一种是阴跌，阴跌时成交量慢慢下降，到达地量时，个股可能酝酿反弹，这点可以用物极必反来解释，就是成交量到达或者接近最近一段时间的新低，个股的主力很可能在大家都无心恋战时杀个回马枪。

（2）下跌放量。

个股如果快速下跌过程中，出现短暂放量，说明下跌趋势未变。如果快速下跌短期跌幅较大，出现连续放量多数为见底迹象的出现。

（3）突放巨量。

第一种情况是逆市中突然放出巨量。一般只有一两天的行情，随后股价会加速下跌。尤其是拉大阳突放巨量之日的换手率太高，接近10%或超过10%，这说明庄家急于拉高离场。

第二种是下跌较多时低位的突放巨量，这表明主力正在吸筹，但不要急于介入，等回调回来，成交量萎缩至地量后又开始逐渐增加时，再分批介入。

国内A股市场是资金推动的市场，市场成交量的变化反映了资金进出市场的情况，因此成交量也是判断市场走势的重要指标。由于市场制度的不完善，主力为了达到资金出局的目的，常常采用大单对敲的形式活跃市场，引诱别的资金跟风，因此，骗量是常有的事，切不可机械地运用成交量理论指导操作。

九、如何看盘面挂单技巧

投资者进行交易时，常常进行盘口分析，而一般的交易系统软件可提供的及时图表是公布 5 档买卖盘的交易情况。这种买卖盘挂单交易往往是庄家“表决心”的窗口，但由于目前数据传输质量和分析软件的缺陷，使投资者难以看到真实的交易情况，加之主力利用此种缺陷频频作出盘中骗线，使投资者产生错误交易行为。

挂单真正的含义是主流资金的当日运作布局，是主流资金当日控制即时股价波动区域的窗口。波动区域需注意理解其真正的含义，如主流资金在什么价位挂出大单，上压下托的位置。到了这种关键位置时买卖盘以及股价的成交重心情况，在突破前期成交密集区是否是买单较大，或者在跌破前几天密集区出现的是大额抛单还是散户的小额抛单以及股价下落的幅度、速度，其后能否瞬间收回，放量是否真实。

一般当天主流资金的挂单布局意图，吸洗拉出，需结合股价日 K 线图表相对位置的“高、低”来研判。一般在波动相对平稳时小单意义并不大多数是散户而为，我们要注意的是在挂单中的大成交单，下面我们来简单说一下大单挂单成交情况。

所谓大挂单是指买一至买五和卖一至卖五中的某一档或几档的挂单数量较大。至于达到什么数量算大挂单，我们应该灵活、有区别地对待。对于某些股价偏低、流通盘巨大的个股，可能挂单数量达 4 位数未必算大挂单，而对某些流通盘较小，绝对股价又较高的个股，挂单数量达 3 位数以上已经算是大挂单了。大单往往和大资金有着千丝万缕的联系，大挂单往往预示着大资金的动向。这是俗称的盘口语言，而读懂盘口语言是抢占先机的利器，利用它往往可以洞悉主力的操盘意图，熟练掌握和运用盘口语言，可以使你先人一步，在最佳的时机买入或卖出，规避风险，获得更大的收益。

我们在看大挂单时要了解股价处于不同的位置有着不同的含义，所以在分析挂单情况时，股价所处位置是一个绝对不能忽略的因素。比如，在上涨初期，股价处于低位时，在买盘的三、四、五档的大单，往往是主力在启动后，想借助市场力量来帮着推升股价；而在涨幅已大，股价处于高位时，下档的大买单极大可能是主力的诱多，暗中慢慢出货的手法。同理，在上涨初期，股价处于低位时，在卖盘的三、四、五档的大单，往往是主力在压盘吸筹；而在涨幅已大，股价处于高位时，上档的大单却是主力在出货，此时，主力常常用对敲的手法，自己吃掉一些自己的挂单，股价也有小幅上涨，引起市场跟风。当主力和市场一起将刚才的压单吃完，股价越过刚才压单的位置后，主力再用隐性卖单出货，放量但滞涨是其重要的特征。

但是机构也会利用挂单撤单技巧来诱骗投资者，很多时候机构故意通过挂单操纵盘口，所以在实战中不能完全看挂单来分辨后市走势，应该结合当前股价所处的位置加上其他技术指标综合研判。

在操作中还是要多注意重要位置挂单情况：比如说整数关口或者昨日股价最高点、最低点以及密集区等重要位置，到达这些重要地方的盘面挂单，我们要从是否有主动性买卖盘的出现来分析当前机构资金实力和机构操作意图。

十、如何看盘中异动迹象

我们在做股票时，经常看到个股走得好好的，突然出现大买单一笔拉上去好多价位，也会经常出现一笔大卖单将价格打下去好几个价位，然后股价又恢复平稳这种盘中异动迹象。如果是偶尔一次影响不大，要是经常在盘中无意出现，而且都是大单几千手上万手的买入或者卖出，那要多加留意，要根据流通盘大小来衡量是否是大单。

个股在盘面上经常是走出横线竖线，股价忽上忽下无规则运行。这种现象一定要多加关注，一般无征兆的大单多为主力所为。如果个股在低位区域出现大卖单价格不跌反升多为主力打压吸货，如果是出现连续大买单股价瞬间上去一会有无量下来这也是主力反复吸货的一种手法。如果个股处于高位区域经常出现大买单而价格不涨反跌，这多为机构出逃的迹象。

如出现不连续的情况也不排除是资金量较大的个人大户或小机构所为，其研判实际意义不大。在实战操作中我们可以用计算机算一下大概交易资金来判断一下是大机构或者是非主力资金。

当一个股票能连续几天都经常出现异动迹象，突发性大买单拉起，又大卖单砸下时，须更值得我们关注，这多数是大机构在中间运作，这种情况多数出现在股价底部区域，或者横盘末期。

笔者在 2015 年根据这种情况捕捉到康芝药业大涨行情。投资者可以打开该股在 2015 年 2 月 9 日到 3 月 20 日每天走势图就会发现该股在近 1 个多月几乎每天都有盘中异动迹象。

康芝药业在 2015 年 2 月 25 日分时走势中出现异动迹象，经常是盘中突然放量拉升好多价格然后无量回落（如图 1–4 所示）。

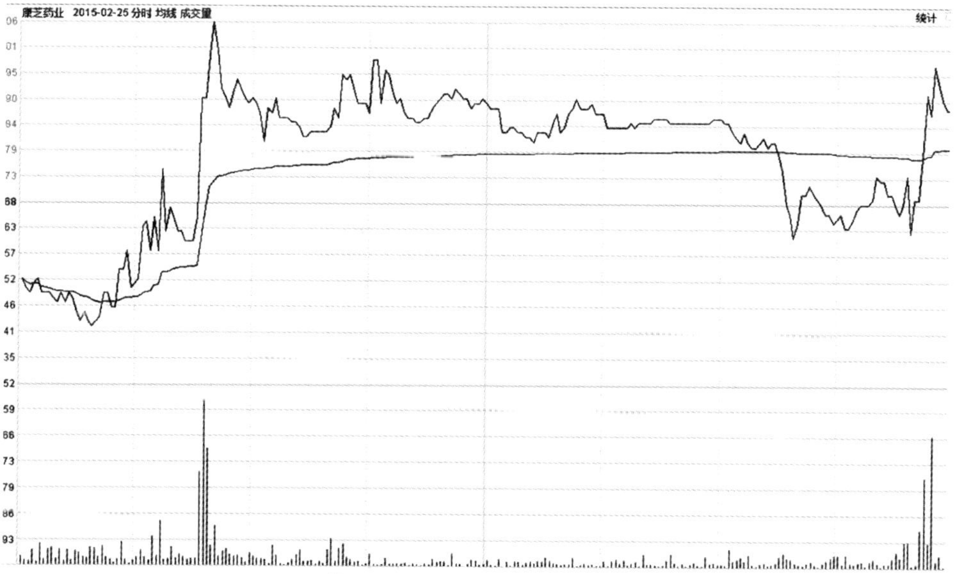

图 1–4 康芝药业（300086）2015 年 2 月 25 日分时走势

康芝药业在 2015 年 3 月 17 日分时走势中出现异动迹象，盘中走出横线竖线无规则放量状态，盘中曲线极为不流畅（如图 1–5 所示）。

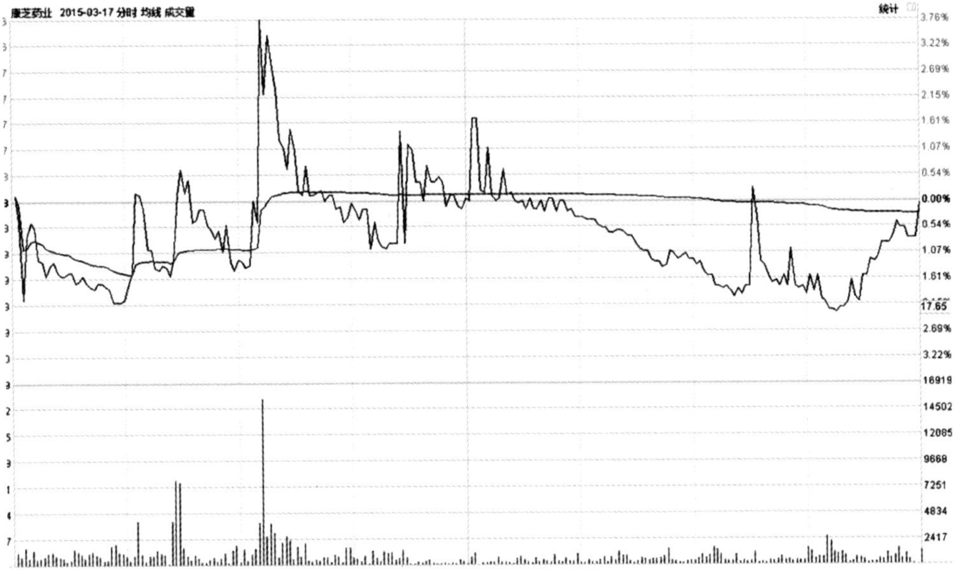

图 1-5 康芝药业（300086）2015 年 3 月 17 日分时走势

十一、如何看尾盘

在股市中，成交量与股价的关系历来受到技术分析派的重视。而在成交价四个重要指标（开盘价、最高价、最低价和收盘价）中，最重要的就是收盘价。这是因为，在计算各种技术指标中，往往用得最多的就是收盘价。此外，尾盘是多空一日拼斗的结果，开盘是序幕，盘中是过程，收盘才是定论。在股市中，临收市前 20 分钟的变化往往对第二个交易日开盘及前一个钟头的走势有一定的影响。所以收盘指数和收盘价有一种承前启后的特殊意义，既能回顾前市，又可预测后市。

因此，尾盘不仅对当日多空双方交战起到总结作用，而且还决定次日的开盘。所以，股票市场波动最大时间段是在临收市半小时左右。此时股价常常出现异动，是主力取巧操作的典型手法，因此，尾市理论是根据市场的规律去推测市场短期的走势，而洞察这种微妙尾市变化的先机，则一般都是短线投资者梦寐以求的制胜法宝。

通常是在临近收市的最后几分钟，主力可以用很小的成本轻而易举地改变K线的形态，甚至于均线形态来达到目的。在不同的情况下，收盘价所表现出来的K线形态有不同的含义。

1. 尾盘量价的变动

（1）涨势中（10日股价移动平均线呈上扬之势时）。

①尾盘价涨量增。在涨势中的尾盘量价俱增，是人气充分聚积的征兆，说明市场上的投资者仍然看好后市的发展，则次一交易日股价将仍以高开的可能性较大。

②尾盘价升量缩。这种情形在涨势中多为高潮阶段时的惜售现象。次一交易日，股价通常多以跳空高开为主。

③尾盘急跌量增。如果不是在涨幅巨大的阶段时，尾盘出现这种明显急跌量大的现象，则次一交易日股价往往低开。

（2）盘整中（当10日股价移动平均线呈持平之势时）。

①尾盘价量俱增。在盘整阶段末期，多空双方主力经过了较长时间的争战，终以多方主力的努力而占据上风。盘面此时突然发动攻势，则次一交易日股价往往将以平开或者高开出现。

②尾盘价跌量增。在盘整走势中的尾盘，出现价跌量增的现象，说明多空双方主力在势均力敌的对峙中，多方主力由于失去了后援和信心，空方主力则乘势占据上风，胜负已经初见分晓。盘面此时突然发动攻势，次一交易日股价往往以平开或者低开出现，并且大多会因为多方主力反击的无力而渐渐进入盘跌阶段。

（3）跌势中（当10日股价移动平均线呈下跌之势时）。

①尾盘价跌量缩。在跌势中，尾盘出现价跌量缩的现象，说明买盘无人愿意接单，卖压将转移到次一交易日开盘，而使得次一日股价因卖盘的急于脱手，以低开为主。

②尾盘价跌量增。在跌势中，尾盘价跌量增的出现，则第二天可能会继续下跌。

2. 尾盘发现不为人知的信息

在看尾盘时，我们关键点在于从尾盘发现可能对次日产生影响的信息。一些大户通常都有自己的信息网络，这在目前的中国股票市场非常重要，有时一条消息就能造成股市的急升或暴跌。而消息传出的时间大多在下午，本该在收市以后或第二天报刊上公布，而一些消息灵通的人却能够领先一步得知，这就造成了尾市的托盘入货或大量抛售，使股市在临收市半小时左右出现大幅震荡。这种震荡包含大势走向和个股行情。因此，通过对尾市不同情况的分析研判，及时发现主力动向，对于股民规避市场风险具有重要作用。

3. 尾盘的局限性

尾盘只是全天股市走势的一部分，仅仅根据尾盘作出决策是有局限性的，很多时候机构会利用尾盘刻意制造出 K 线的假象，也会误导投资者。首先盘面的变化是否有消息影响无法确定，跟风难免造成亏损。其次过于看重尾盘炒作技巧容易使人目光短浅，常常为蝇头小利而搏杀。

正常情况下，尾盘有小幅拉升或小幅回落，属于修正尾盘，并无太多实际意义。所以，我们在实战操盘中还要参考当日大盘走势和个股尾盘走势来区分，很多股票尾盘还是受大盘影响所致，不能仅仅就以尾盘动作去下结论，从尾盘走势得到的信息要和全天开盘、中盘得到的判断结合起来，并和大盘中长期走势结合起来，综合判断下结论，这样胜算率才会更高，才能获得预期收益。

第一章——视频讲解

第二章　K 线图实战买卖法

一、K 线由来

K 线图发源于日本德川幕府时代，被当时日本米市的商人用来记录米市的行情与价格波动，后因其细腻独到的标画方式而被引入到股市及期货市场，成为技术分析中最基本的方法之一。目前，这种图表分析法在我国以至整个东南亚地区均尤为流行。由于用这种方法绘制出来的图表形状颇似一根根蜡烛，因此也叫蜡烛图。

蜡烛图可分为大阳线、大阴线、小阳线、小阴线，等等，常用于股票、期货、外汇，其包括月线、周线、日线以及小时、30 分钟、15 分钟、5 分钟等形态。

K 线是一种特殊的市场语言，能够全面、透彻地观察到市场的真正变化。我们从 K 线图中，既可看到股价（或大市）的趋势，同时也可以了解到每日市况的波动情形。不同的 K 线形态有不同的含义，所以很受技术派人士的追捧。

市场上介绍这类的书籍虽然比较多，但大多数都是做一个简单的介绍，并没有明确说明相同的 K 线出现在不同的位置时，其代表含义也有所不同。本章内容我们将结合实战来详细阐述。

二、K 线的组成

K 线是由开盘价、收盘价、最高价、最低价四个价位组成，中间的矩形为实体，实体上的细线叫上影线，实体下的细线叫下影线。通常将开盘与收盘的价位用长方形表示，称为实体部分。

当收盘价高于开盘价，称阳线实体，用空心长方形或红色长方形表示。当收盘价低于开盘价，称阴线实体，用实心长方形或绿色长方形表示（如图 2-1 所示）。

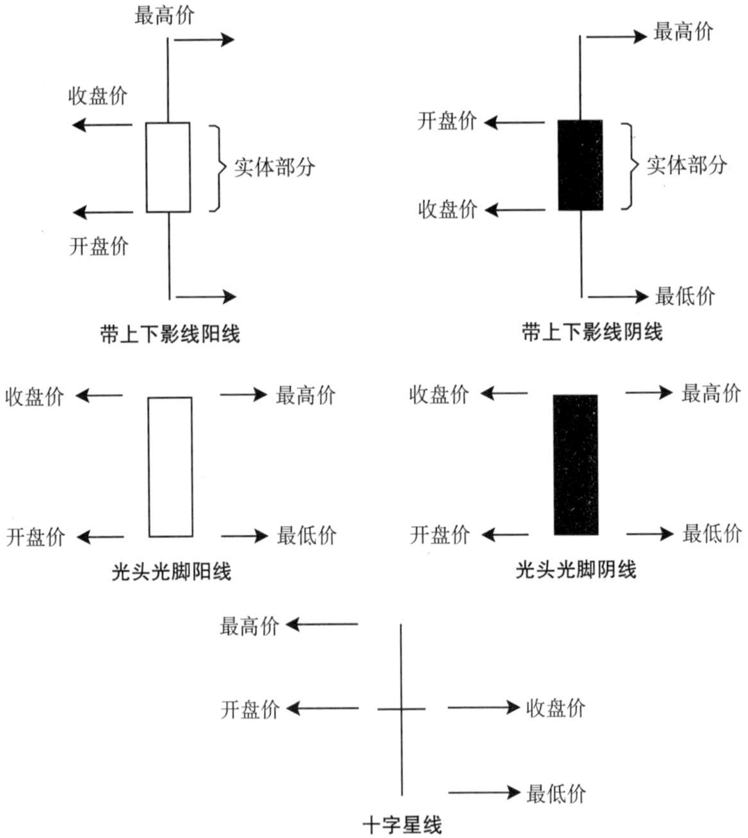

图 2-1　几种常见的 K 线

对于阴线实体，若当日的最高价与开盘价不同，则用黑细线将开盘价与最高价相连，称阴上影线。

若最低价与收盘价不同，则用黑细线连接收盘价与最低价，称阴下影线。

对空心阳体来说，收盘价与最高价的连线称阳上影线；开盘价与最低价相连的细线称阳下影线。

我们可以从 K 线的形态判断出交易时间内的多空情况。①当开盘价等于最低价，收盘价等于最高价时，K 线称为光头光脚大阳线，表示涨势强烈；②当开盘价等于最高价，收盘价等于最低价时，K 线称为大阴线，表示股价大跌；③当开盘价等于收盘价时，且上影线与下影线相当时，K 线称为十字星，表示多空激烈交战，多空力量差不多，但这里要说明的一点是，在上涨中出现说明多头占优势，在下跌中出现说明空头占优势。

三、单根 K 线的种类及应用（常见 K 线形态实战应用法）

K 线包括开盘、收盘、最高及最低的价位，其以独特的图形方式，对当日的股价走势给人一种一目了然、简单、鲜明的说明，同时说明买卖双方的力量对比情况。

K 线图的开盘价是每天开始交易时买卖双方的楚河汉界，互相交战的分界线，是用图形表示买卖双方的战斗结果和买卖力量的增减过程。K 线的收盘价则代表买卖双方的力量对比最终结果。买方力量强大，股票价格就往上涨，收阳线；卖方力量强大，价格就往下跌，收阴线。

K 线图经过百年的改进，已经成为股票期货分析中必不可少的技术分析手段和日 K 线分析理论。同时它也是每一个初入股票期货市场的人必须了解的基本图形分析方法，是股票期货的基本理论。

不过大部分投资者只用单根 K 线分析后市，尤其是新入门的投资人，更是常常运用单日或几日 K 线作为操作股票的依据。所以很多时候机构大户常常在单日 K 线上做文章，比如在收盘前一分钟股价的快速拉升或者直线跳水都很容易改变

K 线特征。这些都是机构在利用拉抬或打压股价的手法，来控制 K 线的变动，诱使投资人进行交易。这种方法对于庄家来说简单易行，用极小的代价就可以换取丰厚的利润，所以一天的 K 线多容易出现骗线，并最终造成 K 线分析者的亏损。

所有的 K 线范例都是从大量的实践与统计中总结出来的，从准确性上来看也是相对较高的，但是投资者在看 K 线时要必须认真配合 K 线所处的位置，必须是建立在当前的趋势上才有参考意义。未来股票价格走势判断必须是建立在整体股价趋势的基础上，才有它的价值，而不能仅仅以一根 K 线就轻易下结论，以点带面，这样做是十分危险而且不负责任的。因此，我们判断后市必须要重视 K 线所在的区域位置，只有这样才可以提高我们的胜算率。仅根据单日股价变动来推断后市的走势，结果往往是错误的。

比如同样一根大阳线，在突破前期横盘平台时，它的意义是可以代表买气的旺盛，第二天股价很可能借势上涨。但是在下跌过程中出现，它所代表的只是一个超跌反弹而已，决不能代表买气的旺盛。

因为 K 线图形种类比较多，再加上相同的 K 线出现在不同的位置，其代表的含义不同，也给广大投资者增加了难度。

下面我们将一些比较常见的 K 线图以及它们的应用详细分解。

（一）光头光脚大阳线

1. 形态描述

这种是以开盘价为最低价，收盘价为最高价，全天维持上涨的 K 线形态，说明市场人气看多，买方占了绝对优势。在单一 K 线学里，这是一种典型的强势特征，预示着第二天价格还会上涨（如图 2-2 所示）。

图 2-2 光头光脚大阳线

2. 经常出现的位置及实战应用

这种 K 线经常出现在股票价格大幅急跌后短期底部，或经过长期横盘后的末期向上突破，以及股票上升途中。

（1）出现在大幅急跌后短期底部操作策略。

在实战操作中，如果股票经过大幅快速下跌（注意这里用到了快速，多数都是连续快速下跌），突然出现这种 K 线，并且股价远离了 5 日和 10 日均线，代表短期内股价可能要出现大幅反弹，可在尾市收盘时择机介入，由于股票是 10%涨停限制，股票往往会涨停，要是等尾盘可能封住涨停了，从而无法买入，所以遇到此情况可在涨停之前买入，一般第二天多会跳空高开继续涨停，当天成交量越大越可靠（如图 2–3 所示）。

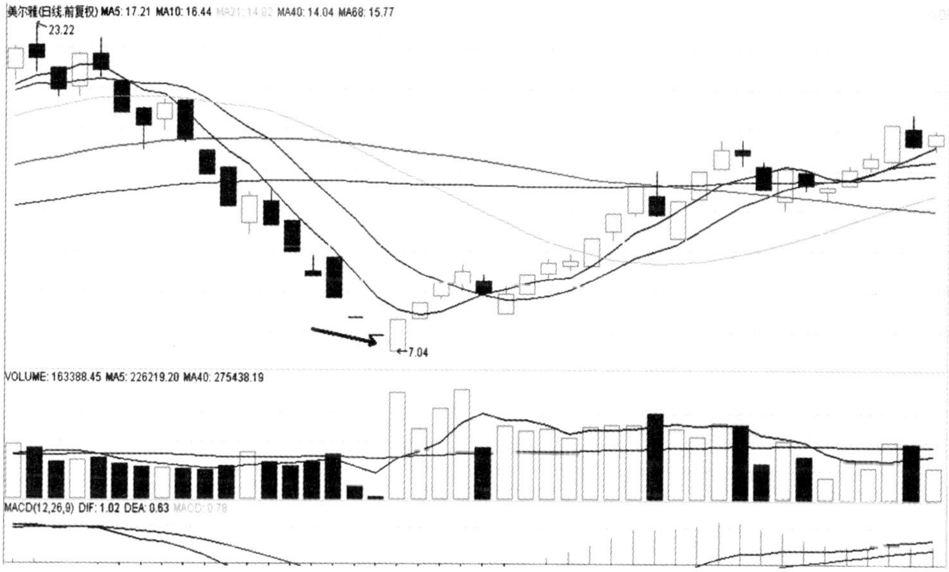

图 2–3 美尔雅（600107）日线走势

美尔雅在连续暴跌之后，在 2015 年 7 月 9 日（箭头指示位置）当日出现大幅低开，成交量盘中突然放大，瞬间直线拉升，下午 1 点涨停，随后展开大幅上涨行情。

（2）出现在股票横盘末期平台突破时操作策略。

当股票经过长期横盘整理状态后，一根光头光脚大阳线向上突破横盘平台和突破前期密集区，这往往是大涨的开始。如果此时成交量同时增加，就是更加可靠的买入时机。此种 K 线最容易出现在重要密集区突破位置而且大部分当天都会是涨停板（如图 2–4 所示）。

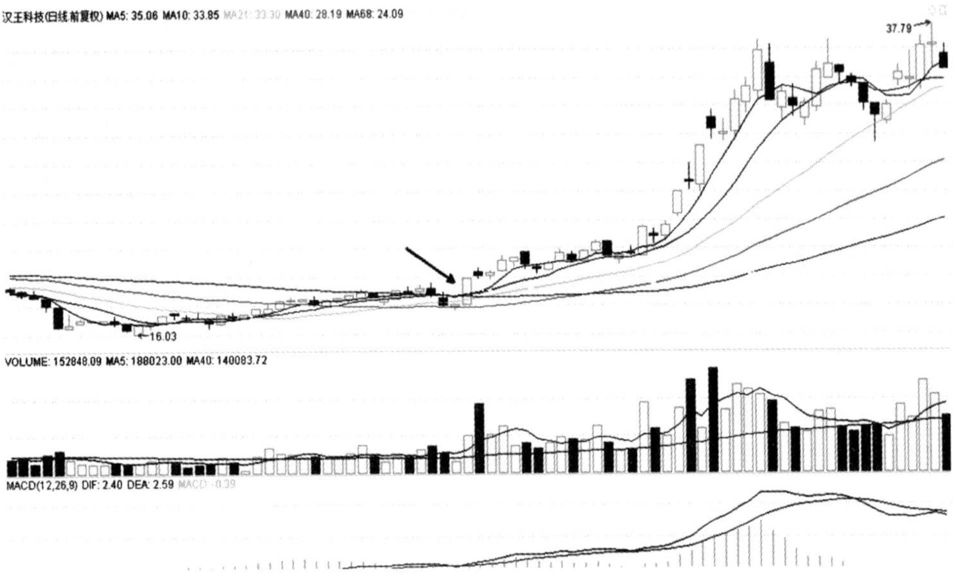

图 2-4 汉王科技（002362）日线走势

汉王科技在 2015 年 2 月 11 日（箭头指示位置）以一根放量大阳线涨停板形式突破横盘密集区，之后展开拉升行情，短短 4 个月涨幅高达 200%。

(3) 出现在上升途中操作策略。

在股票涨幅不大的上升途中出现这种 K 线是一种要快速拉升的信号，成交量越大越可靠，可以择机买入，一般第二天多数会高开，一般上涨空间较大。此时最重要的依据就是成交量，成交量越大上涨空间就越大，这种股票适合激进型投资者参与（如图 2-5 所示）。

太空板业在 2015 年 3 月 27 日和 4 月 1 日两次出现（第一个箭头和第二个箭头指示位置）光头光脚大阳线后，股价快速拉升，从第一个大阳线出现 10 元价格涨到了最高 24.99 元。

3. 注意事项

在实战操作中，一定要配合均线系统操作，有时在下跌途中也会出现这种 K 线，它只能代表第二天可能还会有小幅反弹，并不说明是上涨的开始。一般均线空头排列情况下，第二天冲高碰到 10 日均线或 21 日均线后就会继续下跌，所以均线在空头排列下谨慎操作。图 2-6 是出现此种 K 线后股价继续下跌的案例。

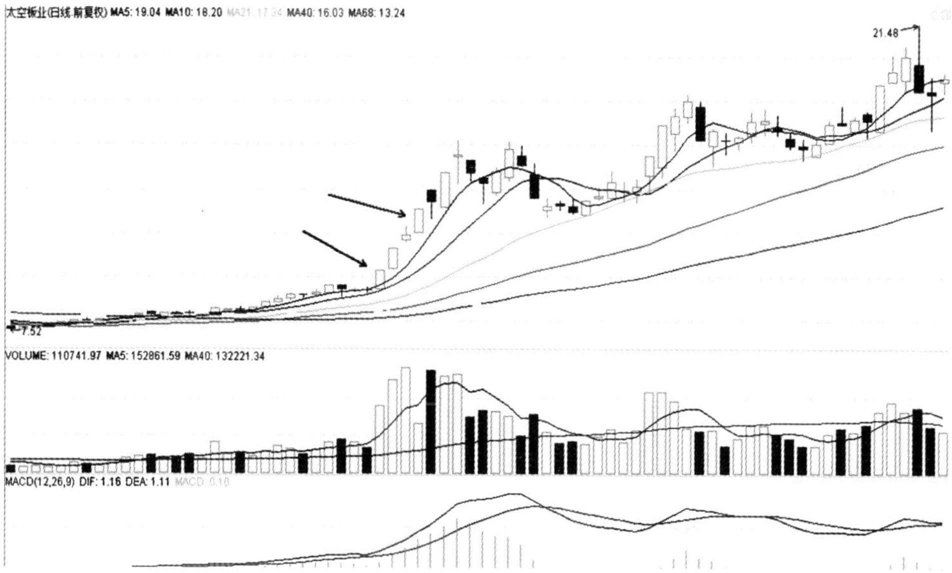

图 2-5　太空板业（300344）日线走势

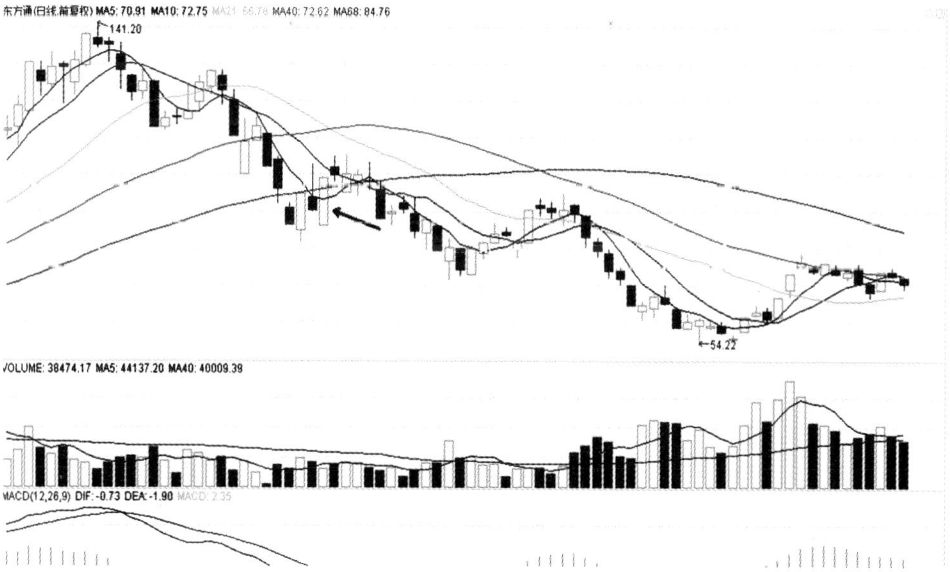

图 2-6　东方通（300379）日线走势

东方通在 2016 年 1 月 14 日（箭头指示位置）出现光头光脚大阳线后，在第二天小幅反弹之后又继续下跌。因此，实战中在下跌趋势行情中遇到大阳线千万别着急介入。

（二）带小下影线的大阳线

1. 形态描述

这种 K 线多数是开盘后小幅向下回落，在低位获得支撑，多数是受大量资金买入导致价格稳步推升，收盘价是全天最高价，只有下影线没有上影线，在单一 K 线学里也是一种典型的强势特征，是看涨信号（如图 2-7 所示）。

图 2-7 带小下影线的光头大阳线

2. 经常出现的位置及实战应用

这种 K 线是一种比较常见的 K 线，它在各个位置都可以看到，但最多出现在横盘末期的向上突破和上升途中，有时在股价的下跌过程中也会出现。

（1）横盘末期的向上突破时操作策略。

股价经过大幅下跌后，在低位长时间横盘整理，一根带小下影线的大阳线突破平台，成交量同时放大，这一般为有效突破，应及时择机介入，随后股价一般会有很大的上涨空间（如图 2-8 所示）。

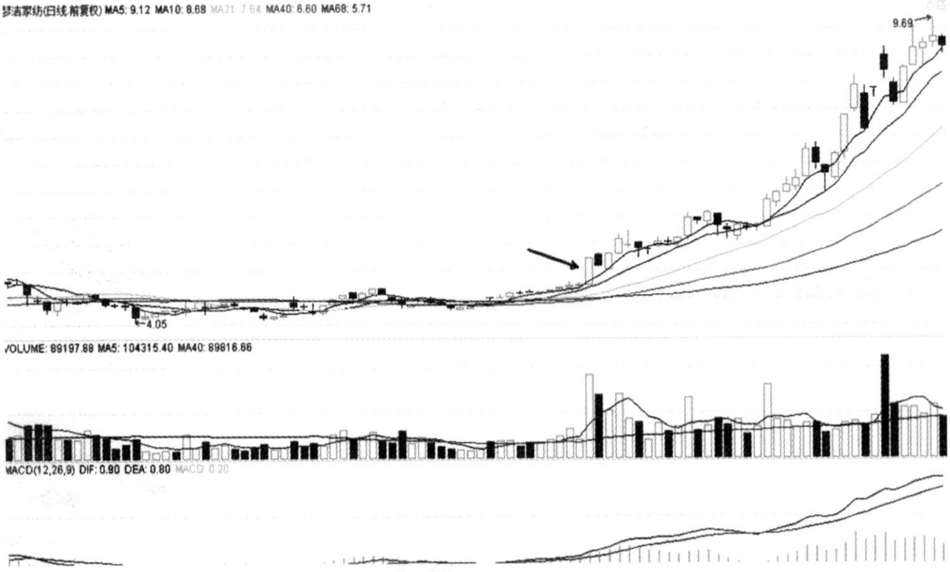

图 2-8 梦洁家纺（002397）日线走势（一）

梦洁家纺在 2015 年 3 月 5 日（箭头指示位置）出现放量大阳线，股价突破横盘平台，随后展开了快速上涨，从突破时候的 11.69 元，用了 3 个月时间涨到了 34.9 元，涨幅高达 300%之多。

（2）出现在股价的上升途中的操作策略。

在实战操作中，个股涨幅不大且均线系统成多头排列，股价呈明显的上升趋势的情况下，出现这种 K 线应择机买入，一般第二天还会上涨，要是连续出现此种 K 线，应谨慎追高，可在回调时择机买入。如果是成交量比较大，往往后势上涨空间较大（如图 2-9 所示）。

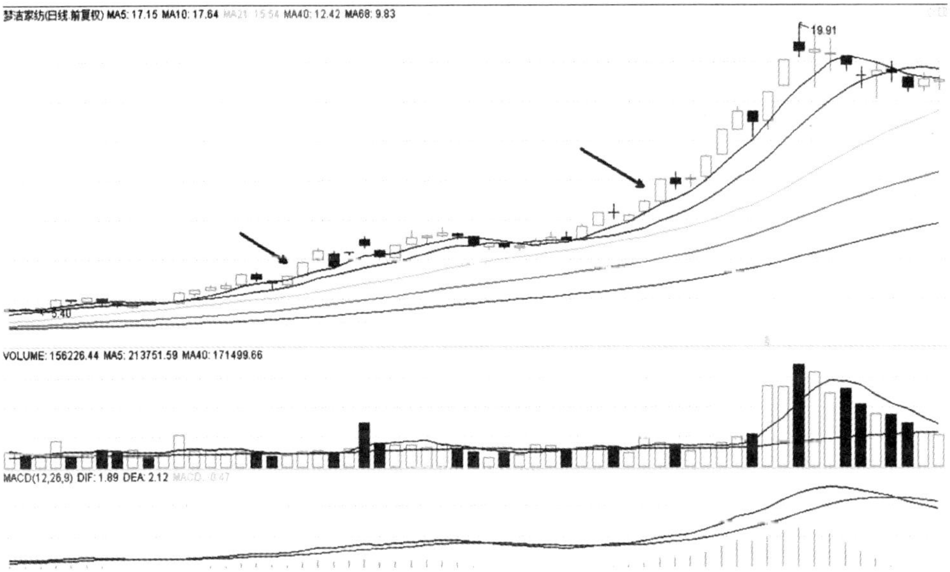

图 2-9　梦洁家纺（002397）日线走势（二）

梦洁家纺在 2015 年 4 月 13 日（第一个箭头指示位置）和 5 月 15 日（第二个箭头指示位置）连续两次出现该种 K 线形态，随后股价一直维持上涨，从第一次出现的 17.5 元涨到最高的 34.9 元，涨幅达 100%。

（3）出现在股价的下跌过程中操作策略。

在股价的下跌途中，也经常会看到此种 K 线形态，但它并不代表行情会上涨，在实盘操作中，要配合均线和成交量的变化来分析。一般股价经过一段时间下跌后，由于短期跌幅过大，都会出现反弹，出现这种 K 线后，一般都会在 10 日均线或 21 日均线处受阻回落继续下跌，所以在下跌途中出现此种 K 线，一定不要轻易买入（如图 2-10 所示）。

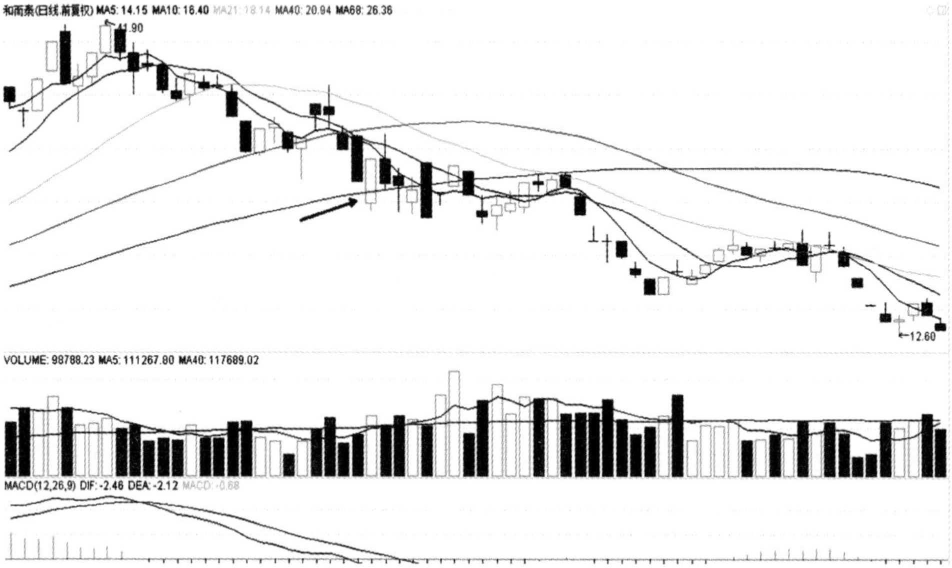

图 2-10 和而泰（002402）日线走势

和而泰在 2015 年 6 月 30 日（箭头指示位置）出现一次该种 K 线形态，第二天股价就开始下跌，在 7 月 21 日又出现一次之后第二天就是跌停。

（三）带小上影线的光脚大阳线

1. 形态描述

此种 K 线开盘价是当日最低价，开盘后股价开始震荡上涨，由于涨幅过大，在收盘前部分短线投资者获利出局，使得股价小幅回落，收盘时呈带小上影线的光脚阳线，一般实体部分会是上影线长度的五倍以上。

图 2-11 带小上影线的光脚大阳线

2. 经常出现的位置及实战应用

这种 K 线也是一种比较常见的强势 K 线。此种 K 线多出现在股价大幅急跌后的底部，以及股价经过长期横盘后的向上突破和股价的上升途中。

（1）此种 K 线出现在股价大幅急跌后的底部操作策略。

在实盘操作中一定要配合重要均线来分析。当股票经过长时间大幅下跌后突然有一天大幅低开高走，收盘时少带一点点小上影线，一般都会伴随着大的成交量，这代表短期下跌结束，股票价格将会开始反弹。

如果股票价格在第二天没有再跌破大阳线实体的 1/2 位置，同时成交量开始逐步放大则股价后期上涨信号更加可靠，可以择机介入，要是成交量特别大，股价后期大多数会快速拉升（如图 2-12 所示）。

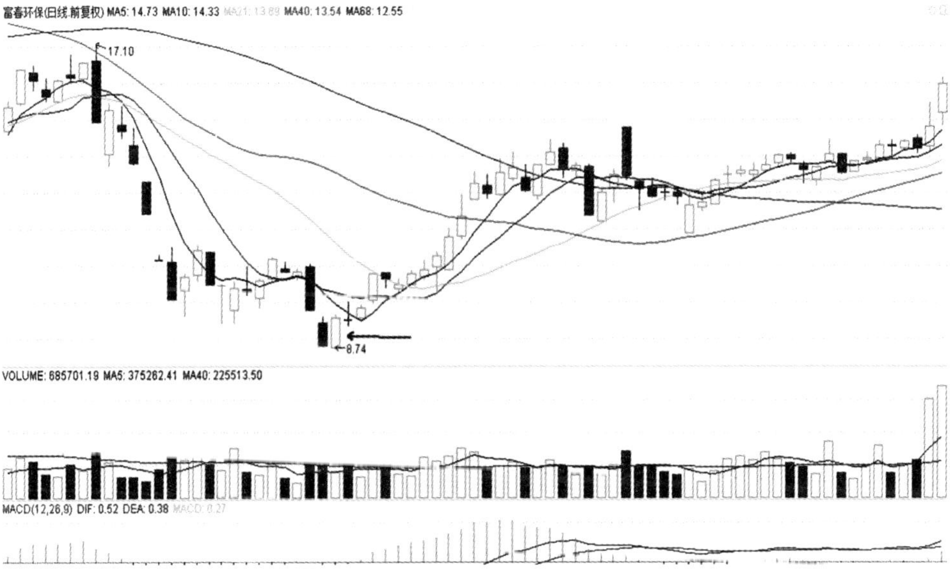

图 2-12 富春环保（002479）日线走势

富春环保在 2015 年 9 月 16 日（箭头指示位置）出现该种 K 线形态，第二天收小十字星线，而第二天的最低点并没有跌破前一根阳线的 1/2 位置，随后股价放量展开一波大幅度反弹，从出现第二天收盘的 9.5 元，经过 17 个交易日股价涨到 14.5 元，涨幅高达 50%之多。

（2）此种 K 线出现在股票长期横盘后的向上突破时操作策略。

在实战操作中，股票经过一段长时间横盘后，多条均线都呈走平状态，一根带小上影的中阳一举突破横盘平台，并伴有大成交量配合，这种形态一般为有效突破，可在随后两天回调时择机买入（如图 2-13 所示）。

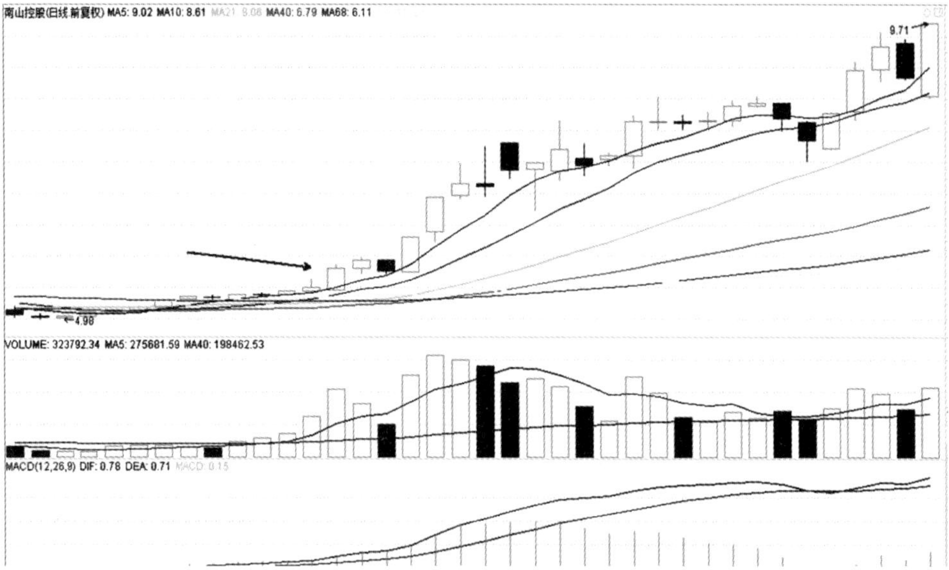

图 2-13 南山控股（002314）日线走势

南山控股在横盘 2 个月后，于 2015 年 3 月 4 日（箭头指示位置）以一根中阳线突破前期平台高点，之后回调了一天就展开一波大幅拉升行情，从当天大阳线突破时 5.8 元的价格涨到最高的 21.15 元，涨幅高达 380%左右。

(3) 此种 K 线出现在股价的上升途中时操作策略。

当股票价格呈明显的上升趋势，多条均线呈多头排列，股价沿 5 日均线上升时，出现这种 K 线多为加速上涨信号，可在回调时择机买入（如图 2-14 所示）。

该股在 2015 年 3 月 11 日（箭头指示位置）出现此种 K 线，在第二天收个小十字星阴线时给出了最佳的买入时机。从第二天十字星线价格 22.80 元，短短 9 个交易日涨到最高 36.69 元，涨幅高达 50%之多，这就是我们所说的加速上涨状态。

（四）带小上下影线的大阳线或者中阳线

1. 形态描述

此种 K 线多数是开盘后向下小幅回落，随后受资金追捧使得股价稳步推升，全天呈稳步上涨，尾盘时受部分短线资金出局，股价又小幅回落，收盘时呈带上下影线大阳线。若是大阳线最好，中阳也可以但是上下影线必须很短（如图 2-15 所示）。

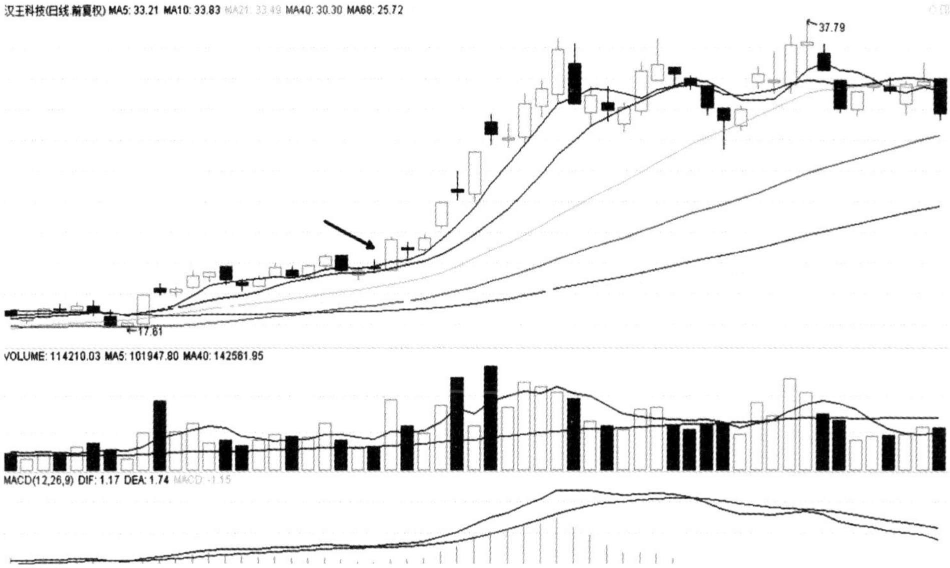

图 2-14 汉王科技（002362）日线走势

图 2-15 带上下影线的大阳线

2. 经常出现的位置及实战应用

这种 K 线也是一种比较常见的 K 线形态。它在股价任何位置都会经常看到，要是从单一 K 线来说是强势特征，但要是放在不同的位置意义大不相同。

（1）出现在上升途中的操作策略。

若股票多条重要均线呈多头发散，价格呈明显的上升趋势，此时出现此种 K 线一般是预示上涨行情还在继续，多出现在庄家边拉边洗式走势中，可以在股价回调时择机买入（如图 2-16 所示）。

麦趣尔在 2015 年 5 月 21 日（第一箭头指示位置）和 5 月 26 日（第二箭头指示位置）分别出现两次此种 K 线形态，随后股价一直维持上涨。

（2）出现在下跌途中的操作策略。

若股票多条均线呈空头发散，价格呈明显的下跌趋势，此时出现此种 K 线一般也是弱势反弹且多数反弹幅度不高，建议投资者以观望为主（如图 2-17 所示）。

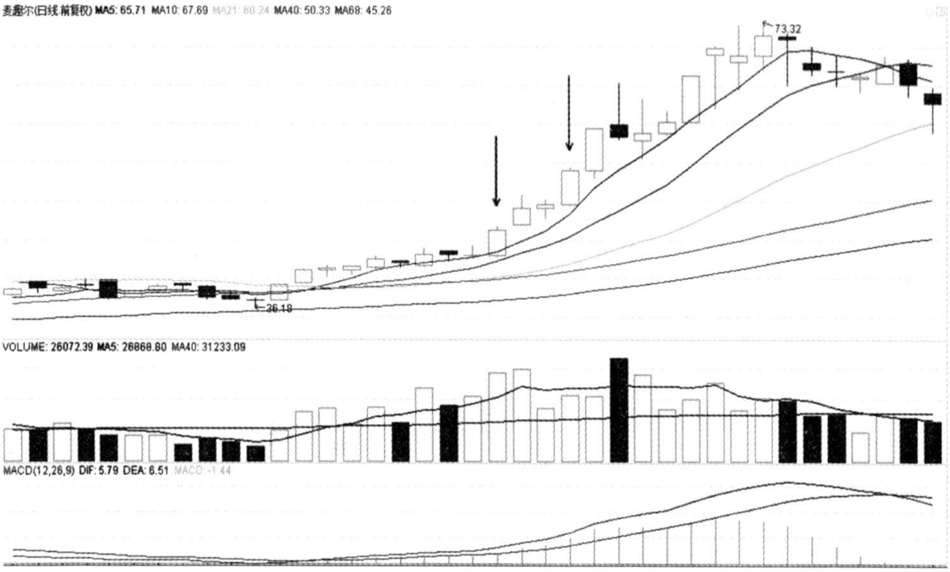

图 2-16　麦趣尔（002719）日线走势

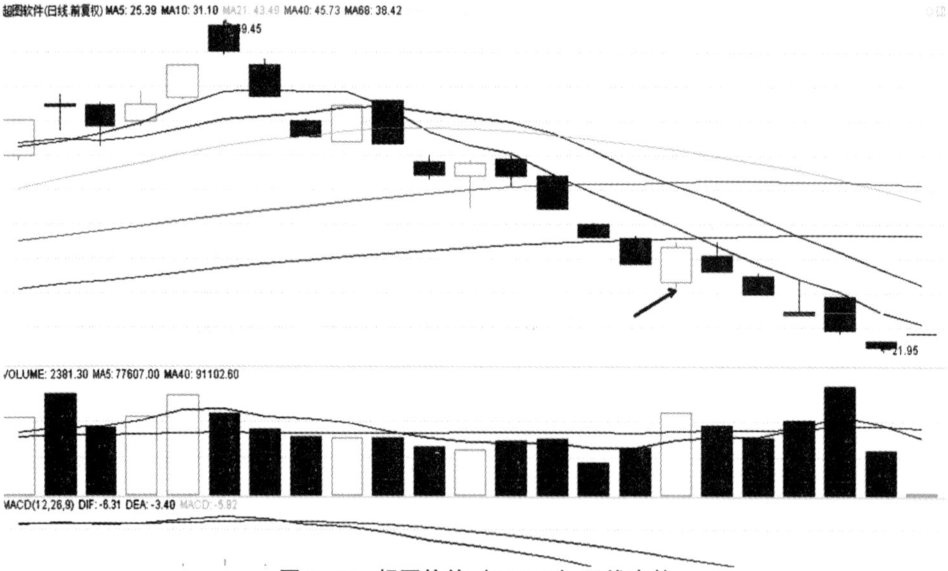

图 2-17　超图软件（300036）日线走势

超图软件在 2015 年 6 月 30 日（箭头指示位置）出现此种 K 线后股价继续下跌。在实战中遇到这种情况不但不能买，而且是有股票投资者出局的好机会。

（3）出现在横盘区间操作策略。

股票价格整体呈横盘状态，短期均线也是上下来回交叉长期均线，此时最好依据均线或者平台方法操作，以观望为主（如图 2-18 所示）。

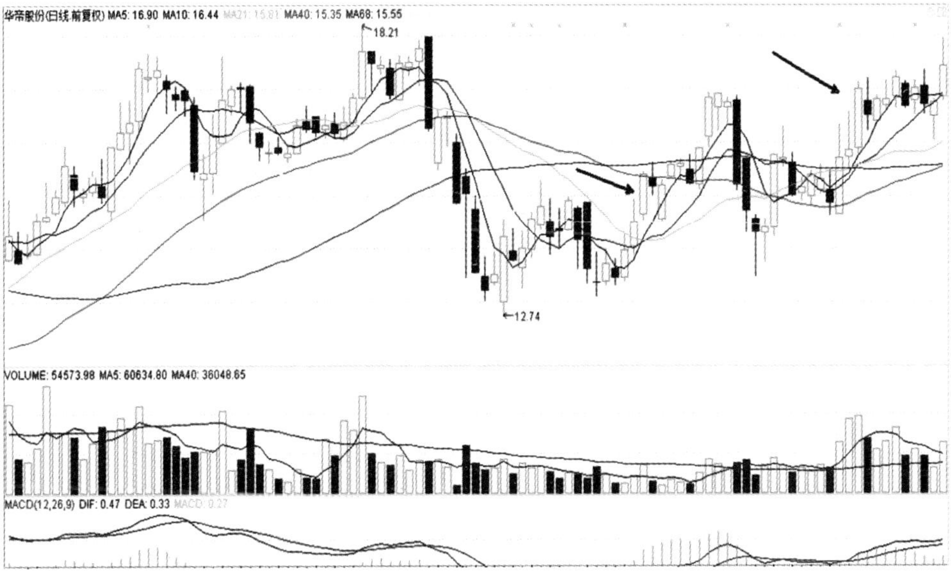

图 2-18　华帝股份（002035）日线走势图

华帝股份在 2016 年 1 月到 3 月一直处于横盘整理状态，分别在 2 月 4 日和 3 月 15 日（箭头指示位置）出现此种 K 线形态，股价一直上下震荡，并没有形成大的上涨或下跌趋势。

（五）带长下影线的小阳线（单针探底线）

1. 形态描述

此种 K 线大多数是开盘时呈跳空低开，然后一路下跌，由于短期价格跌幅较大而且较快，在低位受到资金大举买进，股票价格才会缓慢上升，收盘价超过当日开盘价，收出一根带长下影线的阳线，俗称单针探底线。实战中此 K 线可以带一点点小上影线，但上影线长度不能比实体部分长，多数是实体长度的 1/2。出现此种 K 线形态后的第二天要是放量上涨，那么反弹力度较大（如图 2-19 所示）。

2. 经常出现的位置及实战应用

这是一种最典型的见底 K 线特征，一般较多出现在股价大幅下跌的底部阶

图 2-19　单针探底线

段，或者出现在重要均线支撑位置，有时候也会在下跌途中出现。分辨它们最重要的方法，一是第二天是否带量上涨，二是观察出现之后的后 3 天走势。

一般出现单针探底线后 3 天内任何一天股票价格都不能再创新低，最好 3 天内任何一天最低价不低于单针探底线下影线的 1/2，那么可以确认单针探底线成立，可以择机买入。若第二天直接放量拉升，那就更确认单针探底成功。

出现该 K 线形态时，当天股价走势也很重要，多数为快速下跌，然后又快速拉升，盘中走势上当天大多数是出现 V 形反转。

股价经过长时间大幅下跌后出现这种 K 线，一般预示着下跌行情已经结束，要是收盘当日有成交量配合那么准确程度就更高。

在实战操作中，这种 K 线是可遇不可求的，所以一旦遇到要好好把握。

（1）单针探底线出现在大幅下跌后操作策略。

在股价经过大幅下跌，短期跌速过快，突然出现单针探底线并且伴随着成交量放大时，投资者可以择机买入（如图 2-20 所示）。

皖通科技在 2016 年 3 月 8 日（箭头指示位置）出现单针探底线，成交量也开始稳步放大，之后该股开始缓慢上升。

（2）单针探底线出现在上升途中操作策略。

在上升途中我们也会看到这种 K 线，出现当天多数在重要支撑位置（比如是重要均线或者平台密集区），这样可以确认股价止跌企稳，可择机买入（如图 2-21 所示）。

龙星化工在 2015 年 11 月 30 日（箭头指示位置）出现了单针探底线，当日盘中股价跌到 144 日均线支撑位置时被快速拉起。说明此位置支撑力强，之后 3 天没有再跌破单针探底线下影线的 1/2，并且在第三天开始大幅放量拉升，之后展开一波上涨行情。

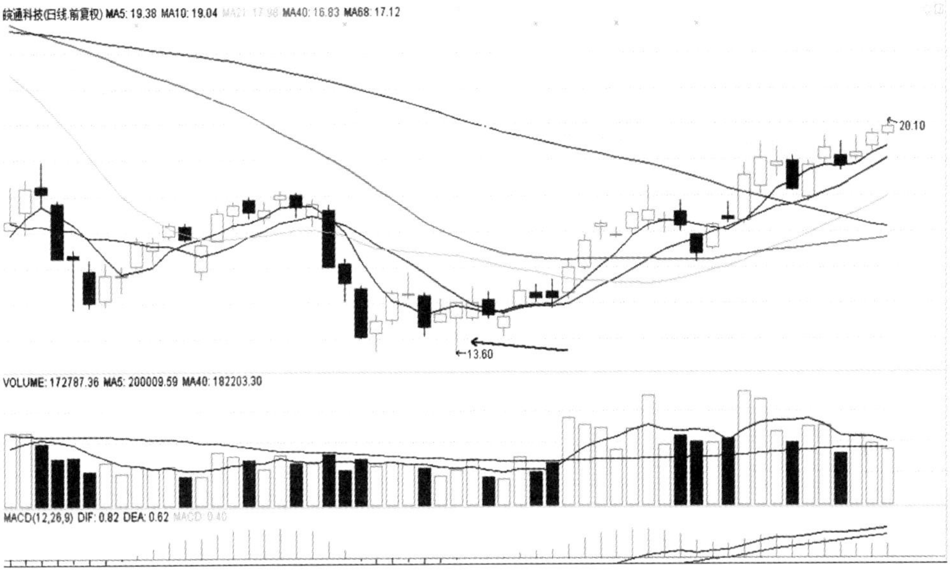

图 2-20　皖通科技（002331）日线走势

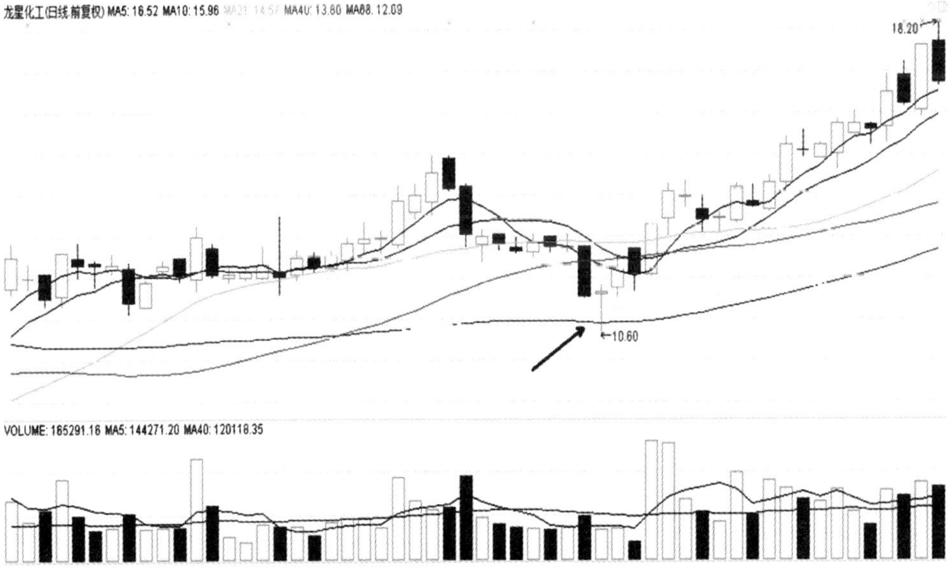

图 2-21　龙星化工（002442）日线走势

（3）单针探底线出现在下跌途中操作策略。

在股票下跌途中也会经常看到类似的 K 线特征，出现后先观察是否在重要支撑位置附近，再看之后 3 天走势是否破新低，成交量是否放大。如果没有放量，后3天破新低都被视为无效的单针探底线（如图2-22所示）。

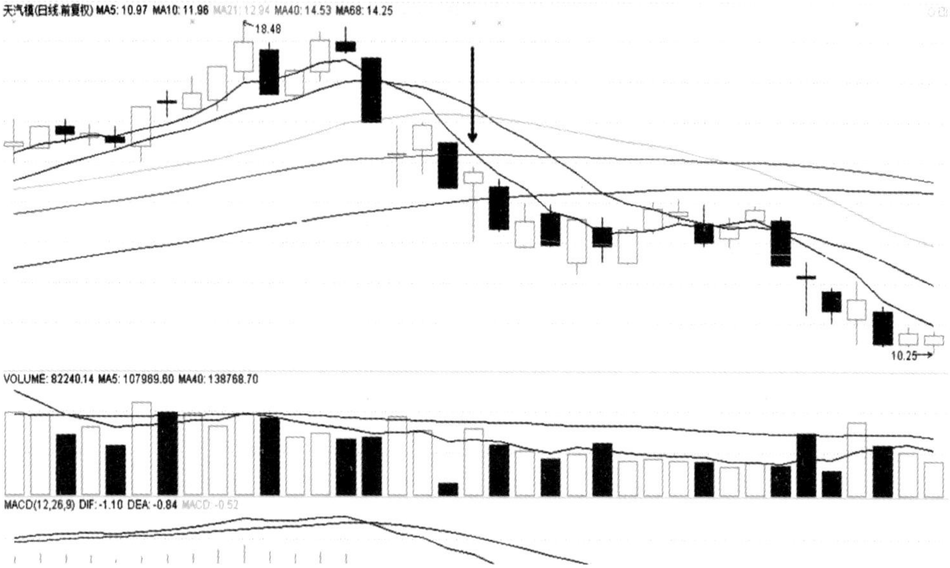

图2-22 天汽模（002510）日线走势

天汽模在2016年1月8日（箭头指示位置）出现此种K线，出现之后成交量并没有放大，而且后3天创下新低，股价继续下跌。在这里虽然K线特征都是一样，但就不能叫作单针探底线了。

3. 注意事项

这种K线图形出现位置比较多，投资者在实战中千万别认错。即使是相同的K线类型，它的用途也不完全一样。单针探底线是一种典型的见底K线形态，在实战操作中要配合成交量和均线应用，一般出现后需要观察3天确认后再做决定。

（六）光头光脚大阴线

1. 形态描述

这种K线是以开盘价为最高价，收盘价为当日最低价，从一开盘卖方就占优势，全天呈下跌状态。在单一K线学里，这是典型的弱势特征，说明后市会继续下跌。这种K线图经常出现在股票价格的顶部区域和下跌途中（如图2-23所示）。

图 2–23 光头光脚大阴线

2. 经常出现的位置及实战应用

此种 K 线多出现在上涨的末期和下跌途中，在股票横盘期间也会出现。

（1）出现在期价上涨的末期操作策略。

股价经过大幅上涨一段时间后一旦出现这种大阴线，而且还伴随着大成交量配合，那么这多数是顶部特征，后市会有很大的下跌空间，应在当天尾盘出局，第二天多数是大幅低开（如图 2–24 所示）。

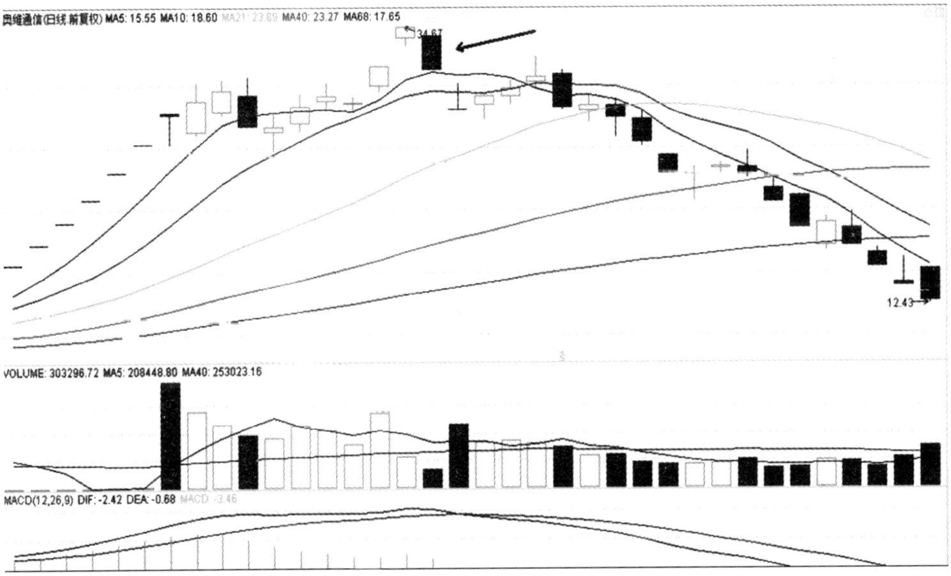

图 2–24 奥维通信（002231）日线走势

奥维通信在大幅上涨之后，于 2015 年 6 月 8 日（箭头指示位置）出现光头光脚大阴线。随后该股呈现单边下跌。

（2）出现在下跌途中操作策略。

在实战操作中，几条重要均线呈空头排列，股价呈一波比一波低趋势，如果出现这种 K 线，一定要择机出局，多数情况下股价还会继续下跌，在这里，这种 K 线是加速下跌的信号（如图 2–25 所示）。

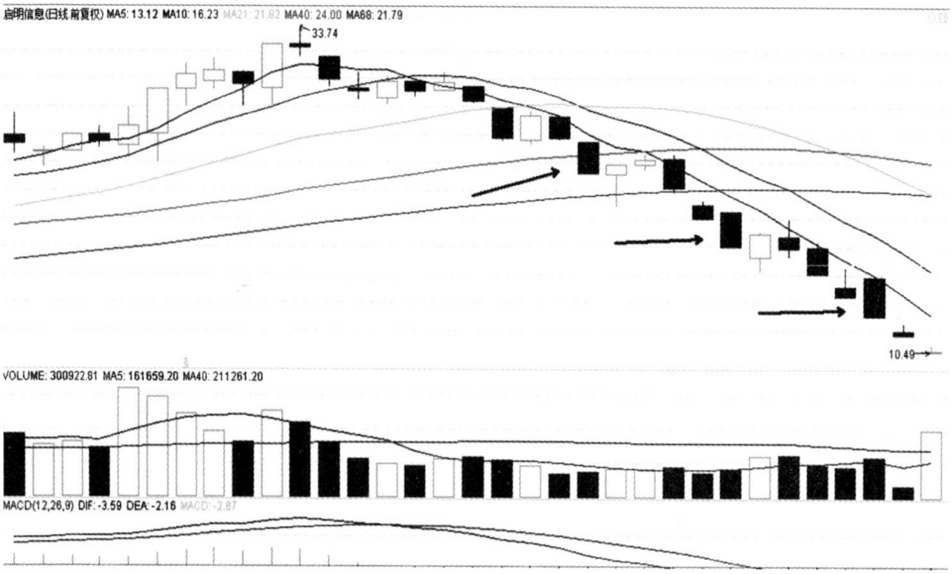

图 2-25　启明信息（002232）日线走势

启明信息在股价跌破 21 日均线之后多条均线呈空头排列，下跌途中曾在 2015 年 6 月 19 日、6 月 29 日、7 月 6 日（箭头指示位置）出现过三次该种 K 线形态，每次出现股价都是加速下跌的。

（3）横盘期间的操作策略。

当股价处于长期横盘阶段，均线也上下来回金叉、死叉，此时出现该种 K 线多数位于箱体上沿线，或者重要均线破位时，多数是机构刻意打压吸货的一种方式，操作上短期还是以观望为主（如图 2-26 所示）。

三联商社从 2015 年 9 月开始一直维持横盘状态，价格也是来回上下震动。在 2016 年 2 月 1 日、2 月 25 日（箭头指示位置），分别两次出现此种 K 线，但是股价也并没有跌破平台，遇到此种情况都是以观望为主。

3. 注意事项

有时在股价涨幅不高的上涨过程中也会出现这样的阴线 K 线，一般出现后股价短期会出现调整，这也是短线出局的机会。

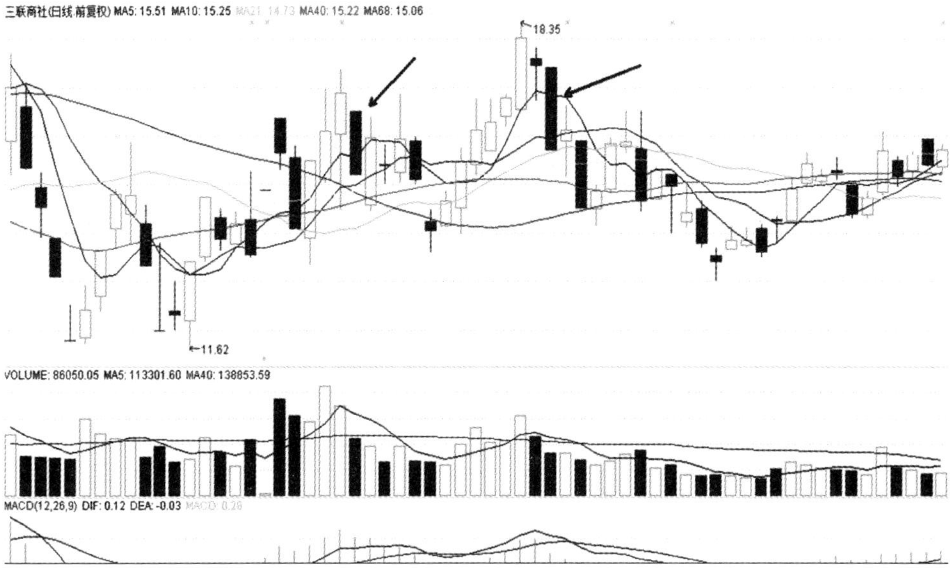

图 2-26　三联商社（600898）日线走势

（七）带小上下影线的大阴线

1. 形态描述

这种 K 线多数是开盘后小幅上涨，盘中冲高后受到卖方市场主动性抛压，使股票价格大幅下跌，全天呈震荡下跌，或者是单边下跌趋势，收盘呈带小上下影线的中阴或大阴线，这三种 K 线形态不一样，但是意义用途都相似，都是比较常见的弱势下跌 K 线形态（如图 2-27 所示）。

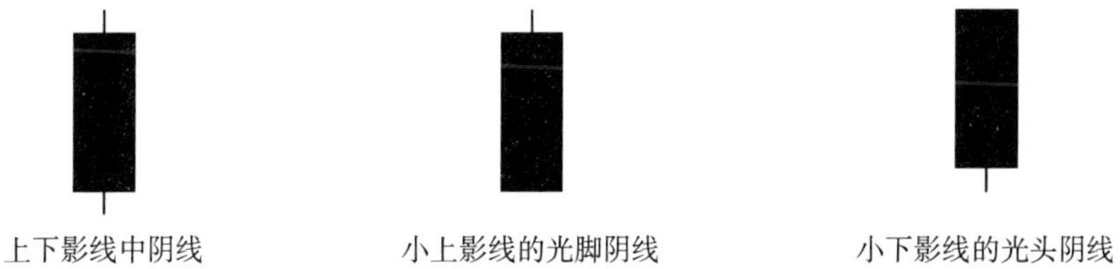

图 2-27　几种带小上下影线的大阴线

2. 经常出现的位置及实战应用

这是一种比较常见的弱势 K 线形态，它经常出现在股价上涨的末期筑顶阶段和下跌途中，以及横盘平台的向下突破和个股上涨初期的打压洗盘阶段。

（1）出现在股价上涨的末期操作策略。

股票价格经过大幅上涨后，在高位出现这种 K 线，并伴有大成交量配合，大多是顶部特征，成交量越大信号越可靠。这种 K 线代表上涨已经乏力，随时都有可能大跌。经过大幅上涨之后出现这种 K 线形态，股价的下跌空间往往都会很大，应该择机坚决出局（如图 2–28 所示）。

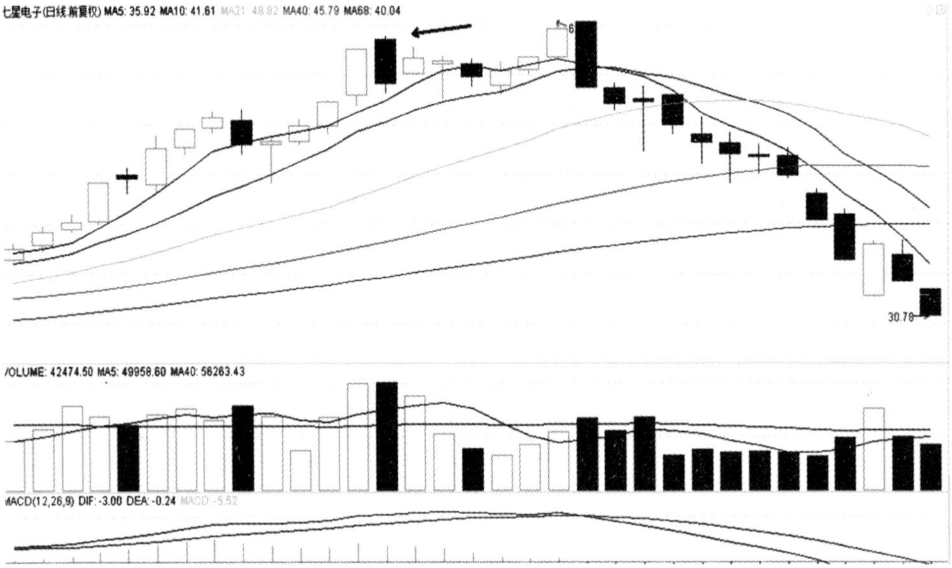

图 2–28　七星电子（002371）日线走势

七星电子在 2015 年 6 月 4 日（箭头指示位置）出现第一根大阴线并伴随成交量放大，随后横盘没几天就开始大跌。

（2）出现在股票价格下跌途中操作策略。

在实战操作中，若均线呈空头排列，股票价格呈明显下跌趋势，此时出现这种 K 线一般是加速下跌的信号，应择机出局（如图 2–29 所示）。

栋梁新材从跌破 21 日均线后，连续在 6 月 19 日、6 月 26 日（箭头指示位置）出现两次大阴线，出现之后股价连续大跌。

（3）出现在股票横盘平台向下突破时操作策略。

在实战中，遇到股价长期横盘，突然一根大阴线向下破位，这往往是又一次下跌的信号，短期还是以出局观望为主（如图 2–30 所示）。

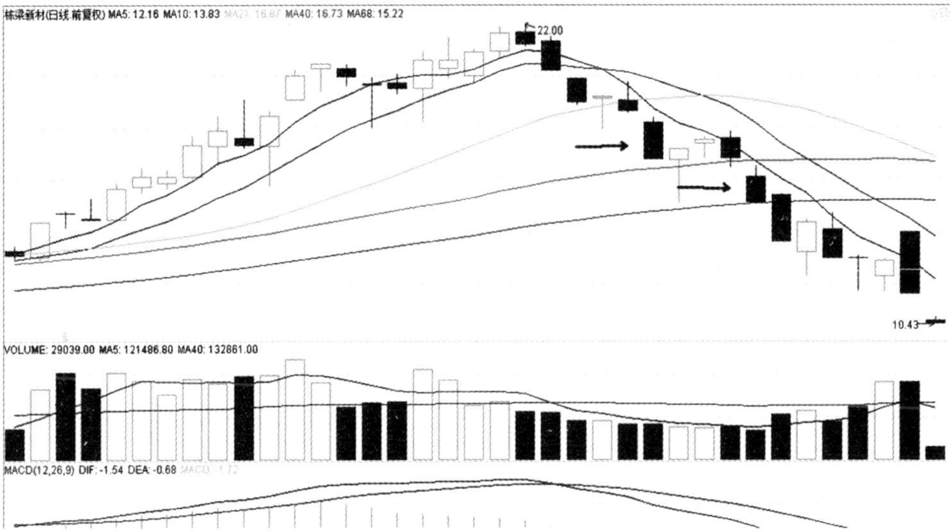

图 2-29　栋梁新材（002082）日线走势

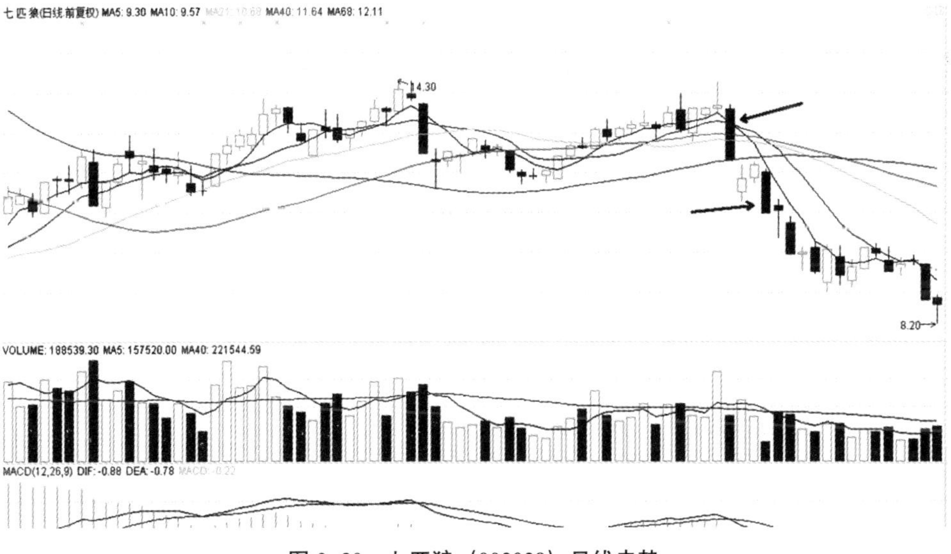

图 2-30　七匹狼（002029）日线走势

七匹狼横盘 2 个月之后，在 2016 年 1 月 4 日（箭头指示位置）出现一根大阴线，向下跌破横盘平台，在 1 月 7 日（箭头指示位置）再次跌破平台下沿线，之后股价继续下跌。

（4）出现在上涨初期操作策略。

在个股上涨初期、涨幅不大时也会出现此种 K 线，多数机构会利用此种 K

线狠狠打压股价。从 K 线图上看很吓人，其实这多数是机构打压洗盘的一种方法，以此来制造恐慌局面让散户出局。所以在实战操作中，个股在上涨初期出现这种 K 线，股价在 21 日均线上运行短线可以出局，等企稳之后再做买入（如图 2-31、图 2-32 所示）。

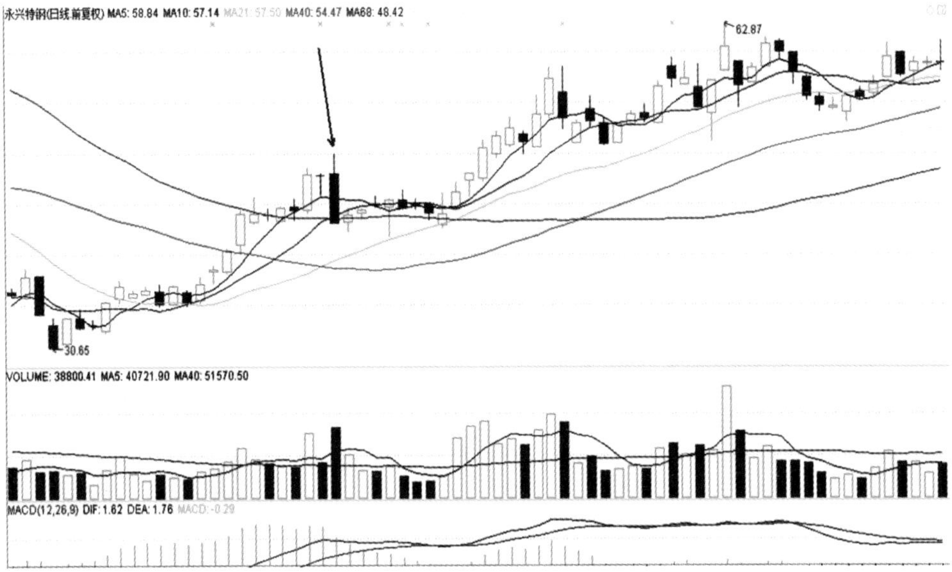

图 2-31 永兴特钢（002756）日线走势

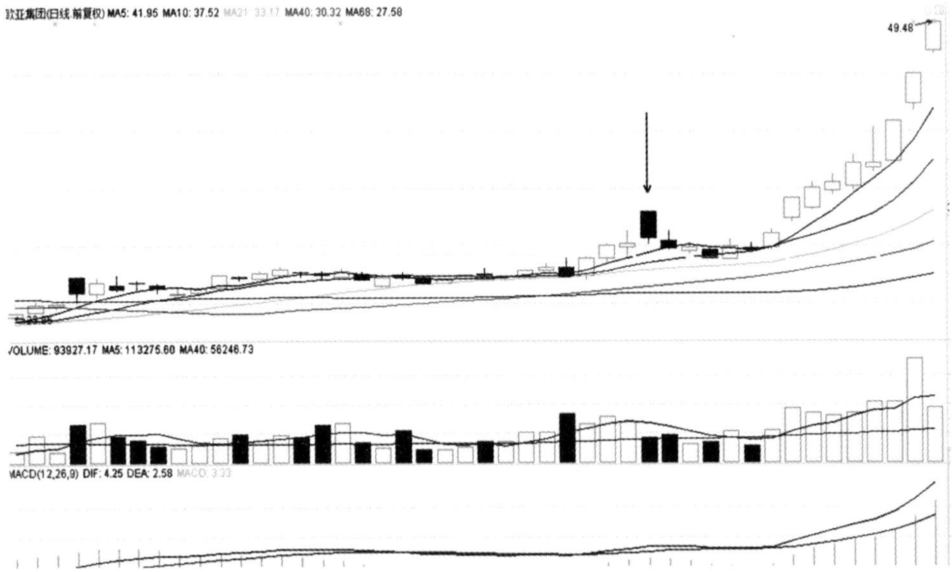

图 2-32 欧亚集团（600697）日线走势

永兴特钢在 2015 年 10 月 21 日（箭头指示位置）出现此种 K 线，之后该股在回调到 21 日均线附近获得支撑而企稳，之后该股连续缓慢上升。

欧亚集团在 2015 年 12 月 3 日出现此种 K 线（箭头指示位置），出现后股价调整一周之后便开始快速拉升，连续 3 天都是涨停板。

（八）十字星线

1. 形态描述

这是一种收盘带上下影线的小十字星 K 线，上下影线长度一般都差不多，但实体部分比较小，多数是影线长度的 1/3 或 1/2。阴线或者阳线实体以及十字星的都一样，但是它们全天上下波动幅度一定要小，这种 K 线意义最大，它本身是代表行情还会沿原来趋势发展（如图 2–33 所示）。

图 2–33 几种常见十字星线

2. 经常出现的位置及实战应用

这是一种最常见的 K 线形态，它在股价的上升途中、下跌途中和横盘过程中，以及任何地方都会经常见到而且非常多见，出现概率最多的是上升趋势中。

很多地方说这种 K 线是一种反转的信号，笔者并不赞成这个观点，根据笔者十多年的实战总结，它最准确的应该是延续信号，也就是说延续当下正在运行的趋势，这也是笔者最常用的买股票方法之一。

（1）出现在上升途中的操作策略。

在实战中，如果股票价格呈明显的上升趋势，多条均线呈多头排列，出现这种 K 线，则代表行情还会继续上涨，一般在上升途中连续出现一根到三根最多，它可以以小阳线或小阴线形式出现，但是实体越小越好，这种 K 线出现后应该在收盘前立刻买入（如图 2–34 所示）。

汉王科技在 2015 年 2 月 12 日（第一个箭头指示位置）出现第一根小十字星阴线后开始一路上涨，中间曾经出现过十几个小十字星线，每一个出现都是明显的买入信号。

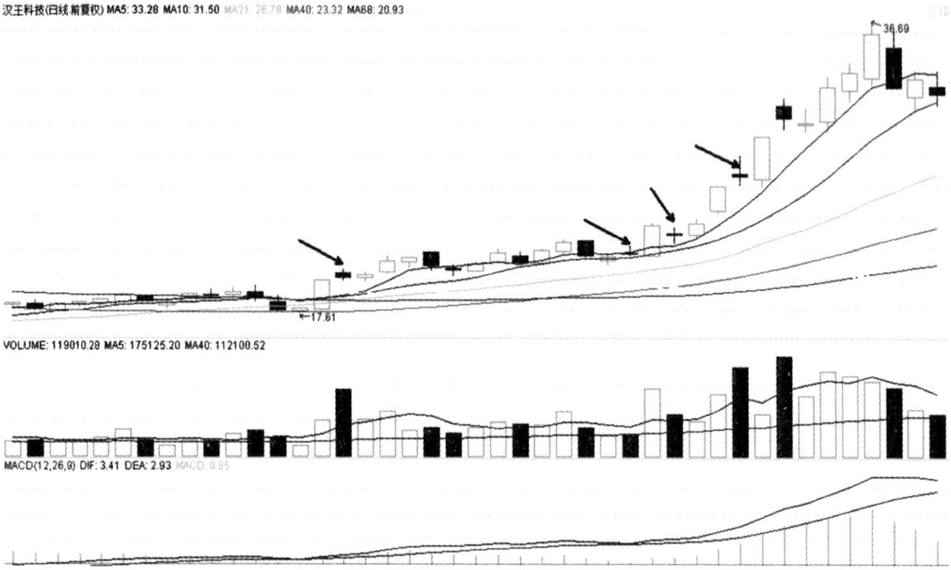

图 2-34　汉王科技（002362）日线走势

（2）出现在下跌途中的操作策略。

在实战中，股价多条均线呈空头发散，股价呈明显的下跌趋势，出现这种 K 线，不管是哪一种小十字星线都代表行情还会继续下跌，所以应择机出局（如图 2-35 所示）。

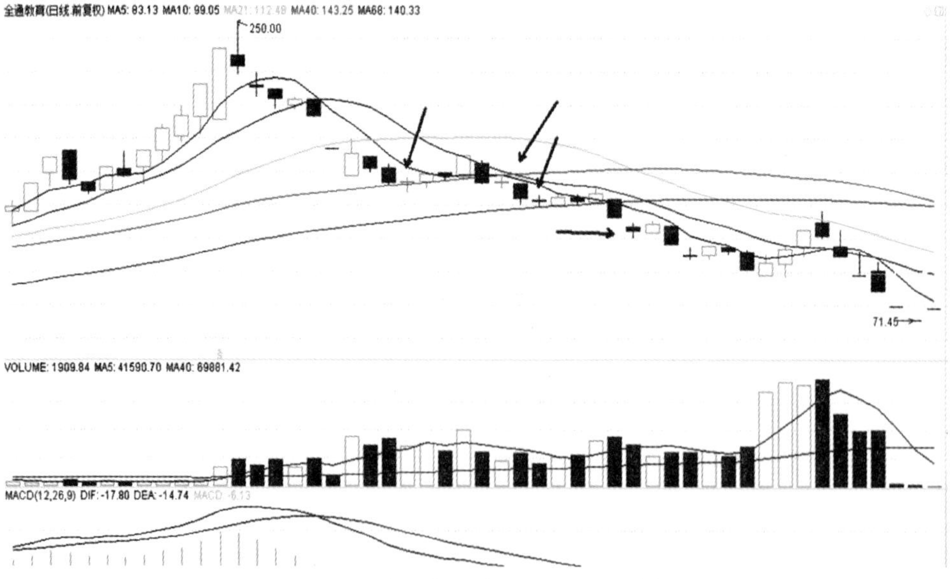

图 2-35　全通教育（300359）日线走势

全通教育从出现见顶破了 21 日均线后一路下跌，中间出现了好多次十字星线（箭头指示位置）都没改变它的下跌趋势，所以在实战中，在下跌趋势中千万别买。

（3）横盘期间的操作策略。

在股票横盘整理形态中出现这种 K 线，首先要看是低位区域横盘还是大幅上涨后的横盘。要是在低位区域横盘，这大多是庄家在建仓，为了不让短线高手作出差价，会使价格波动幅度非常小，多数大牛股在启动前都会经常出现这种 K 线特征。操作上，在低位横盘期间出现这种 K 线先不要介入，等什么时候走出横盘整理形态后才介入。

在横盘期间的十字星线没太大的买卖意义，要根据别的方法去做操作依据（如图 2-36 所示）。

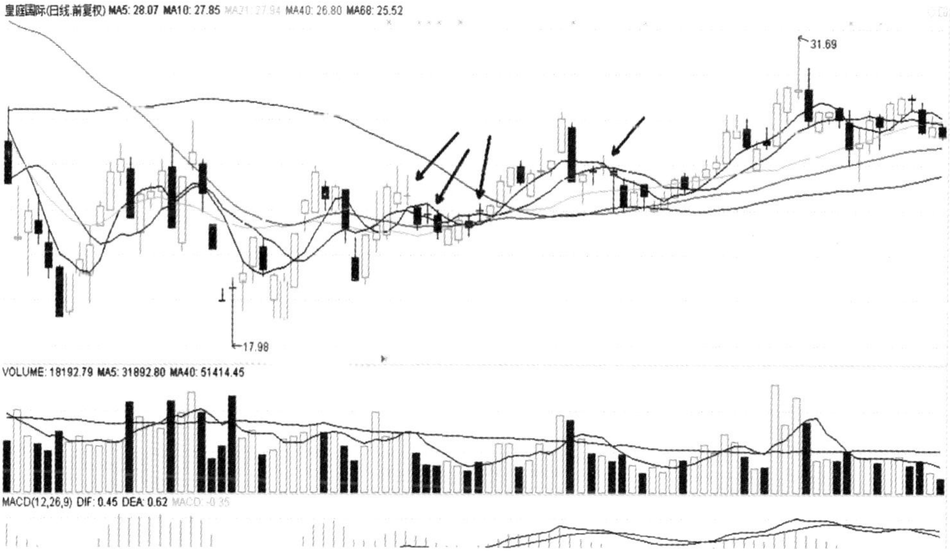

图 2-36 皇庭国际（000056）日线走势

皇庭国际在 2015 年 7 月到 2015 年 12 月横盘阶段，十字星（箭头指示位置）频繁出现，但该股一直维持箱体横盘整理。

（九）射击之星

1. 形态描述

这种 K 线全天上下波幅比较大，而且上影线要特别长，多数是实体部分长度的 3 倍以上，阴线或阳线实体意义差距不大，也可以没有下影线，如果有下影线，那下影长度不能太长，一般和实体部分一样长，或短于实体部分，这种 K 线也是比较常见的（如图 2–37 所示）。

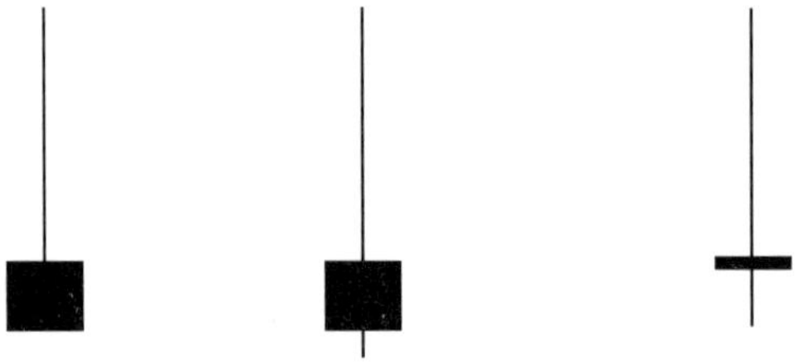

图 2–37　几种常见射击之星

2. 经常出现的位置及实战应用

这种 K 线出现的位置比较多，在股价上涨途中、高位见顶阶段、底部横盘期试盘阶段，以及下跌途中都能看到。

（1）此种 K 线出现在股价上涨高位见顶操作策略。

当股价短期经过大幅拉升上涨过快或者涨幅较大时，突然出现这类 K 线，说明抛压过重短期容易下跌。如果出现在上涨无量情况下更容易下跌。此种 K 线上影线越长准确度越高，出现当天为卖出时机（如图 2–38 所示）。

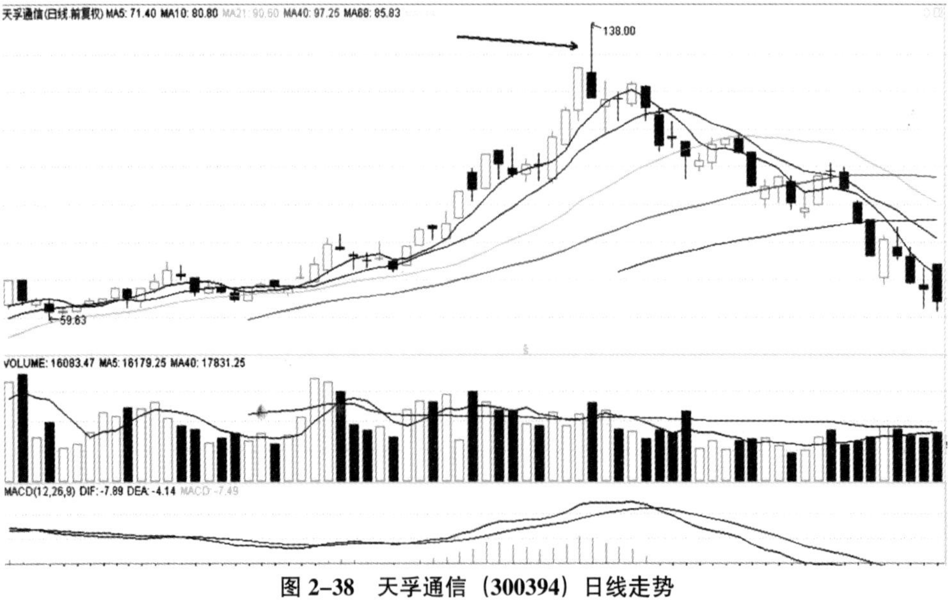

图 2–38　天孚通信（300394）日线走势

天孚通信在 2015 年 5 月 28 日（箭头指示位置）出现射击之星线，之后该股一路大跌。

（2）此种 K 线出现在股价上升途中操作策略。

在股价上涨幅度不大的过程中出现这种 K 线，并伴有大成交量配合，是短线调整信号，应择机出局等企稳之后再介入（如图 2–39 所示）。

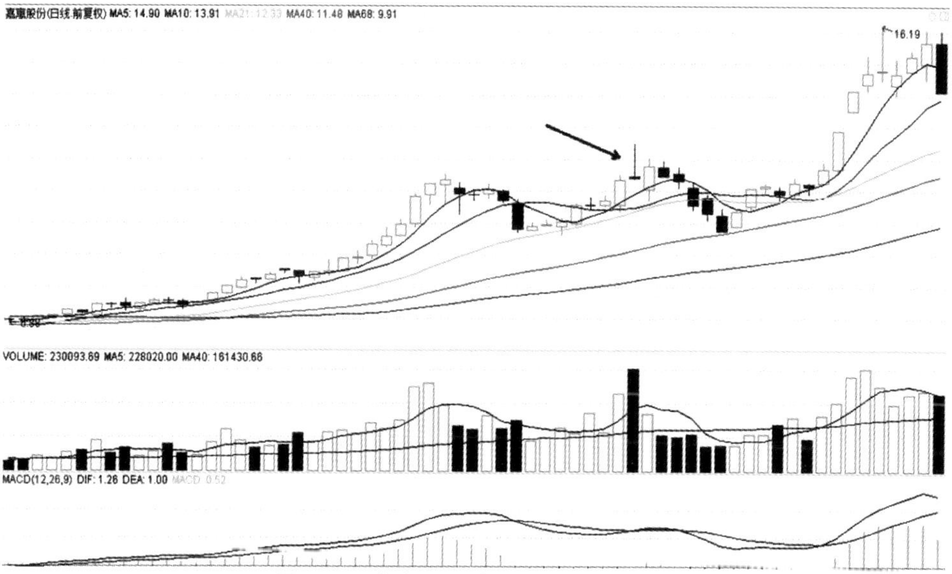

图 2–39 嘉寓股份（300117）日线走势

嘉寓股份在 2015 年 4 月 28 日（箭头指示位置）出现射击之星线，随后股价出现了短期回调之后继续上涨。

（3）此种 K 线出现在底部横盘期试盘阶段操作策略。

有些主力拉升股票时，操作谨慎，在欲创新高或股价行进到前期高点时，均要试盘，用上影线试探上方抛压，也可称“探路”。上影线长，但成交量不能太大，股价在这一个区域内收带上影线的 K 线，这是主力向上试盘。

如果在试盘后该股放量上扬，则可安心持股，如果转入下跌，则证明庄家试出上方确有抛压，此时可跟庄抛股，一般在更低位可以接回。在多数情况下后两天走势最重要，如果后两天回调并没有大跌，随后就出现小阳线同时成交量放大，说明上面抛压不重，股价将会拉升，择机买入。多数情况下，第一次遇到前期高点出现试盘 K 线还是会回调几天的（如图 2–40、图 2–41 所示）。

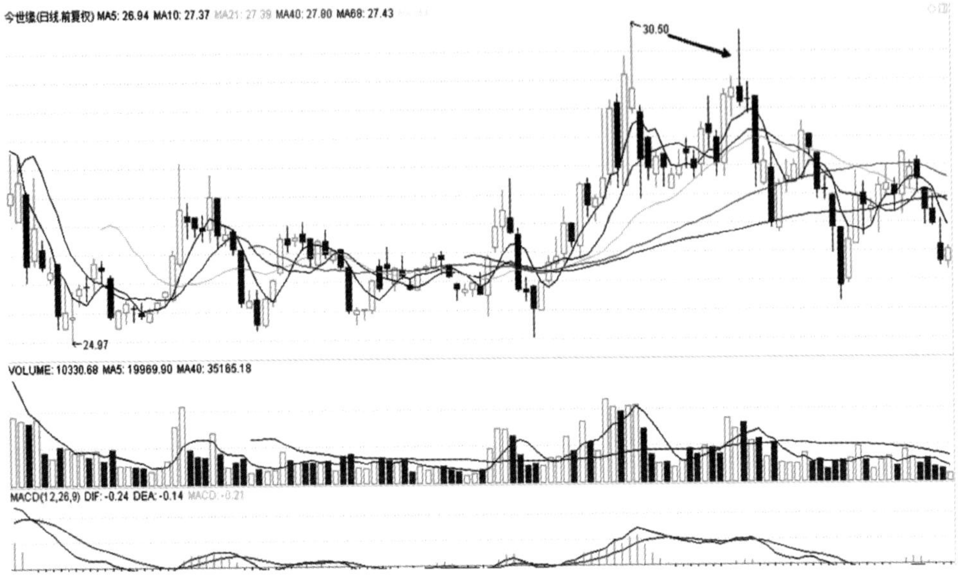

图 2-40　今世缘（603369）日线走势

今世缘在 2014 年 12 月 3 日（箭头指示位置）向上试前期密集区高点，出现射击之星线后便开始下跌，之后反弹阳线也是无量，说明抛压很重，投资者应以观望为主。

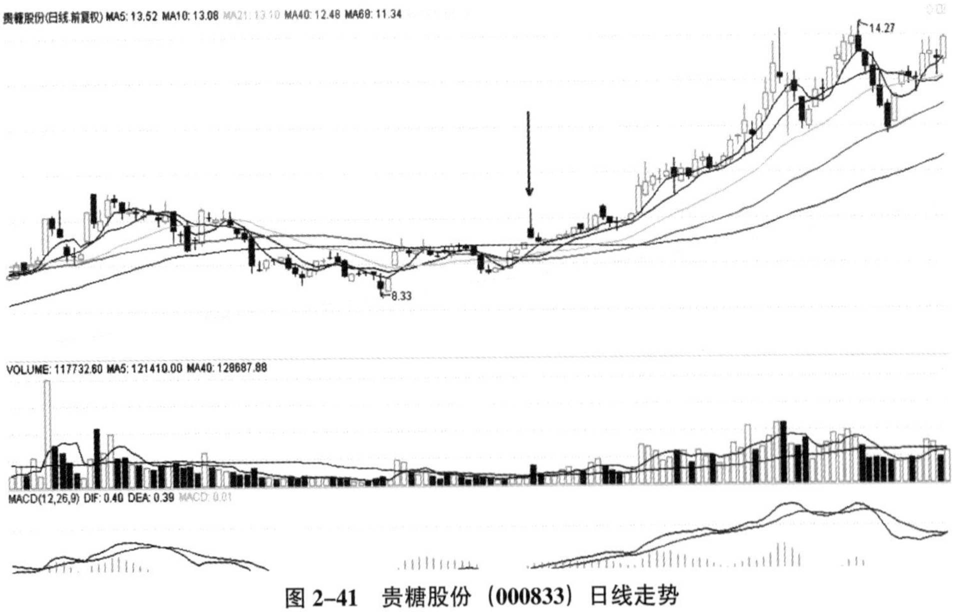

图 2-41　贵糖股份（000833）日线走势

贵糖股份在2015年2月17日（箭头指示位置）出现试盘线的位置正好是前期密集区附近，之后股价没有大幅下跌，在小幅调整了一周，并且连续出现小阳线之后，该股开始大幅拉升。

（4）此种K线出现在股价下跌途中操作策略。

股价在下跌途中，多条均线处于空头排列下出现此种K线，预示着抛压过重，股票还会继续下跌，短期以观望为主，暂不介入（如图2-42所示）。

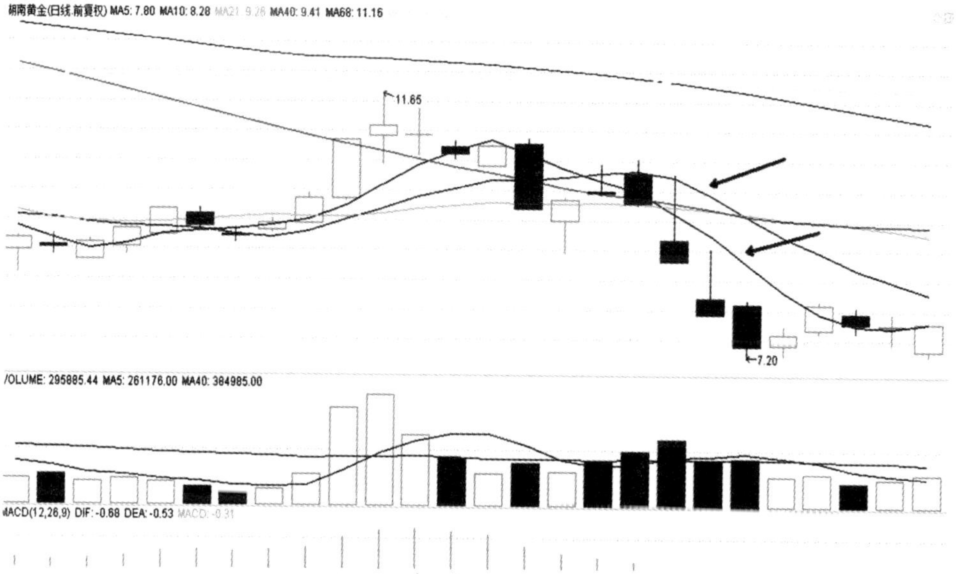

图2-42 湖南黄金（002155）日线走势

湖南黄金在破了21日均线之后连续在2015年8月24日、25日（箭头指示位置）出现2次射击之星线，之后股价继续维持弱势下跌行情。

四、典型两根K线组合应用法

上面内容我们说了一些比较常见的经典K线学，这些都是用一根K线来分析后势走势的。当然从准确率上讲可能不像两根K线配合应用的准确率高。

所以我们在这里再介绍几种两根K线组合中经典的顶部特征和底部特征，当然在这个股票市场上没有百分之百准确的，因此笔者不能误导投资者，只能告诉大家这几种 K 线组合出现后在准确程度上能达到 80%左右。

笔者在这里只是介绍了一部分常见的经典 K 线，有些不太经典和常见的 K 线在这里暂不介绍。

市场是个千变万化的市场，我们都在不断地学习新的知识，但新知识我们一辈子也是学不完的，希望大家也能从实践操盘中悟出更多的经验知识，做到活学活用。

(一) 切入线组合

1. 下降切入线

所谓的下降切入线就是第二天阴线收盘价格低于前一天阳线实体的一半以下（一定要是收盘价格低于前一天阳线实体的 1/2 以下才算，最低价不算）（如图 2-43 所示）。

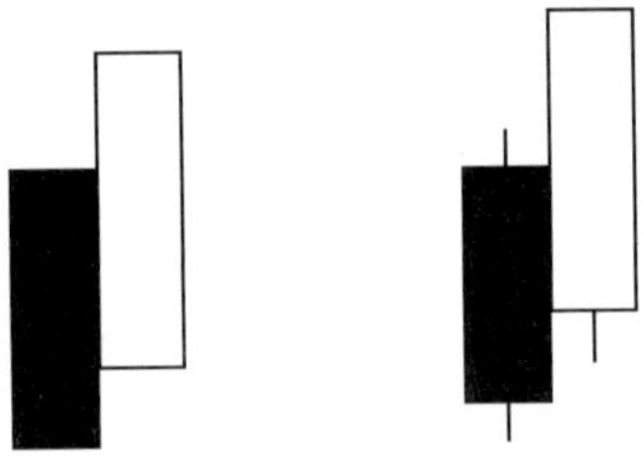

图 2-43　下降切入线

下降切入线的注意事项：

(1) 下降切入线必须是在股票价格经过大幅度上涨以后出现才能有效，涨幅越大越可靠。

(2) 下降切入线的前一根 K 线必须是阳线，有没有上下影线无所谓。后面阴线一定要是高开低走的大阴线，这样可信度更高。出现阴线当天成交量越大信号越可靠。

(3) 只要具备以上条件，那么这个下降切入线可能就成立了，预示着股票短期上涨行情结束调整即将到来。这种切入线经常在股票高位出现，也是最常见的见顶组合。

(4) 在实战中，遇到下降切入线当天最好出局，当然不是切入线出现就是最高点，但是多数会在第二天低开，形成股价的短期高点。在实盘中要多结合均线和成交量来应用（如图 2-44、图 2-45 所示）。

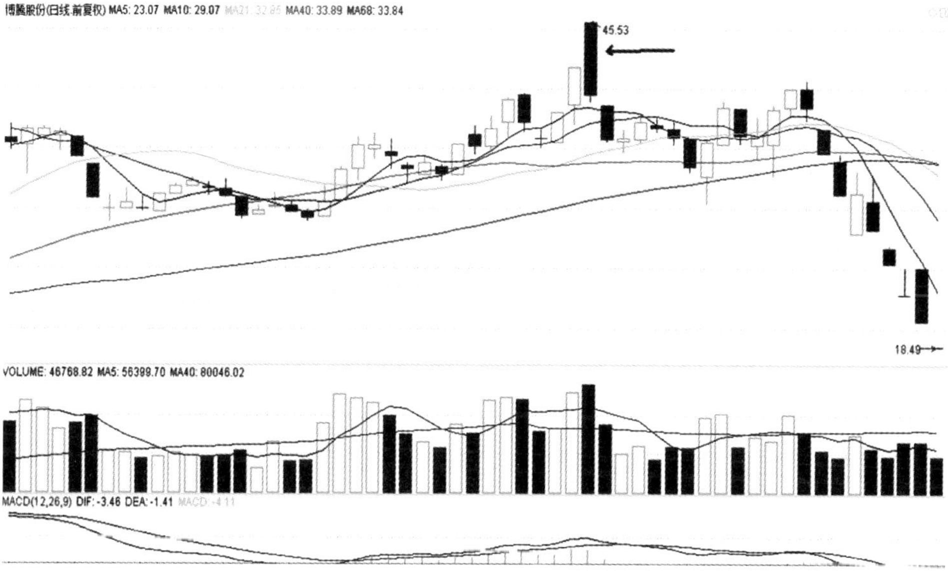

图 2-44　博腾股份（300363）日线走势

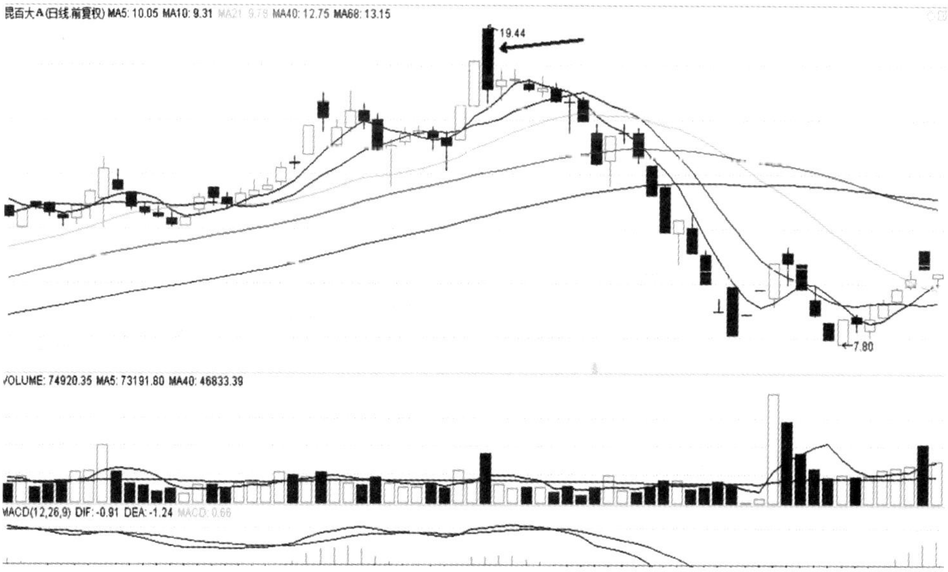

图 2-45　昆百大 A（000560）日线走势

博腾股份在 2015 年 6 月 5 日（箭头指示位置）出现下跌中的切入线，随后该股一路下跌，跌幅也高达 50%之多。

昆百大 A 在 2015 年 6 月 9 日（箭头指示位置）出现下降切入线，之后股价单边下跌。

2. 上升切入线

所谓的上升切入线就是第二天阳线收盘价格高于前一天阴线实体的一半以上，而前一天阴线只要是大阴线有没有上下影线都没关系（一定要是收盘价格高于前一天阴线实体的 1/2 以上才有效）（如图 2-46 所示）。

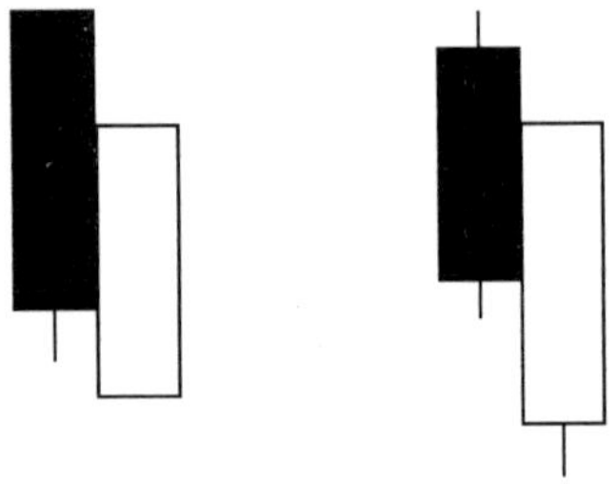

图 2-46 上升切入线

上升切入线的注意事项：

（1）上升切入线最好是在股票价格经过大幅度下跌以后出现才能有效，跌幅越深越可靠，或者出现在上升趋势中也是非常准确的。

（2）上升切入线的前一根 K 线多数是大阴线或中阴线，第二天必须是低高走的大阳线。

（3）上升切入线出现当天必须是成交量很大，成交量越大越可靠。

（4）上升切入线出现后第二天可能还会回调，但是不能跌破切入线阳线的低点。

（5）上升切入线在底部出现成功概率相对较小，但是在上升途中出现可靠性程度高。

（6）实战操盘中遇到底部切入线还是多结合其他技术指标来参考应用。

经过笔者多年实战总结，上升切入线在底部出现时，准确程度相对较低，多数是失败的。所以在这里我们不能误导投资者，也不能瞎编乱写，笔者本着良心写书是为了让投资者看了这本书后能在股市中赚到钱。图 2-47、图 2-48 是同一只股票在上升趋势出现上升切入线的成功案例，以及大跌之后出现上升切入线失败的案例。

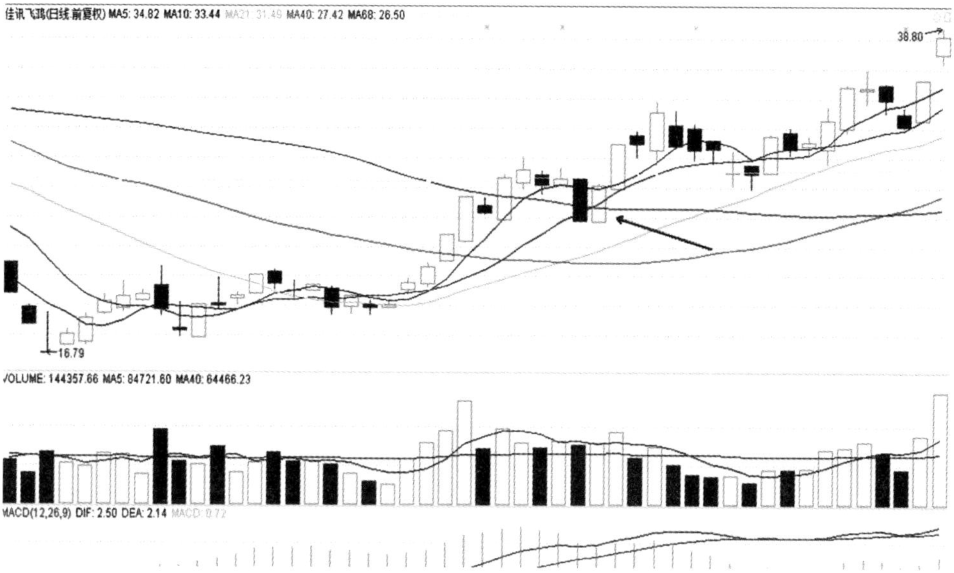

图 2–47 佳讯飞鸿（300213）日线走势（一）

佳讯飞鸿在 2015 年 10 月 22 日（箭头指示位置）出现在上升途中的上升切入线，之后该股继续上涨，因此出现在上升中的切入线相对准确度较高。

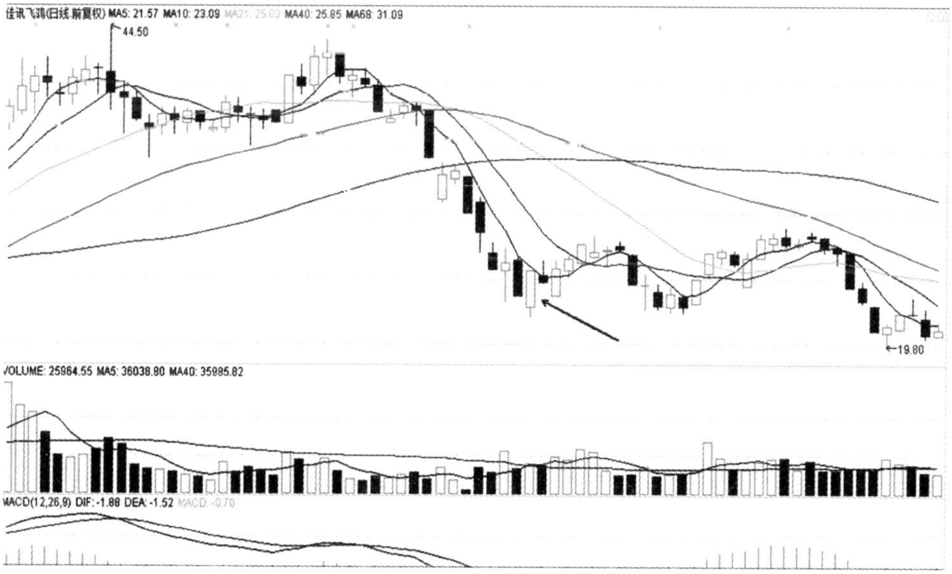

图 2–48 佳讯飞鸿（300213）日线走势（二）

佳讯飞鸿在 2015 年 1 月 14 日（箭头指示位置）出现在急跌之后的上升切入

线，出现后，该股小幅反弹之后继续下跌，股价涨幅非常小，所以我们建议底部出现切入线时还是谨慎操作。

相比较来说，该形态没有包线组合和单针探底线，以及低开高走的大阳线准确度高。

（二）两根 K 线组合包线

包线就是第二天的 K 线低开高走把前一天的 K 线实体全部包在里面，就称为包线。

我们所说的包线只要求包住实体部分，对下影线不要求包住。但是后一根必须包住前一根的最高点。

包线的种类很多，在见底形态里有阳包阳线、阳包阴线；见顶 K 线里有阴包阳、阳包阴、阳包十字星。

当然这些只是见底或见顶 K 线里的一种，不一定非要见了这种 K 线形态才认为底部或顶部的出现，还有很多可以证明底部和顶部的两根 K 线组合。笔者介绍的这种是比较典型的一种，但是在实战中这种并不是很常见。

1. 上涨特征的包线组合（阳包阳或阳包阴或阳包十字星）（如图 2-49 所示）

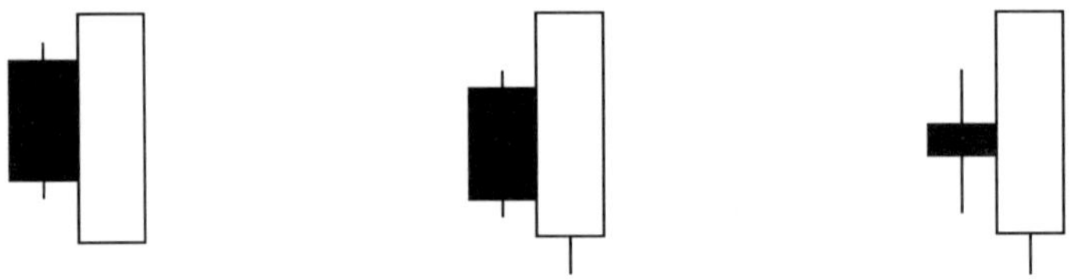

图 2-49 上涨特征的包线组合

应用包线时的注意事项：

（1）出现包线时要是在股价经过大幅度下跌以后才能更准确，跌幅越大越可靠，或者在股价上升趋势中出现更准确。

（2）包线的前一根 K 线有没有上下影线都无所谓，但第二根阳线一定要是低开高走把前一天 K 线全部吞吃。阳线实体越大说明反弹力度越大。

（3）出现包线当天成交量越大信号越可靠。

（4）只要具备以上条件那么这个包线可能就成立了，预示着股票下跌行情的结束（如图 2-50、图 2-51、图 2-52 所示）。

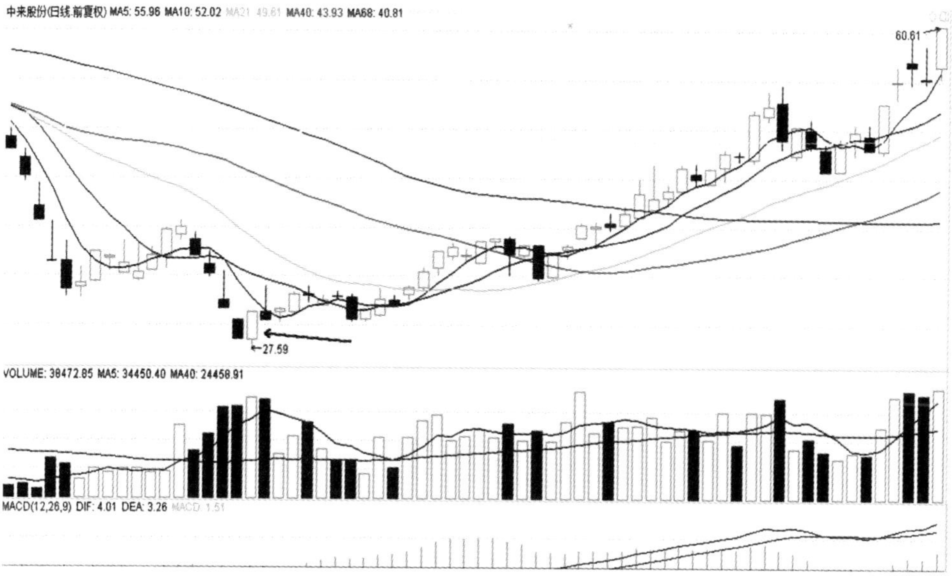

图 2-50　中来股份（300393）日线走势

中来股份在 2015 年 9 月 16 日（箭头指示位置）出现典型的阳包阴 K 线特征，之后该股就展开一波拉升行情。从出现包线时的 31 元涨到最高的 64.2 元，涨幅达 100%之多，这就是经过大幅急跌之后的包线组合。

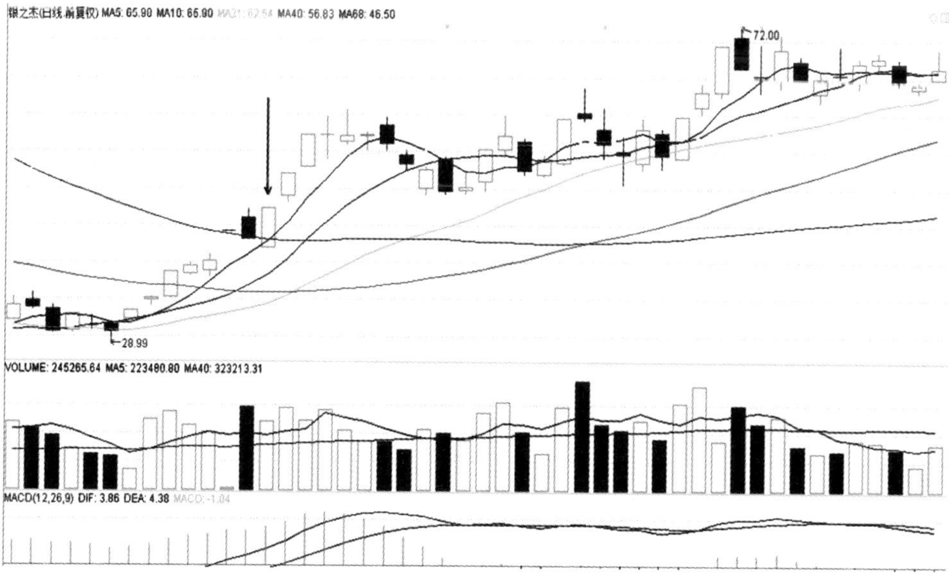

图 2-51　银之杰（300085）日线走势

银之杰 2015 年 11 月 4 日（箭头指示位置）在上升趋势中出现的典型阳包阴 K 线组合，之后该股连续大涨。

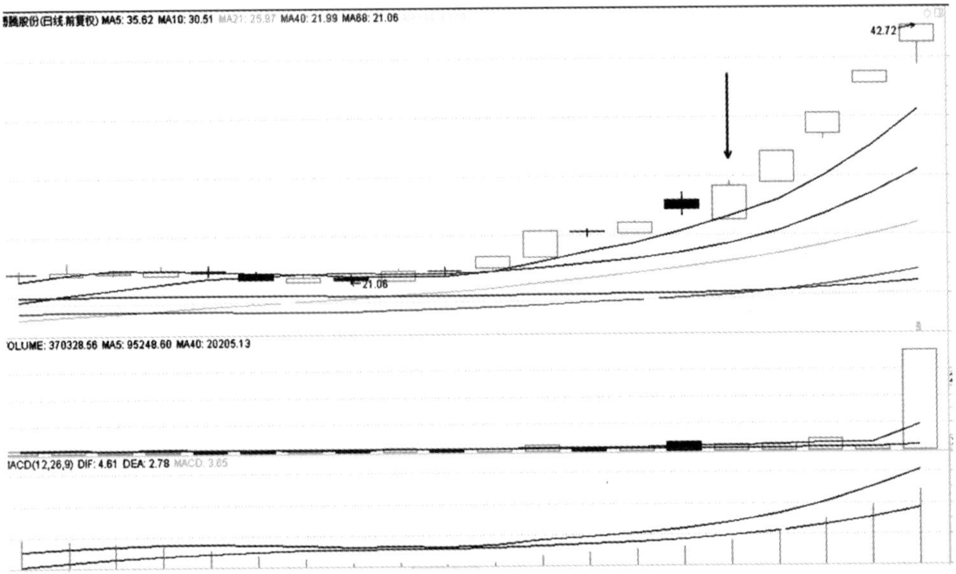

图 2-52　博腾股份（300363）日线走势

博腾股份 2015 年 3 月 20 日（箭头指示位置）在上升趋势中出现了阳包十字星组合，之后该股加速上涨，连续涨停。

在实盘中常见的主要是阳包阴线或者阳包十字星线组合，而阳包阳 K 线组合相对来说很少见。

2. 下跌特征的包线组合（阴包阳或阴包阴或阴包十字星）（如图 2-53 所示）

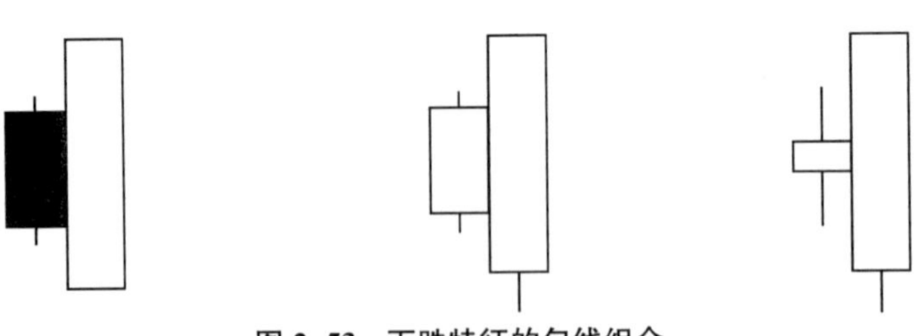

图 2-53　下跌特征的包线组合

应用包线时的注意事项：

（1）出现包线时必须是在股票价格经过大幅度上涨之后才能有效，涨幅越大越可靠。

（2）包线组合在下跌趋势中出现也是一样可靠，是继续下跌的信号。

（3）包线的前一根 K 线是什么 K 线都不是很重要，重要的是第二根阴线一定要是高开低走，把前一天 K 线全部吞吃。阴线实体越大信号越可靠。

（4）出现阴线当天成交量越大信号越可靠，而在下跌趋势中出现则有没有成交量都会下跌。

（5）只要具备以上条件，那么这个包线可能就成立了，预示着股票上涨行情的结束（如图 2–54、图 2–55 所示）。

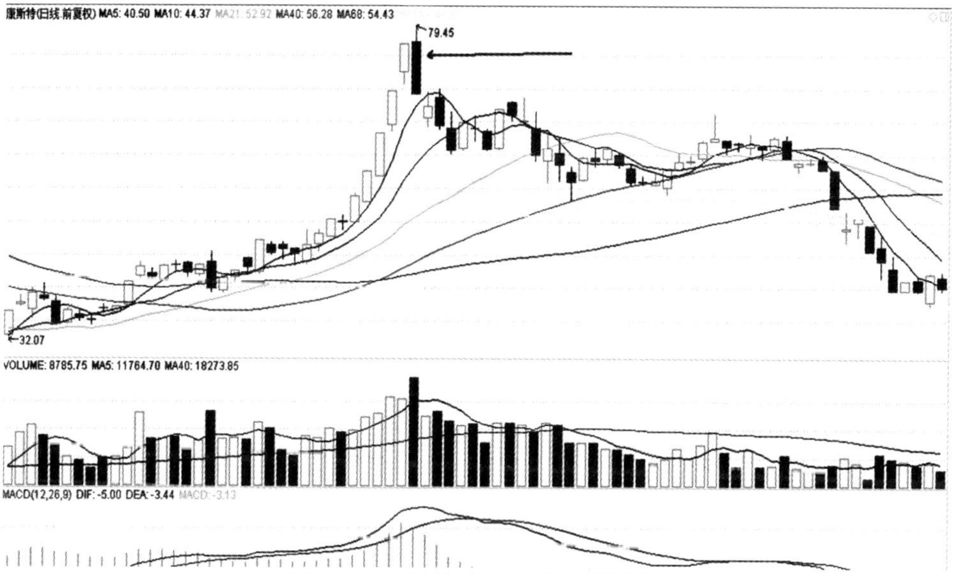

图 2–54　康斯特（300445）日线走势

康斯特在 2015 年 11 月 13 日（箭头指示位置）出现了典型的阴包阳，之后该股出现了大幅下跌，而包线当天的最高价也成了该股最高点，从出现包线当天最高的 79.45 元跌到 32.5 元，跌幅高达 60%之多。

艾比森 2016 年 1 月 8 日（箭头指示位置）在下跌趋势中出现了阴包阴 K 线组合，之后该股继续下跌。

在实战中经常出现的还是阴包阳最多，或者阴包一字涨停的组合，而阴包阴非常少见。其实这些包线相对来说出现在股价高位区域时下跌概率是相当高的，我们在实战操作中应多注意这种见顶 K 线组合，它们短期跌幅一般比较大，跌速也比较快。

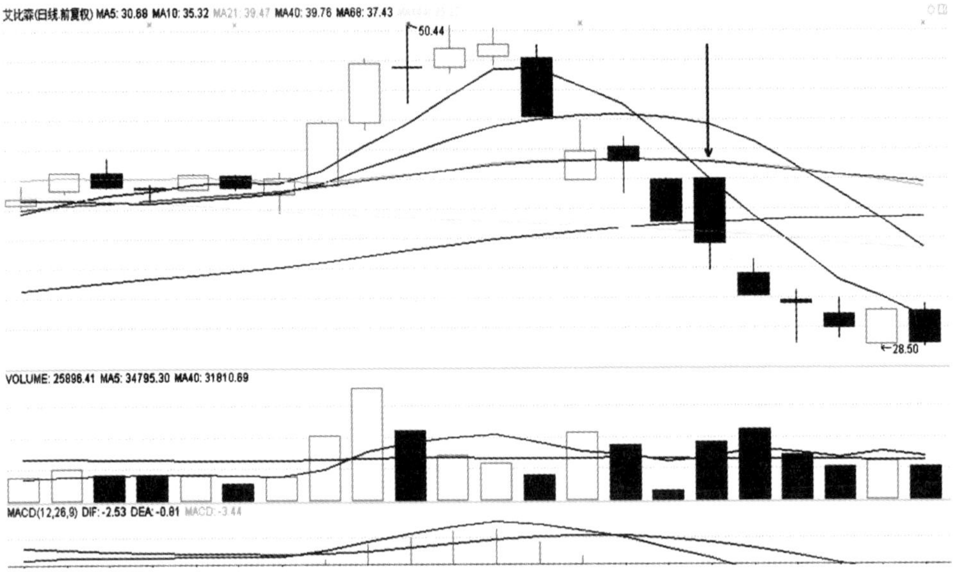

图 2-55　艾比森（300389）日线走势

本章内容主要是 K 线的应用，以上所讲到的 K 线并非都是百分之百准确，只是准确率相对比较高，而市场本身有很多意想不到的影响因素。股市操作中最重要的还是要把均线和 K 线以及成交量配合起来分析，我们不能仅仅用一根 K 线就衡量股价会怎么样，这样有点草率。任何 K 线都要建立在股票本身趋势上以及 K 线的大小程度上来衡量走势的强弱。

很多 K 线只是对股价短期影响较大而对大趋势影响较小。在这里我们只介绍了部分重要的 K 线学实战用法，其他的暂不做介绍。

相信大家也看过很多关于 K 线方面的资料，很多地方和笔者所讲到的用途应该不完全一样甚至不是一个概念。

本书很多案例是同一只股票，因为这些股票多数都是笔者本人参与过实战买卖的，在买入和持仓过程中笔者也是根据这些 K 线学来进行加仓减仓的。

第二章——视频讲解

第三章　均线实战买卖法

根据均线来操作股票是技术分析中的一种，是每一个从事股票期货投资者必学的一门功课，在这里我们必须先了解一下技术分析的特点。

技术分析法是通过对市场行为本身的分析来预测市场价格的变动方向，主要是对股票市场日常交易状态，包括价格变动、交易量的变化还有均线和K线走势等资料，按照时间顺序绘制成图形或图表，形成一定的指标系统，然后针对这些图形、图表或指标系统进行分析研究，以预测股票价格走势的方法。

技术分析的优点是同市场接近，考虑问题比较直接。与基本面分析相比，技术分析进行股票买卖见效快，获得利益的周期短。此外，技术分析对市场的反应比较直接，分析的结果也更接近实际市场的局部现象。

技术分析的缺点是考虑问题的范围相对较窄，对市场更长远的趋势不能进行有益的判断。

技术分析适用于短期的行情预测，要进行周期较长的分析必须依靠别的因素，这是应用技术分析最应该注意的问题。技术分析所得到的结论仅仅具有一种建议的性质，并应该是以概率的形式出现。

而在技术分析中，移动平均线是非常广泛的一种技术指标，因为它的构造简单，不易被人为操作，因此受到很多股票投资者的青睐。

一、什么是移动平均线

移动平均这一概念是建立在著名的道琼斯理论上的。道琼斯理论虽已名扬天下，但理论毕竟有点玄，而移动平均将这套理论加以数字化，从数字的变动中去预测未来股价短期、中期、长期的变动方向，更易被广大投资者所接受。

所谓“移动平均线”是指一段时间内的算术平均线，通常以收盘价作为计算值。

移动平均线（Moving Average，MA），原本的意思是移动平均，由于我们将其制作成线形，所以一般称之为移动平均线，简称均线。它是将某一段时间的收盘价之和除以该周期。比如日线 MA5 指 5 天内的收盘价相加除以 5 。

例：MA（5 日）=（第 1 日收盘价 + 第 2 日收盘价 + 第 3 日收盘价 + 第 4 日收盘价 + 第 5 日收盘价）÷5

二、移动平均线的种类

根据移动平均线所用的天数不同，可分为短期移动平均线、中期移动平均线以及长期移动平均线，这里比较常见的有：

（1）即 MA（5）以一周的 5 日交易为周期的移动平均线。

（2）即 MA（10）以两周的 10 日交易为周期的移动平均线。

（3）即 MA（20）以一个月为周期的移动平均线。

（4）即 MA（30）以一个多月为周期的移动平均线。

（5）即 MA（120）以半年为周期的移动平均线。

（6）即 MA（250）以年为周期的移动平均线。

而市场上多数人是把 5 日、10 日平均线定性为短期移动平均线，20 日、30 日作为中期移动平均线，把 120 日、250 日定性为长期移动平均线。

因为每一个人定位的长短时间周期并不完全一样，所以出现了不同时间周期的均线。而在此章内容里将会重点介绍几条效果最佳的均线系统。这也是笔者经过十多年实战反复优化修改得出的最后结果，在实战中相比其他的均线系统准确度更高。

三、移动平均线的特性

在介绍移动平均线之前我们必须了解它的特性，这样才能更好地利用它。

1. 趋势的特性

移动平均线能够表示股票价格趋势运行的方向，所以它具有趋势的性质。它能反映当天股票价格的运行趋势，并追随这个趋势，不轻易放弃。

2. 稳定特性

通常越长期的移动平均线稳定性越强，所以移动平均线不轻易往上或往下延伸，必须等股价涨势真正明朗了，平均线才会往上延伸，而且经常股价开始回落之初，移动平均线却是向上的，等股价下滑显著时，才见平均线往下走，这也是移动平均线最大的特色。越短期的移动平均线，稳定性越差，越长期的移动平均线，稳定性越强，但也因此使得移动平均线有延迟反应的特性。

3. 滞后性

当股价原有趋势发生反转时，由于移动平均线追随趋势的特征，使其行动往往过于迟缓，掉头速度落后于大趋势，只能等股价明显拐头向上或者向下时移动平均线才会向上或向下运行，这是移动平均线一个极大的弱点。

4. 助涨助跌性

当股价突破了移动平均线时，无论是向上突破还是向下突破，股价有继续向突破方面再走一程的愿望，这就是移动平均线的助涨助跌性。

股价从平均线下方向上突破，平均线也开始向右上方移动，可以看作是多头支撑线，股价回跌至平均线附近，自然会产生支撑力量，短期平均线向上移动速度较快，中长期平均线向上移动速度较慢，股价回跌至平均线附近，多数是买进时机，这是平均线的助涨功效。

反过来说，股价从平均线上方向下突破，平均线也开始向右下方移动，成为空头阻力线，股价回升至平均线附近，自然产生阻力，因此平均线往下走时股价回升至平均线附近多便是卖出时机，平均线此时有助跌作用。

5. 支撑线和压力线的特性

由于移动平均线的上述四个特性，使得它在股价走势中起支撑线和压力线的作用。

四、移动平均线的应用

通过观察移动平均线，可以研判市场的多空倾向，通常将短期移动平均线、中期移动平均线、长期移动平均线配合在一起应用，如果三种移动平均线并列上扬则表明市场呈现多头市场，以上涨为主。反之，如果三种移动平均线并列下跌，从下往上依次是短期移动平均线、中期移动平均线、长期移动平均线，则呈空头排列，为下跌趋势。

移动平均线是一种追踪趋势的工具，它能够识别和显示旧趋势的终结或反转以及新趋势正在萌生的契机，但它不能领先于行情，却能够反映市场行情之所在。由于移动平均线是一种平滑的曲线，所以能够有效地过滤掉不明白的小跳动，因此，移动平均线能够客观地反映市场行情的大趋势。

五、单根移动平均线研判技巧

（1）短期移动平均线从下降趋势转为上升趋势，而股票价格从平均线的下方向上突破平均线时，为买入时机。

（2）股票价格向下跌破移动平均线，而在临收盘时，股票价格又回到平均线上方，而此时移动平均线仍然保持上升趋势，为买入时机。

（3）当股票价格经过大幅下跌之后，移动平均线开始由下降转为走平，然后短期 5 日均线金叉中长期 21 日均线，并且股票价格收盘站在 5 日均线之上，为买入时机。

（4）移动平均线由上升逐渐走平，而股票价格从平均线上方向下跌破平均线有效时，为卖出时机。

（5）股票价格上升突破平均线，但在收盘时又回到平均线下方，而且移动平均线继续下行时，为卖出时机。

六、多根移动平均线研判技巧

移动平均线按数量分为单线、双线交叉、三线交叉、多线交叉，移动平均线在大行情时的表现比其他更为复杂和精细的操作系统要好，且简单方便。

单个移动平均线由于采样数据较为单一，有时会频繁发出错误信号。为减少失误，增强信号的准确性，我们在实践基础上推出了三种移动平均线组合应用。我们将短期、中期、长期这三种移动平均线组合起来，再配以不同的K线特征，这将对于把握买卖的有利时机和判断趋势走势更加准确。

（1）在移动平均线的组合中，当短期均线上穿中长期均线，且向上方移动时，为买进信号；当K线位于均线上，且各条移动平均线都呈上升趋势时，表明行情仍处于上升趋势，可继续持仓。

（2）当上涨行情持续一段时间后，短期平均线走平并拐头向下时，表明行情开始走弱，这是卖出时机；当短期平均线从高位依次向下跌破中长期平均线时，这是最后的清仓时机。

（3）股价经过长时间持续下跌后停止下跌，平均线从下降趋势转为走平向上升趋势，首先是短期均线突破中期线，并且股价站在平均线上方运行，称为黄金交叉点，简称金叉，此点可以确认行情将进入上涨时期。这就是所谓的多头排列，是典型的上涨行情。

（4）当股价上升到高位区域时上下震荡，接着转向下跌，短期平均线和中期平均线也逐步下行并且短期均线从上方向下下穿中长期均线，称为死亡交叉点，简称死叉，这意味着上涨行情的结束。

在移动平均线的组合应用中，投资者应根据自己的实际操作策略设定相应的参数，一定要活学活用，不同投资策略的投资者可自己探索适合自己操作策略的平均线组合，再配以不同的K线以便为自己提供更准确的买卖时机。

七、重要移动平均线实战作用

在这个市场上，大部分投资者常用的均线系统一般都是 5 日、10 日、20 日、30 日、60 日、120 日、250 日平均线，经过笔者多年的实战操作发现，大家多数看的均线很多时候并不太准确，所以我们优化了均线系统，比大家常用的均线系统准确性更高，下面将一一为大家介绍。

1. 5 日均线

5 日均线的主要功能是助涨助跌。5 日均线是常用的短期均线，股价不论上涨或下跌，多数都会沿 5 日均线运行。

（1）在上升趋势成立后，股价第一次回调，一般回调到 5 日均线处就会停止下跌，形成买入时机。

（2）在上升趋势成立后，多数股票会沿着 5 日均线运行，而此时的 5 日均线向上角度越大股价涨速越快。

（3）在下跌趋势成立后，股价第一次反弹碰到 5 日均线多数会形成压力，然后继续下跌。

（4）在实战中注重 5 日均线角度，上涨和下跌角度越高，上升或下跌的速度和空间越大。

2. 10 日均线

10 日均线是庄家的洗盘线，主要功能是配合其他均线金叉死叉的应用。

（1）股价在上升过程中，回调跌破 5 日均线，第一次碰到 10 日均线，一般会停止下跌。

（2）股价在上升趋势中，5 日均线经常向下死叉 10 日均线，随后几天 5 日均线又向上金叉 10 日均线，这多数是机构洗盘最常用的典型方法，为再次买入时机。

（3）股价在下跌趋势中，股价第一次向上反弹，多数会受到 10 日均线压制，随后可能继续下跌。

（4）实战中一般注重 10 日均线和 5 日均线黏合，上升中黏合时候会加速上涨，下跌趋势中黏合时容易加速下跌。

3. 21 日均线

21 日均线是中期趋势庄家的生命线，在实战操作中必须依据 21 日均线作为重要的买卖依据，这样可以抓住个股的主升波段行情。并且能躲过大跌带来的损失。

21 日均线是最重要的均线，不管大盘指数走势还是个股走势它们上涨下跌一般情况都会沿着 21 日均线运行。

（1）在上升趋势中，当股价回调跌破 5 日、10 日均线，一般到了 21 日均线处会止跌，然后继续上涨。

（2）在上升趋势中如果有效跌破 21 日均线，短期下跌目标位多数是 40 日均线和 68 日均线附近，此时一般出局，等到股票价格再次站上 21 日均线之上时，为再次买入时机。

（3）在下跌途中，当股票价格大幅度反弹突破 5 日均线、10 日均线时，多数会在 21 日均线处停止，结束反弹继续下跌。

（4）在下跌后末期股价反弹，如果反弹有效向上突破 21 日均线（连续 3 天，收盘站在 21 日均线为有效，在本书中所有有效都是以 3 天为准），下跌趋势将会改变，可能出现横盘或者上升趋势。

4. 68 日均线

68 日均线是庄家建仓成本线，在常规情况下机构都会在 68 日均线下方进行悄悄建仓，这时多数是区间小幅震荡，量能较小无人关注。

（1）股价在低位经过长期横盘后，向上站在 68 日均线之上，同时 5 日均线、10 日均线、21 日均线也先后金叉 68 日均线，同时成交量同步放大，这是上涨行情前兆。

（2）股票在经过大幅上升之后向下跌破 68 日均线，多数下跌空间较大或者横盘调整周期较长。

（3）68 日均线也是庄家拉升的起飞线，多数股票在低位开始上升时，都会在 68 日均线处启动，所以要重点关注上穿 68 日均线后个股成交量与股价变化情况。

5. 144 日均线

多数投资者在股票市场上看半年线也就是 120 日均线，经过笔者多年实战验证，144 日均线的准确性要远远大于 120 日均线，144 日均线是牛熊分界线。

（1）144 日均线是牛熊的重要分水岭。一旦跌破 144 日均线杀伤力还会很大。经过大幅拉升后的股票一旦有效跌破 144 日均线将进入慢慢长熊。

（2）当个股经过大幅上涨后股价先后跌破 21 日均线、68 日均线，下个目标位多数是 144 日均线附近。

（3）当股价跌到 144 日均线附近时要密切关注成交量变化，一般第一次跌到 144 日均线处会有技术性反弹，这个时候就要看成交量的变化，要是反弹时成交量不能有效放大，那么后市还会继续下跌。

（4）当股价跌到 144 日均线附近，成交上出现上涨放量回调无量时，股价可能还会继续上涨。

（5）股价经过长期下跌之后开始反弹，先后向上突破 21 日均线、68 日均线，多数第一目标压力位应该是在 144 日均线附近。

（6）当股价能有效突破 144 日均线，且呈明显上涨有量回调无量时，行情还会进一步上涨。

图 3-1 是上涨指数有效跌破 144 日均线后大幅下跌。

图 3-1 上证指数日线走势

上证指数在 2015 年 7 月 27 日跌破 144 日均线，之后反弹到 144 日均线时成交量不能放大，随即出现大幅下跌。

以上所说都是笔者多年实战总结的经验，也是经过大量的实战案例得出的结论，其余均线我们暂不做介绍了，如果你能把这几条均线用好，足以在这个股市成为真正的赢家。

当然单单依靠移动平均线的买入信号和卖出信号准确度可能还不算太高，也不容易准确地作出买入或者卖出的操作。我们还得学习其他相关知识，这样效果才最佳。

通常情况下，移动平均线需要和其他的技术指标相结合使用，如必须配合 K 线学和成交量变化来应用，这样就会大大提高准确程度。

当然，移动平均线在有些时候也会失去它本身的效果，比如说当股价处于横盘状态下，短期移动平均线会经常来回上下金叉死叉长期均线，此时短期均线已经毫无意义，需要用长期均线来看支撑和压力位置。下面我们将对均线系统买卖法作详细介绍。

八、根据 21 日均线买入法

上面我们说了每条均线的作用，本部分将重点介绍一下在实战操作中利用那些均线作为买卖点。笔者主要是利用 21 日均线作为最重要的买卖依据。因为 21 日均线介于短线和长线之间，多数股票的主升波段都是沿着 21 日均线运行的。

21 日均线是股市中最重要的一根均线，不管对长线投资还是短线投资都具有最重要的参考价值，它不仅能体现出短期股价走势还能预示长期价格的走势。

它的意义在于周期不是很长也不是很短，所以能够真实反映出股价最为接近的趋势，它的低位拐头向上意味着短期内趋势有好转的迹象。如果股价能够站在 21 日线之上就说明股价可能短期会上涨。它能在任何时候任何位置给出一个明确的操作信号。

在周期组合上被认为是一个综合周期，因此，无论是长线投资还是短线投资均可适用。

我们在实战操作中首先必须看清楚 21 日均线的运行方向，了解当时行情是上升趋势还是下跌趋势或者处于横盘状态。当然一旦股价处于长期横盘状态，不能仅仅就看 21 日均线了，还要参考多条均线配合，即便是横盘价格不能站在 21 日均线股价也很难上涨。用好了 21 日移动平均线，你就牵住了趋势的牛鼻子。

因为任何主力运作一只股票，用的也是最简单的基本路数，即震荡吸货、打压洗盘、拉升、洗盘、拉升、出货。虽然说“兵无常势，水无常形”，主力也会随时改变操作手法，但他们的意图在中长期均线走势上却无法掩饰。而 21 日均线恰恰具备了攻防兼备特点。它既可避免按照 5 日均线、10 日均线交易过于频繁、失误过多、交易成本过高的缺点，又可弥补长周期均线过于滞后的不足。它的缺点是抓不到最低点也卖不到最高点，正因为这个特点所以我们不参与抢反弹带来的风险，也避免了卖了以后还大涨的局面。而用它最大的优势就是能精准地抓住每只股票的主升行情。下面我们结合实战来详细分解。

（一）底部反弹 21 日均线买入法

我们依据 21 日均线操盘时必须等 21 日均线停止下跌才可以操作，要是在 21 日均线向下移动时，保持空仓观望，耐心等待行情的启动暂不做介入。

（1）当 21 日均线从下跌趋势开始在低位走平时，密切关注股票价格，在股价不站上 21 日均线之前暂不介入。

（2）当 21 日均线开始向上拐头、股价连续 3 日收盘价格站在 21 日均线之上并且 5 日均线从下向上金叉 21 日均线时，此时应为最佳买入时机，但同时切记要有成交量配合。如果遇到回调在触及到 21 日均线不破时可择机加仓（如图 3–2 所示）。

银之杰在 2015 年 9 月 24 日（箭头指示位置）连续三天收盘站在 21 日均线之上，进入我们的技术买入信号，后几天回调但是量能开始萎缩也没有有效跌破 21 日均线，也给了最佳的加仓机会。后来该股从发出买入信号的 33 元左右到最高的 66.53 元，涨幅高达 100%（注意：要是再次跌破 21 日均线必须短线止损出局观望）。

（3）如果 21 均线呈 45°以上缓慢向上移动时说明行情还在延续，此时如果成交量缓慢放大坚持持有股票。如果量能出现大幅萎缩说明行情可能随时停止，应择机出局。一般情况下，股价反弹的第一目标位置多数在 68 日均线或者 144 日均线附近（如图 3–3 所示）。

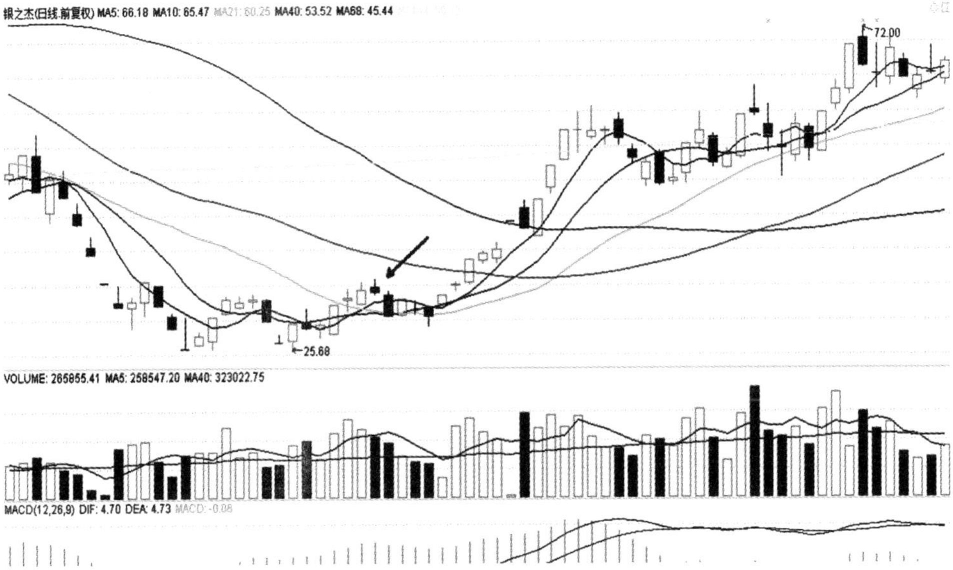

图 3-2 银之杰（300085）日线走势

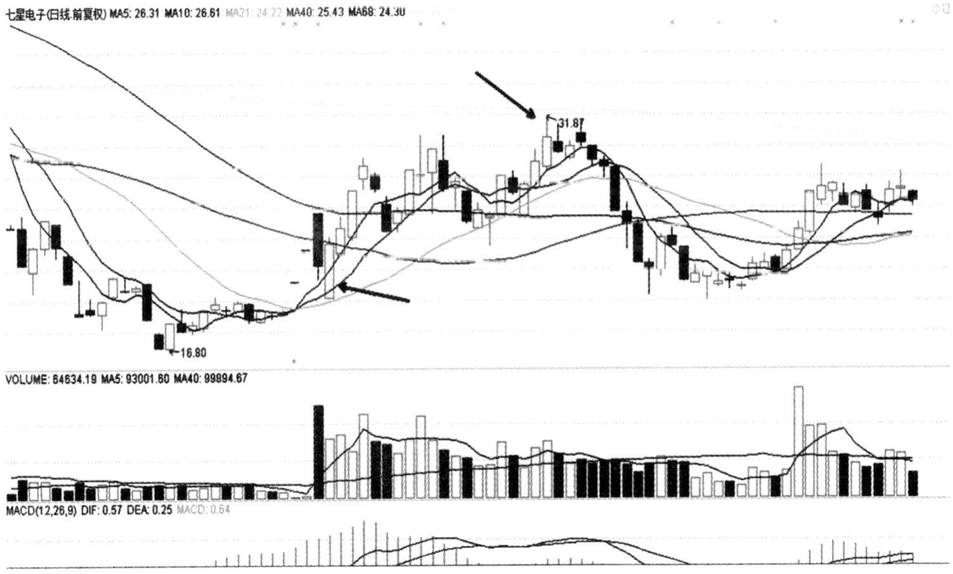

图 3-3 七星电子（002371）日线走势

七星电子在 2016 年 1 月 14 日（第一个箭头指示位置）出现上升切入线，当天低点正好是 21 日均线支撑位，发出买入信号。之后 21 日均线呈 45°缓慢上升，当再次碰到 21 日均线时又一次上涨，但是上涨成交量没有有效放大，也正好是

144 日均线压力位置。无量上涨就是一种卖出信号，该股从 21 日均线买入位置上涨幅度高达 50%之多。

（4）当 21 日均线还在上升趋势中，盘中经常会遇到股价连续 2 天跌破 21 日均线，第三天会再次站在 21 日均线之上。这是机构故意打压假破位洗盘的一种手法，所以我们一般关注跌破 21 日均线时 K 线特征，不是大阴线一般是假跌破，不需要出局。稳健型投资者可以出局，等价格再次站在 21 日线之上时再次买入，直到下次价格跌破 21 日均线时出局（如图 3–4 所示）。

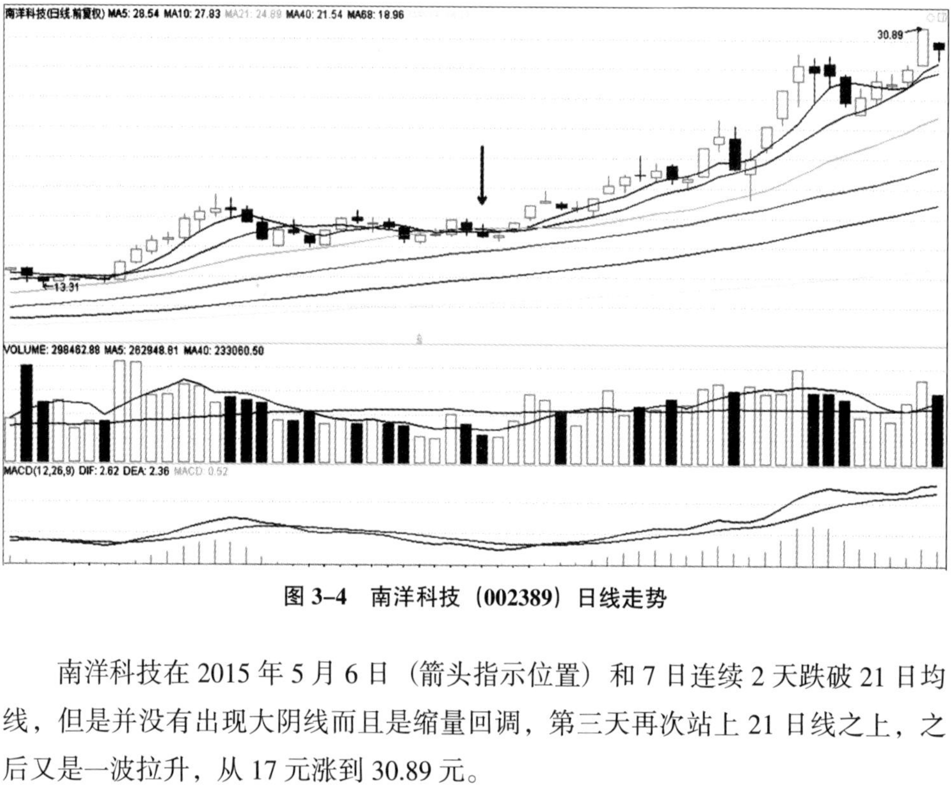

图 3–4 南洋科技（002389）日线走势

南洋科技在 2015 年 5 月 6 日（箭头指示位置）和 7 日连续 2 天跌破 21 日均线，但是并没有出现大阴线而且是缩量回调，第三天再次站上 21 日线之上，之后又是一波拉升，从 17 元涨到 30.89 元。

在实战操作中依靠 21 日均线买入股票，必须注意成交量的变化，成交量是研判行情大小的最重要依据。成交量越大上涨幅度越高。

特别要注意的是，考虑到每天股价在盘中波动，主力运作的意图只有到收盘时才能完全明朗，因此，我们坚持到每天最后 20 分钟选择买入（2：40 以后买入）。

（二）底部反弹 21 日线实战案例

下面是笔者根据 21 日均线做过的几只股票，我们用举例来说明如何用 21 日均线选择介入股票时机。

如图 3-5 所示，东方日升股价在 2015 年 2 月 25 日（箭头指示位置）3 天有效站在 21 日均线之上，并且当日成交量突然放大，此时 5 日均线从下向上金叉 21 日均线，在下午 2：40 我们以 8.3 元分批买入。在随后 2 天出现十字星 K 线，有了明显加仓信号，我们又开始加仓。因为当时大盘也相对较好，该股成交量是稳步推升，我们坚信能有效突破 144 日均线压力，所以一直持仓不动。在 3 月 20 日该股突然停牌，在 4 月 20 日开盘连续 3 个涨停板，之后调整到 21 日均线处又一波拉升，一直涨到最高的 19.9 元。

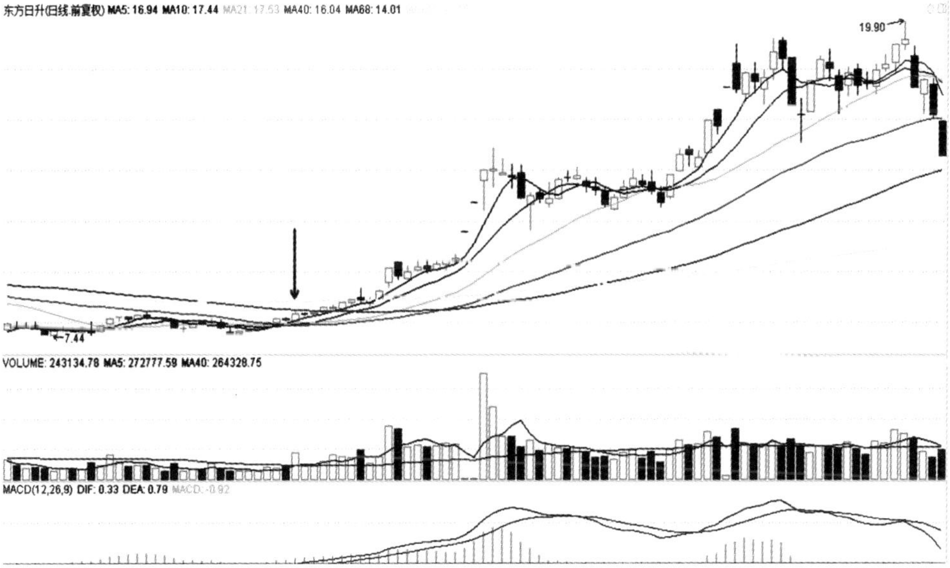

图 3-5 东方日升（300118）日线走势

如图 3-6 所示，宇顺电子股价在 2015 年 3 月 4 日（箭头指示位置）3 天有效站在 21 日均线之上，并且连续 3 天成交量温和放大，此时 5 日均线从下向上金叉 21 日均线，出现明显买入信号。由于短期连续 4 根阳线就当日没有介入，等回调再买入。在 3 月 6 日出现回调收出小阴线时，下午 2：40 以 19.2 元价格开始分批买入，随后该股走出慢牛上涨行情。我们是一直持仓没动。在 2015 年

6 月 10 日该股开盘瞬间涨停报收 44.95 元，当时感觉短期涨幅太高了就以涨停板价格减仓一大部分，第二天该股停牌。

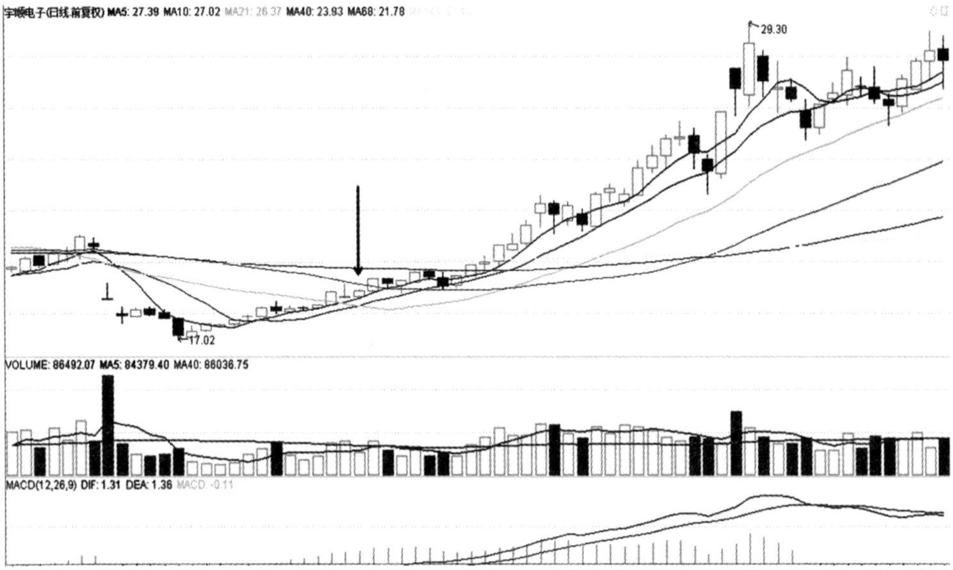

图 3–6　宇顺电子（002289）日线走势

（三）上升阶段 21 日均线买入法

这是上升趋势成立以后，利用股价回调买入的时机。一般情况下，第一波上涨很多投资者并没有敢于买入，或者说是买了又出局的。看着股价还是上涨心里总是难受，不是看好不敢买就是买了没拿住，很多时候还容易冲动追高。针对这种情况，我们利用股价回调到 21 日均线就是最佳介入时机的方法来介入。

那么根据这种方法，我们来找第二次的买入时机，在这里我们首先确认行情是上涨趋势，在这个基础上才算成立。

（1）股票经过第一波上涨，短期涨幅过大，开始出现了回调震荡，这时我们要耐心等待机会。

（2）当股价经过一段上涨之后开始出现震荡，价格回调到 21 日均线附近，而且呈明显的上涨有量回调无量状态，K 线图上多数不会出现大阴线，而多数是十字星小阳线和小阴线时，为买入时机（如图 3–7 所示）。

皖通科技在 2015 年 3 月开始了一波拉升，之后开始出现回调，在 4 月 20 日（箭头指示位置）回调到 21 日均线附近，并且连续出现了十字星小阴线、十字星小阳线，这正好是最近买入时机，之后该股涨幅高达300%之多。

（3）当股票经过一段震荡，价格有效跌破21日均线而在40日均线或者68日均线获得支撑时，再次带量上涨突破21日均线时择机介入。此时的21日均线、68日均线以及144日均线必须都是向上呈多头排列，否则无效（如图3-8所示）。

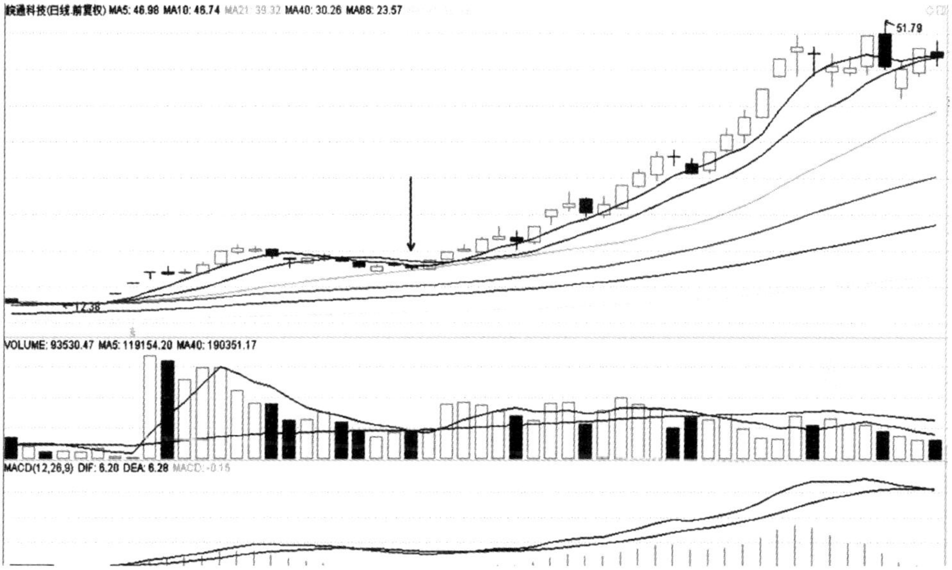

图3-7　皖通科技（002331）日线走势

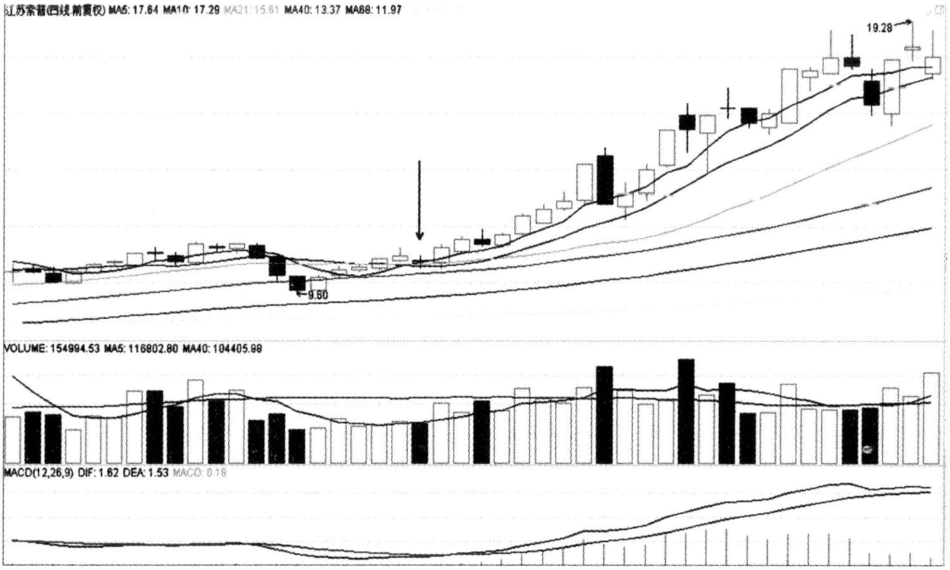

图3-8　江苏索普（600746）日线走势

江苏索普在 2015 年 5 月 6 日跌破 21 日均线，而跌到 40 日均线附近停止下跌并开始小幅上升，在 5 月 15 日（箭头指示位置）连续 3 天站在 21 日均线之上，出现了买入信号，之后该股一路上涨，从发出买入信号到最高时，涨幅高达 90%之多。

（四）上升阶段 21 日均线实战案例

如图 3-9 所示，光洋股份在 2015 年 4 月 24 日（箭头指示位置）连续 3 天站在 21 日均线之上，并以小阳线收盘，这符合我们的买入要求条件。由于尾盘拉升太急，我们几次挂单都没成交，在第二天收盘前以 24.3 元的价格买入。

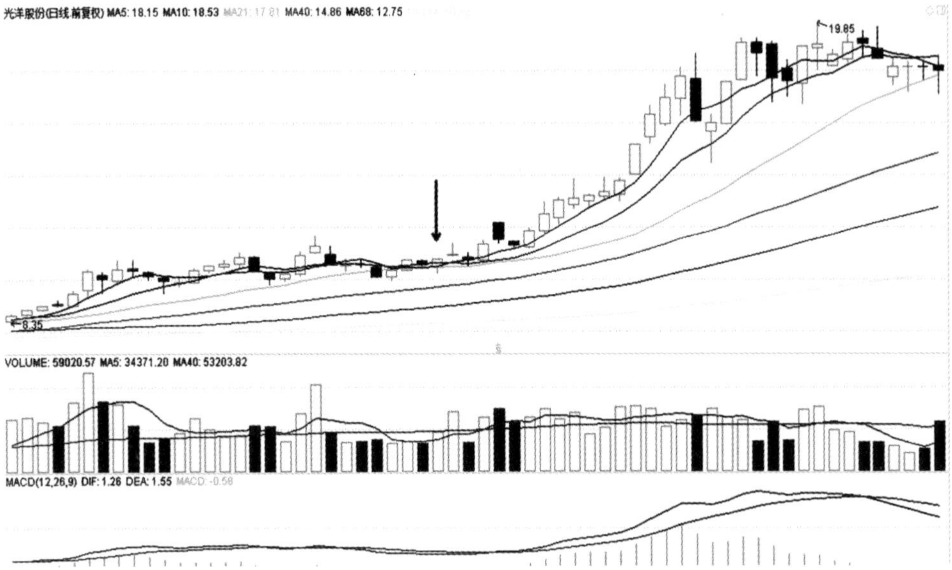

图 3-9　光洋股份（002708）日线走势

我们买入该股的理由是，这是一只次新股，上市以后一直横盘，前期这波拉升刚好突破横盘上沿线，回调到 21 日均线也正好是上沿线的位置，这是典型的箱体突破后回踩确认，一般箱体突破拉升幅度都会翻倍，而 21 日均线正好也是我们的买入机会。后来该股从箱体突破价位 20 元涨到最高的 43.6 元。涨幅也到了 110%。

如图 3-10 所示，南山控股在 2015 年 5 月 18 日（箭头指示位置）以一根中阳线站在了 21 日均线之上，我们以 9.41 元的价格买入。

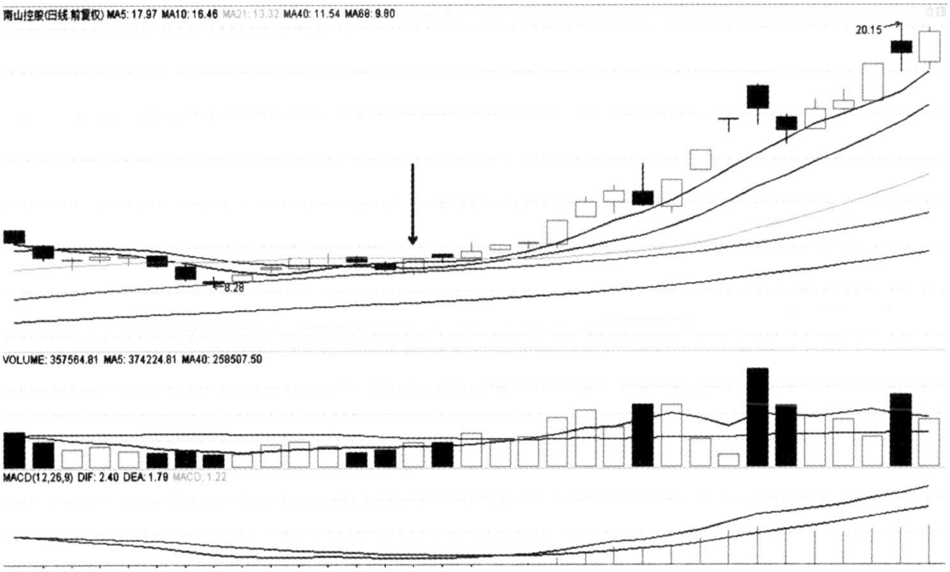

图 3-10 南山控股（002314）日线走势

我们买入该股的理由是，由于前几天该股跌破了 21 日均线，且量能极度萎缩，说明机构是在洗盘，并且均线为多头排列，股价在 40 日均线附近一直没下去，这样就等一根阳线出现，就代表再次拉升，我们没有等到站在 21 日均线 3 天就提前介入（要是水平不好的可等第三天介入，这样就是买入价格会高点）后来该股一路飙升，短短 21 个交易日涨到最高价 21.15 元。

九、根据 21 日均线卖出法

上面我们结合实战案例详细介绍了关于 21 日均线的买入方法，股市中有句话说："会买的是学生会卖的才是老师"，所以学会卖股票至关重要。但是多数投资者是不知道什么时候应卖出股票，有些投资者是该卖时候不卖，不该卖时卖了。

很多投资者都是害怕卖了又会上涨，不卖又害怕下跌，总是在患得患失中犹豫。这种心态对炒股极为不利，其实任何股票我们都无法准确判断出能涨到哪里又能跌到哪里，这些都得根据技术去研判。

所有的技术研判仅仅是预测，也不可能完全是正确的。有人会经常问哪只股票会涨到什么价格啊？这个没有人会知道，因为股票市场有很多不确定性因素存在，重大的利好、利空都会改变价格走势。

所以有时候我们不要太多去预测行情，行情预测的对与错都没什么关系，有关系的是我们预测对了但操作是否也对了呢？就笔者而言，主要是根据市场发出的买卖信号来及时改变自己的操作策略。

其实如果没有特殊情况，多数股票走势是有规律可循的，只是在某个阶段某个时候规律性比较小而已。

而笔者善于研究庄家成本，分析出他们大概持仓价位和机构的手法，用这些知识来预测可能上涨的空间，当然有时候机构也是会被套牢的，更何况我们散户投资者。

下面我们以 21 日均线作为卖出依据结合实际走势图来分析如何做卖出操作。

（1）当股价大幅上涨后，当天以大阴线收盘并跌破 21 日均线时，多为有效跌破，此时为卖出时机（如图 3–11 所示）。

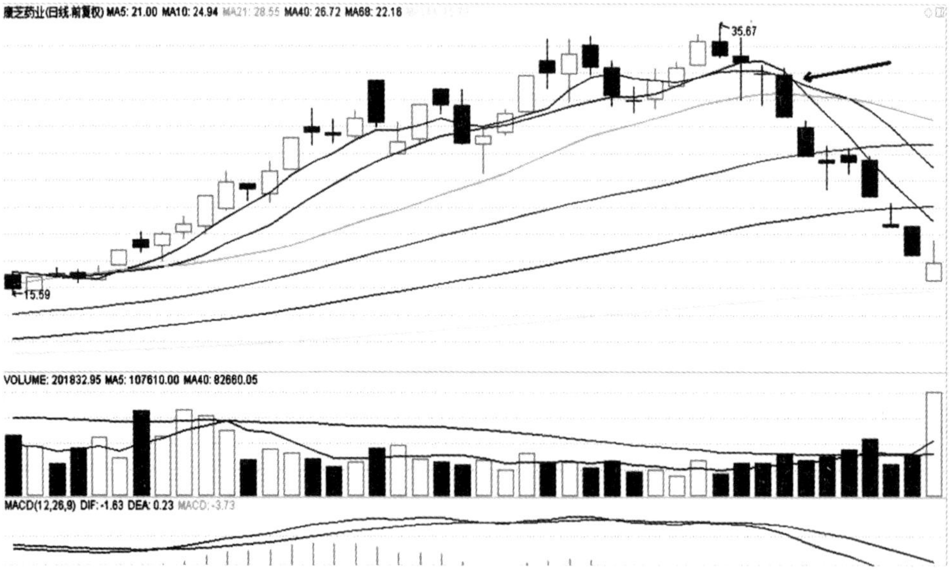

图 3–11　康芝药业（300086）日线走势

康芝药业在 2015 年 6 月 18 日（箭头指示位置）以一根大阴线收盘并跌破 21 日均线，一般是大阴线跌破的无须等 3 天，大阴线跌破的多数是有效的跌破。

在实盘操作中遇到大阴线就立刻出局。

（2）当股价经过快速拉升远离 21 日均线，股价与乖离率太大并且出现大阴线时，是短线卖出时机（注意：这里不能是停牌重组重大利好刺激开盘一字涨停的）（如图 3–12 所示）。

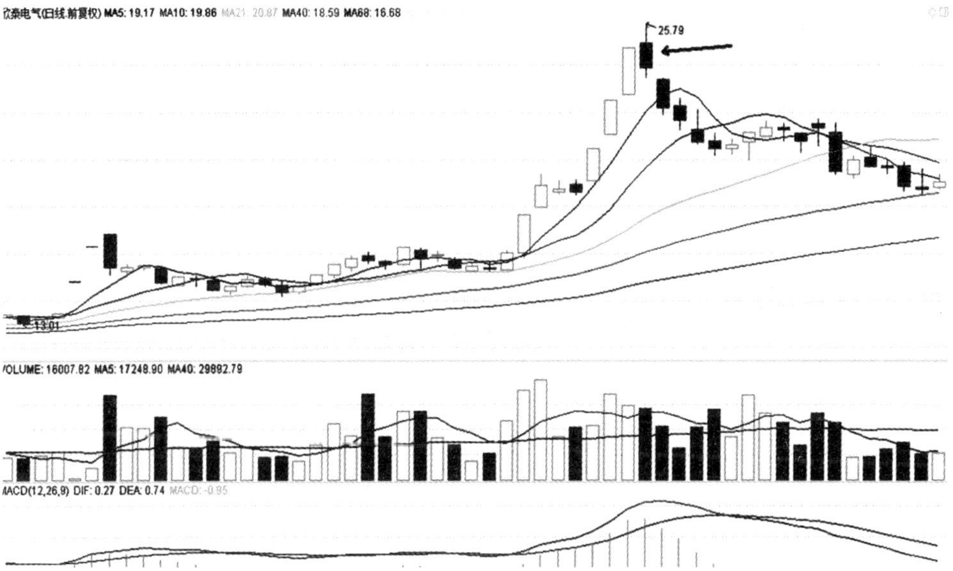

图 3–12 欣泰电气（300372）日线走势

欣泰电气在 2015 年 3 月 31 日到 4 月 13 日连续快速拉升，股价远离了 21 日均线，在 4 月 13 日（箭头指示位置）当天收出一根中阴线，此时为短线卖出时机。我们经常看到乖离率这个词语，多大为大呢，在股市上没有绝对定论，笔者只是根据远离均线之后的 K 线特征做卖出依据。

（3）当股价在高位区域，21 日均线呈走平状态，股价碰到 21 日均线再次上涨无量下跌放量时，为卖出时机（如图 3–13 所示）。

鸿利光电在 2015 年 6 月 24 日（箭头指示位置）收出高开低走大阴线，盘中是放量下跌，明显是上涨无量下跌放量，这种情况多数是顶部特征，需要在收盘前全部出局。

（4）当股价下跌趋势成立后，股价第一波大幅反弹，反弹到 21 日均线时不能突破，盘面呈上涨无量下跌有量时，为卖出时机。特别留意 3 线黏合空头发散，这时下跌力度会更大（如图 3–14 所示）。

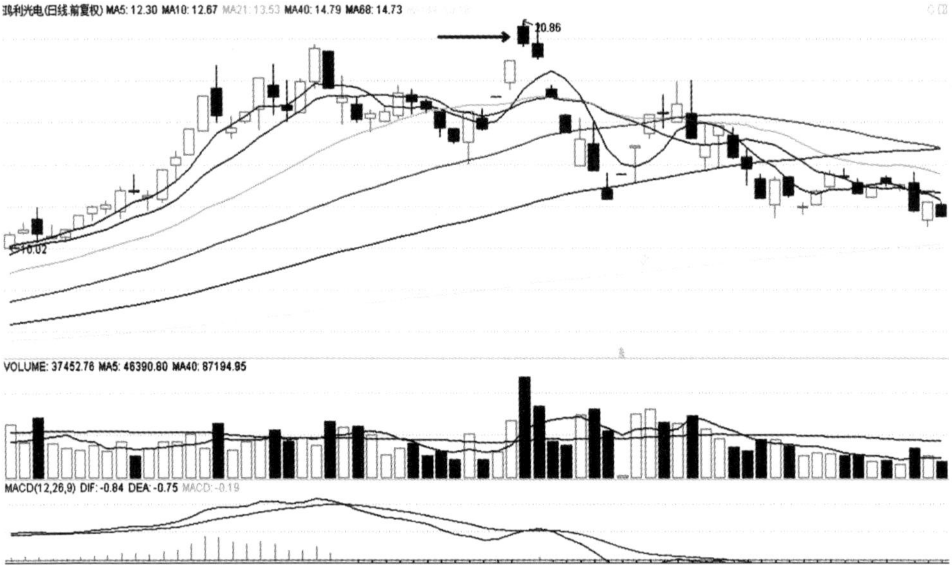

图 3-13　鸿利光电（300219）日线走势

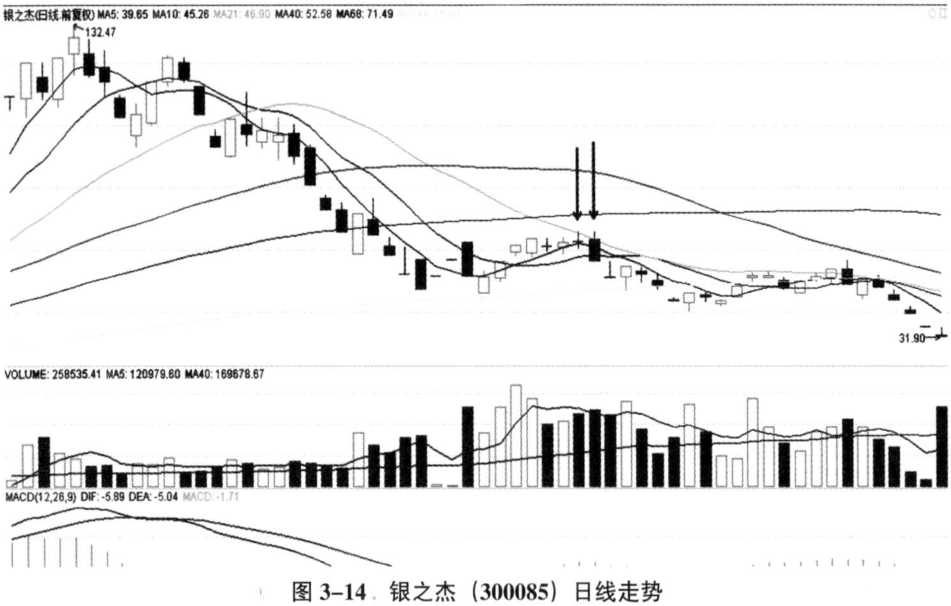

图 3-14　银之杰（300085）日线走势

银之杰跌破 21 日均线后一直处于下跌趋势中，2015 年 7 月 24 日（箭头指示位置）该股反弹到 21 日均线附近受阻回落再次下跌。同时出现了 3 线黏合向下发散状态，这是加速下跌信号。后来又在 2015 年 8 月 17 日出现反弹，同样在

21 日均线处受阻后下跌。

在实战中我们注重的是 21 日均线和 5 日均线、10 日均线黏合向下，这种情况一般是下跌速度比较快，必须及早出局。

利用 21 日均线去做卖出依据相对比较简单，但是并不是每一个人都能做到，大部分投资者还是不能严格去执行，因为多数投资者都抱着贪心、侥幸心理，明知道破位了还是不愿意止损或止盈。

利用 21 日均线虽不能卖到股价的最高点，只是一个相对的高点，但它能让你及时兑现盈利，也能避免暴跌带来的巨大损失，希望广大投资者能好好利用这条均线。

十、根据 60 分钟图上均线买卖法

上面我们仔细说了根据 21 日均线的买卖方法，本部分内容也是笔者最擅长用的买卖方法之一，它和 21 日均线同等重要，此方法就是依托 3 根均线作为买卖依据的。

相比 21 日均线来说它更简单一些，此方法也是短线、长线投资都可以的。它的优点就是让大家一目了然，让你很容易看到当前行情可能延伸的方向，更能准确地找到买入点和加仓点，直到最后的出场。它的缺点就是当股价处于上下震荡时会出现多次错误信号，所以一旦个股处于上下剧烈震荡的时候，要采用其他方法研判。此部分也是本书最重要所在，是笔者首次对外公布的内容。

此系统用于长线、短线都非常精准，在实战中再配上 21 日均线的应用，效果会更佳。

（一）修改设置 60 分钟应用参数

工欲善其事，必先利其器，一套好的系统未必能给你带来多少财富，但是肯定让你避免错误操作带来的损失。在股市，风险随时都会发生，我们的原则是保住本金尽量减少亏损，只有做到这个才有可能赚钱。

首先我们教你修改 60 分钟 K 线图上的均线系统，我们将参数依次修改成 10

日均线、60 日均线、140 日均线三条均线。

可能有些做好多年股票的人都不知道怎么去修改均线系统，在大家常用的股票软件里面先切到 K 线图上，然后按 F8 键，依次会出现周线、月线、10 分钟线、季线等，一直到出来 60 分钟图，然后停止，这是大家最常用的切换周期的方法。我们教你最快的方法切到 60 分钟图上，直接在电脑上按 M 键会在右下角跳出一个小方框，里面依次是宝塔线、1 分钟、5 分钟、15 分钟、30 分钟、60 分钟，按上下箭头直接移到 60 分钟点击确认键即可。

实战操盘中，这样的切换速度比按 F8 键要快很多。进入 60 分钟图之后，用鼠标右键点击均线跳出小方框，选择调整指标参数，然后修改成以上 3 个均线参数后点击关闭即可（如图 3–15、图 3–16 所示）。

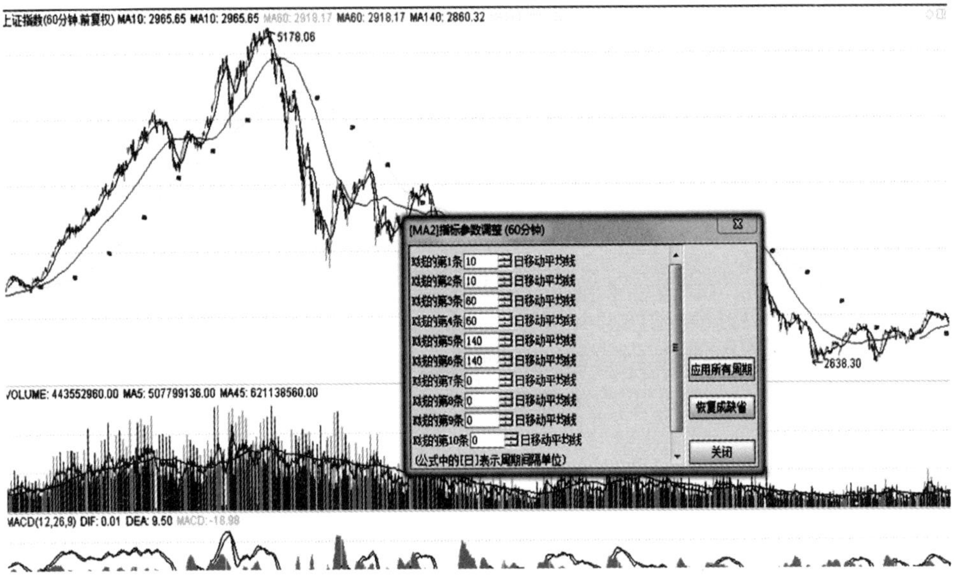

图 3–15　上证指数 60 分钟 K 线走势

相信大家看了这两张图就能感觉到股票价格就像一辆火车在运行，一旦脱轨就会出现大幅下跌。

图 3-16 创业板 60 分钟 K 线走势

下面我们将详细介绍一下根据这套系统进行实战买入的方法。

（二）根据 60 分钟图上均线买入法

1. 此方法注重的要领

此种操作注重的是 10 单位线金叉 140 单位线，即所谓黄金交叉。这是从股价刚开始上涨初期进入金叉之后的一种买入方法，主要作用是能抓住每一个个股波段的主升段行情。

2. 具体操作方式（进入 60 分钟图）

（1）当股价开始反弹突破 60 单位线，而在 140 单位线压制下，股价并没有站上 140 单位线时，此时是观望时机。

（2）当股价经过下跌之后，140 单位线由下降趋势变缓走平，而 10 单位线从下方向上金叉 60 单位线，同时也上穿了 140 单位线时，为最佳买入时机。

（3）当 10 单位线上穿 60 单位线和 140 单位线，股价回落又一次跌到 140 单位线不破 140 单位线时，为再次买入时机。

（4）当 10 单位线从下向上金叉 140 单位线之后，出现上涨有量回调无量时，股价第一次回调到 60 单位线时，是加仓时机。

（5）当股价经过一段时间大幅上涨之后，出现横盘平台状态，60 单位线和

140 单位线走平，此时 60 单位线在 140 单位线上方运行，当 2 条均线快要黏合，10 单位线再次向上上穿 140 单位线时，为短线买入时机。

（6）在日线图上向上不能有重要均线压制，一般有重要均线压制第一次不容易突破，离重要压力线越远越好。

（7）具备以上条件可以买入，选择有题材或者热点板块买入它们，则上涨幅度一般比较高。注意：不管哪种买入方式上涨无量都要谨慎操作，要是上涨无量股价再次跌破 140 单位线还是必须止损出局。

图 3-17 至图 3-20 是我们根据以上几个买入条件列举的例子。

如图 3-17 所示，银之杰在 2015 年 10 月 12 日（箭头指示位置），10 单位线从下向上金叉 140 单位线，然后横盘出现了连续的十字星 K 线，此时提供了最佳的买入时机（这为第一次的买入时机）。之后该股走出一波上涨行情，在第一次回调到 60 单位线后又是一波拉升。从突破 140 单位线的 35 元涨到最高的 72 元，涨幅达 100%之多。

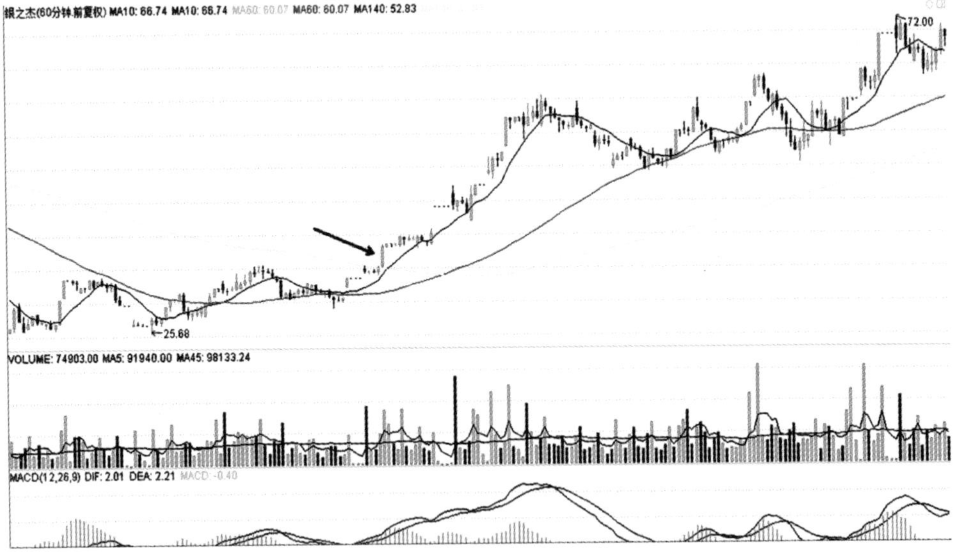

图 3-17 银之杰（300085）60 分钟走势

如图 3-18 所示，当升科技在 2015 年 10 月 22 日（箭头指示位置）10 单位线从下向上金叉 140 单位线，之后第一次回调到 60 单位线时再次上涨，出现了明显的加仓最佳时机（这为第一次加仓时机）从第一次回调到 60 单位线的 22 元涨到 42 元，涨幅高达 90%。

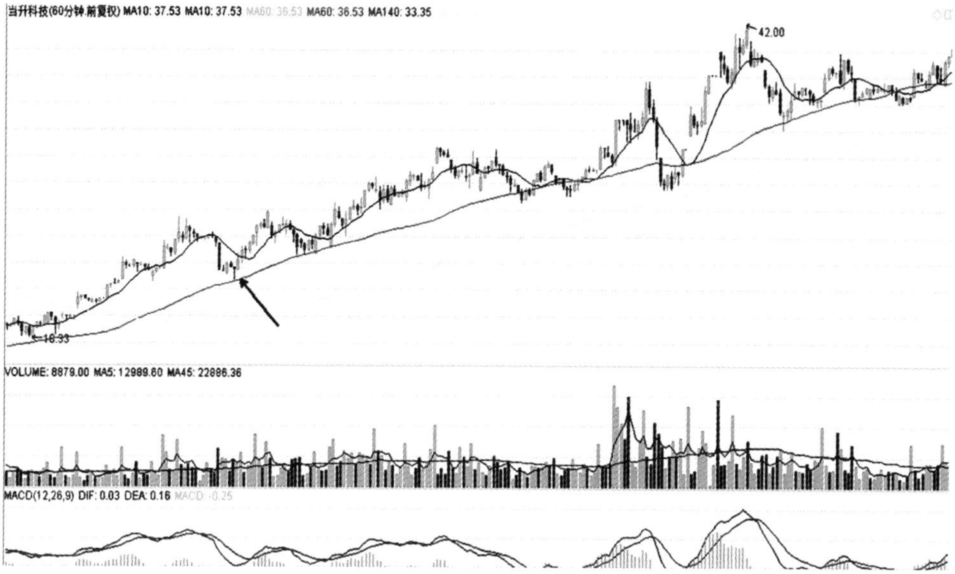

图 3-18 当升科技（300073）60 分钟走势

如图 3-19 所示，龙洛卡在 2015 年 2 月 2 日（箭头指示位置）10 单位线金叉 140 单位线之后又一次回踩 140 单位线，形成了 60 单位线和 140 单位线双重支撑，此时提供了最佳买入时机（这是回调不破的买入时机）之后一波大幅上涨，从回踩 140 单位线时的 12 元一直涨到 32 元，中间没有一次跌破 140 单位线。

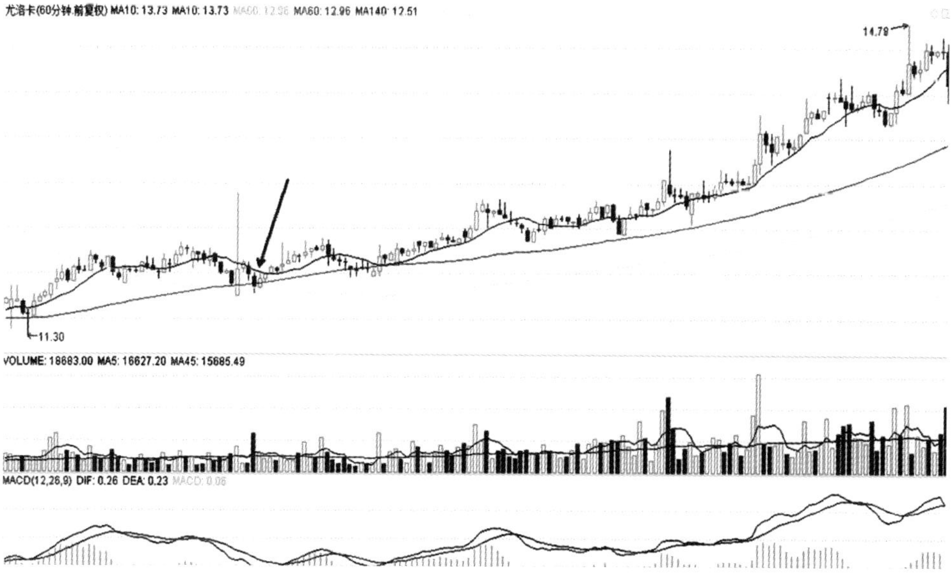

图 3-19 尤洛卡（300099）60 分钟走势

如图 3-20 所示，奥飞娱乐在 2015 年 11 月 10 日和 12 月 4 日（箭头指示位置）出现 2 次金叉，这都是很好的短线买入点（这为黏合后短线买入时机）。该股在上涨一段时间后出现 60 单位线和 140 单位线走平即将黏合，而此时 60 单位线在 140 单位线上方运行，10 单位线从下方再次上穿 140 单位线，即第 2 次买入时机，短线涨幅也高达 50%以上。

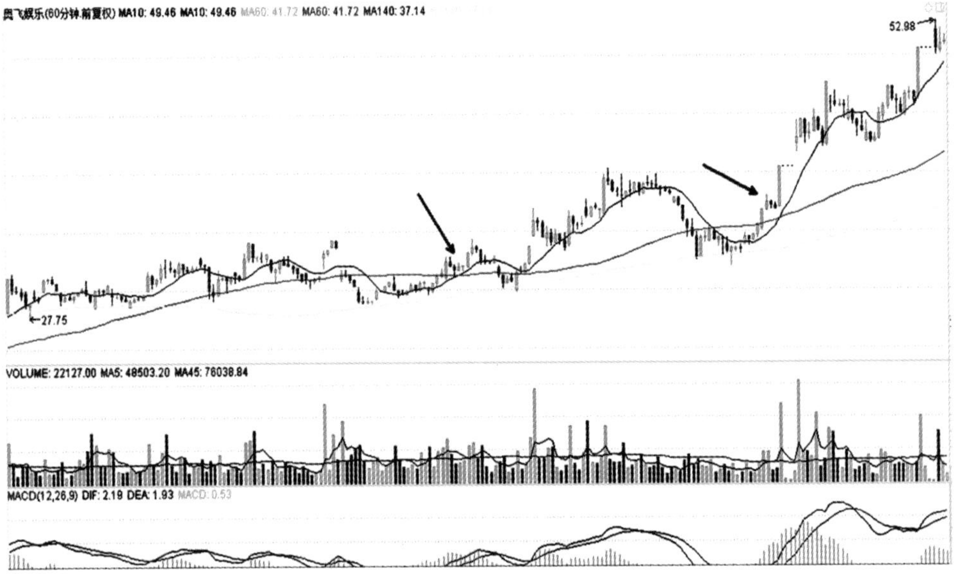

图 3-20　奥飞娱乐（002292）60 分钟走势

在实战操盘中，我们要注重成交量变化，金叉上涨必须有成交量配合，没有成交量就相当于没有动力，就像再好的车没有油它也无法前进。

有人说选股不如选时，我并不赞同这个观点，同样是一个月时间有些股票能翻倍，可有些股票只能上涨百分之二三十，这就是差距。所以选对股票是非常重要的，多数投资者往往是在大盘一波上涨行情里面是赚了指数赔了钱。

这就要我们自己反思为什么我们选的股票不能跑赢大盘？在本书的第五章将会教你如何选上涨幅度较大的股票。

（三）根据 60 分钟图上均线卖出法

1. 此方法注重的要领

此种操作注重的是 10 单位线死叉 60 单位线和 140 单位线，即所谓死亡交叉。

一般股票经过大幅上涨之后，在高位出现了见顶信号 K 线，有时候我们可能舍不得卖，总觉得还能涨起来，有时候是卖了又涨起来，这样反反复复就让投资者开始迷茫。我们的这种方法也不能帮你卖到股票的最高点，但是能卖到最恰当的时机，这种方法卖点往往是个股趋势的转折点。主要是为了防止卖了又大涨不卖又大跌的局面。

2. 具体操作方式

（1）当股价经过大幅上涨之后跌破 60 单位线，而 10 单位线同时向下死叉 60 单位线时，此时为减仓时机，稳健型投资者减仓一半。

（2）当股价跌到 140 单位线，停止下跌并向上反弹，反弹突破 140 单位线时，继续买回减仓的部分。

（3）当股价跌到 140 单位线并没有产生支撑，股价向下跌破 140 单位线，而同时 10 单位线向下死叉 140 单位线时，此时为全部清仓时机。

图 3-21 和图 3-22 是我们根据以上几个条件列举的例子。

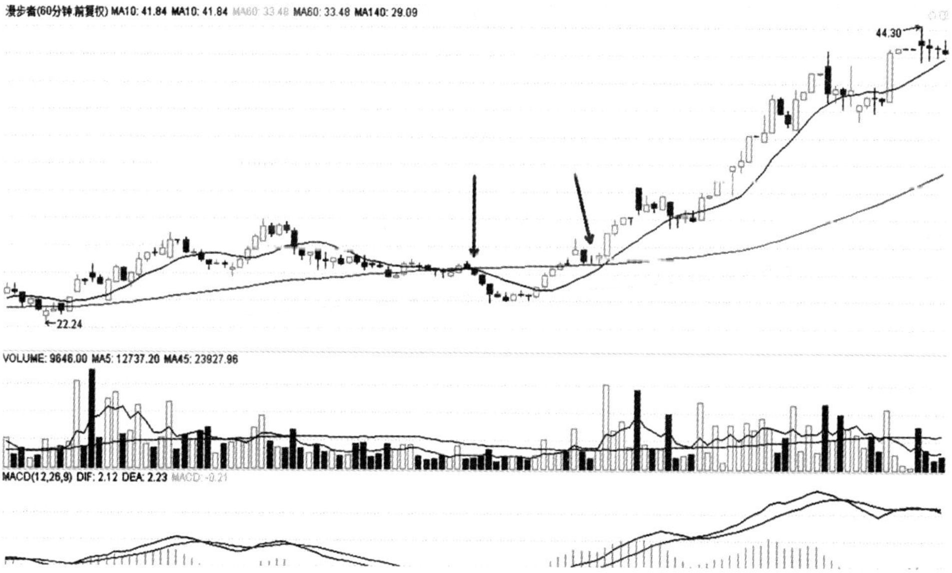

图 3-21　漫步者（002351）60 分钟走势

漫步者在 2015 年 5 月 6 日（第一箭头指示位置）10 单位线向下死叉 60 单位线时出现减仓信号，但是股价在跌到 140 单位线就企稳，5 月 13 日（第二个箭头指示位置）又一次站上 60 单位线之上，又出现了买入信号。之后进行又一波大幅拉升，从 60 单位线附近的 27 元涨到 56 元，涨幅高达 100%之多。

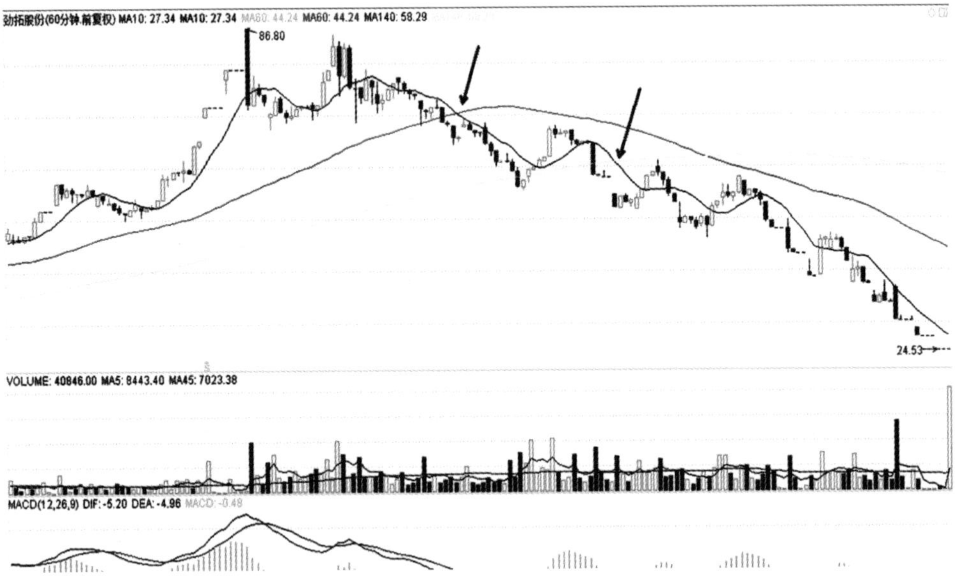

图 3-22　劲拓股份（300400）60 分钟走势

劲拓股份在 2015 年 6 月 4 日（第一个箭头指示位置）收盘当天价格跌破 60 单位线，同时 10 单位线向下死叉 60 单位线，发出明确减仓信号。在跌到 140 单位线时产生小幅反弹，但并没有站上 60 单位线上方。在 6 月 15 日再次向下跌破 140 单位线，同时 10 单位线向下死叉 140 单位线（第二个箭头指示位置），出现了全部清仓信号，之后股价一路暴跌。

本部分内容看似很简单，但却是最有效的方法，往往是大道至简，越简单的方法越管用，在实战中只要严格去止损止盈，就会让你做到赚大钱亏小钱，从而做到稳定盈利。

十一、根据 144 日均线买入法

在本章开始笔者介绍了 144 日均线是牛熊分界线，也是一只股票最关键的分水岭。我们在这里只介绍 144 日均线买入方法，因为要是根据它卖出那就太晚了，那时股价跌幅太大了。

当然根据 144 日均线买入肯定是长线的方法，买了后短期未必就能立刻上涨，但是它是追踪长线的主要依据。

（1）当股价经过长时间底部横盘突破买入时机，144 日均线由下跌变成走平和拐头向上，股价突破 144 日均线，为长线买入时机。有些个股会突破之后成交量萎缩，这种一般还会再次向下试探 144 日均线，不破还为买入时机。有些个股突破之后横盘周期很短且直接拉升（如图 3-23 所示）。

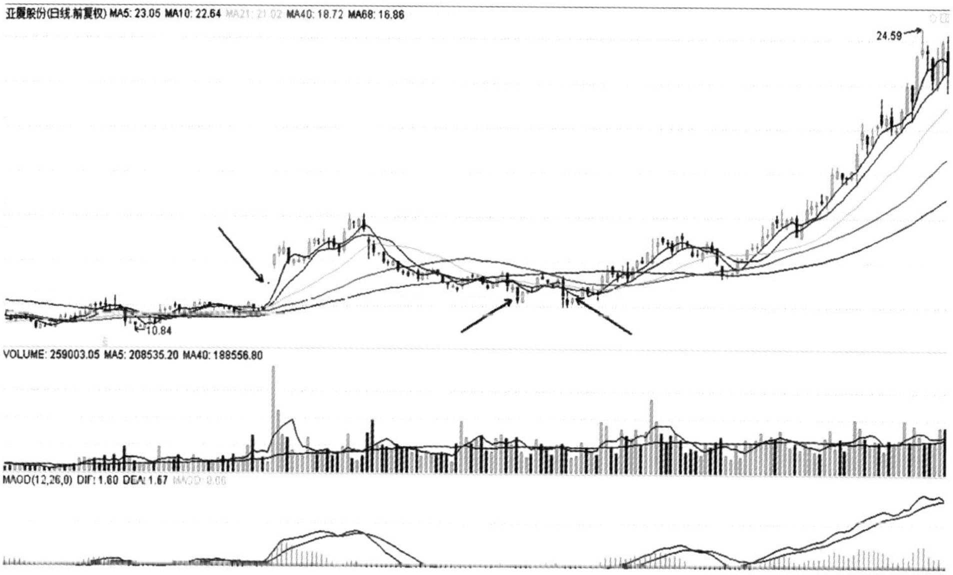

图 3-23 亚厦股份（002375）日线走势

亚厦股份在 2014 年 9 月 10 日（第一个箭头指示位置）以跳空涨停突破 144 日均线，后来在 144 日均线附近横盘 1 个多月，盘中两次跌到 144 日均线附近（第二个和第三个箭头指示位置），但是从没有跌破 144 日均线，之后便开始一波大幅拉升，最高涨幅高达 200%之多。

（2）大幅上涨之后横盘平台买入时机。当股价经过一段时间大幅上涨之后，出现长期横盘，在回调到 144 日均线时不破企稳，在此阶段出现下跌无量上涨放量时，为买入时机（如图 3-24 所示）。

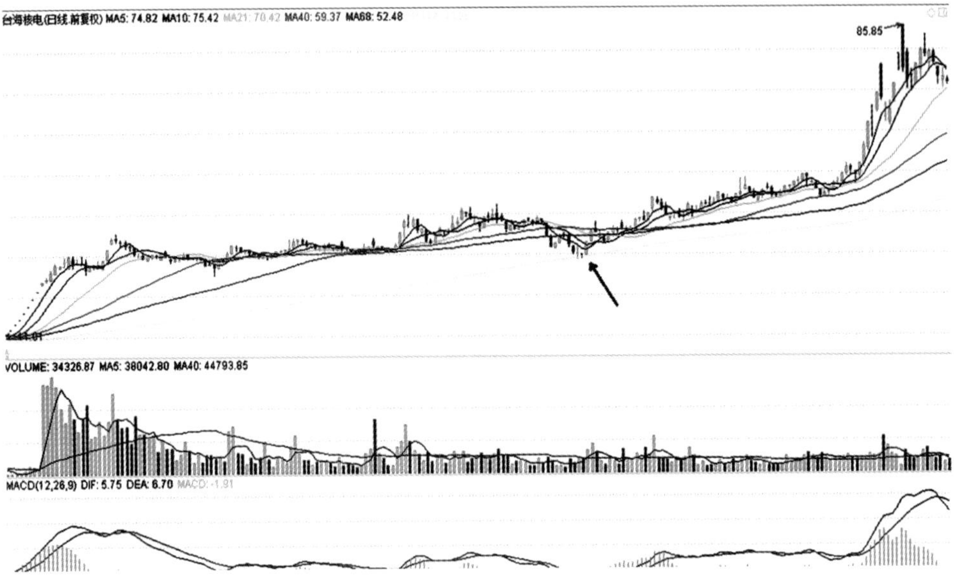

图 3-24　台海核电（002366）日线走势

台海核电受重组利好一路飙升，然后长达五个月的横盘，2015 年 1 月 6 日（箭头指示位置）回调到 144 日均线附近，又开始了一波拉升，从 144 日均线附近的 35 元涨到最高的 111.99 元。

（3）股价大幅上涨之后快速下跌到 144 日均线时为买入时机，当股价经过大幅拉升之后受大盘大跌影响快速下跌，跌到 144 日均线附近出现连续放量阳线，股价从没有有效跌破 144 日均线，股价开始在 144 日均线处处于横盘走势，当 5 日、10 日、21 日均线在 144 日均线上方金叉时是最佳短线买入时机（如图 3-25 所示）。

游族网络在受大盘大跌影响下股价快速下跌到 144 日均线处（第一个箭头指示位置）获得支撑，小幅反弹之后又下跌到 144 日均线（第二个箭头指示位置）之后，开始在 144 日均线之上横盘，期间从没有有效跌破 144 日均线。在 2016 年 3 月 21 日（第 3 个箭头指示位置），5 日均线再次金叉 21 日均线，形成短线买入机会。

类似的案例还有很多，笔者就不一一举例了。这种方法适合长线投资者操作。当然要是破了 144 日均线，我们短线还是出局，等再次站上去时重新布局。

大家切记 144 日均线是重要支撑和压力位置，短线上涨可以用它看压力位。

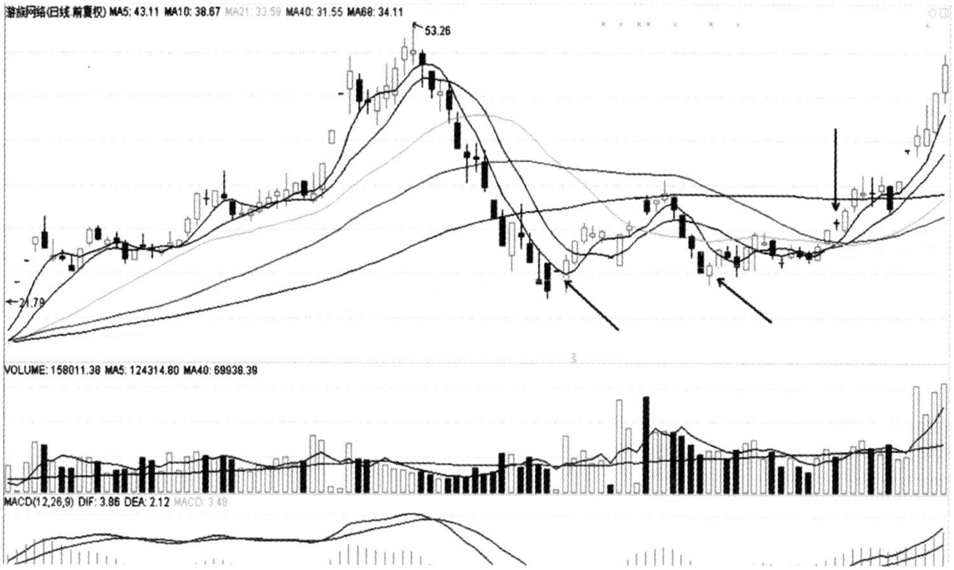

图 3-25 游族网络（002174）日线走势

至于卖出法我们建议采用 21 日均线比较好一些，这样能及时出局，所以在这里就不介绍它的卖出方法了。

下面是长亮科技短线上涨到 144 日均线附近受到压力后下跌的走势图（如图 3-26 所示）。

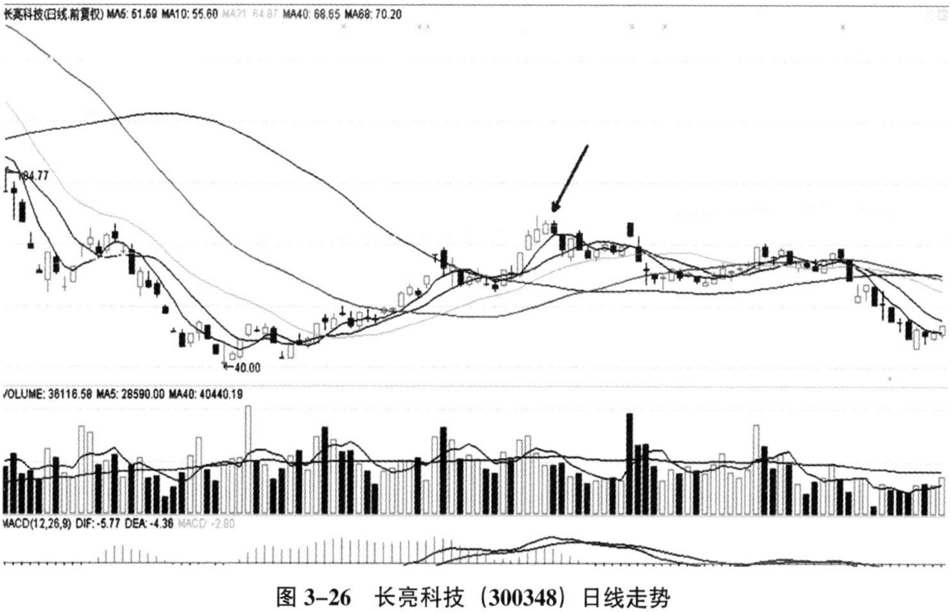

图 3-26 长亮科技（300348）日线走势

2015 年 11 月 11 日（箭头指示位置），该股反弹到 144 日均线附近，成交量出现萎缩，受 144 日均线压制开始又一波下跌。

本章内容介绍的都是最重要的几条均线买卖法。可能有人会问有些均线怎么没有写出买卖法，这是因为如果用别的均线判断买卖就来得太晚了，往往行情是上涨了好多或者下跌了好多才能体现出来，要是用太短的均线可能会导致频繁交易，容易出现错误也容易把黑马放走。

而像 68 日均线，笔者一般在两种情况下采用，一种是支撑位置，另一种就是压力位置。

我们在本章注重介绍了 21 日均线，它可以让你避免以上的错误，说到最后还要强调一下，要想在股市上赚到钱，一是技术，二是要有良好的心态，做到买股有信心，持股有耐心，卖股有决心。

在这个市场上没有什么能做到百分之百，我们做的就是概率学，只是找到更能贴近市场走势的方法来重复去操作。用这些方法作为操作依据你肯定能做到大赚小赔，多赚少赔，而只赚不赔的方法估计只有神仙才能做到。

第三章——视频讲解

第四章 短线实战买卖法

股票短线操作是以博取短时间内股价价差为目的，从而有效提高资金利用率，短期内创造出更为理想的投资收益。它的精髓就是“短、平、快”三个字，即买入卖出时出手要快，参与操作时心态要平，持股时间要短。当然不是说所有短线都是今天买了明天就必须卖，这要根据股票走势来看。

短线操作最适合大盘在震荡期间来操作。这样可以做到稳定盈利，如果大盘处于牛市状态，尽量减少短线操作，不然卖了还会大涨，可能就赚个蝇头小利。

短线方法对技术和心态有严格的要求，可以说短线就是找到个股启动点来操作，不拉升不出手。所以做短线也必须做到严格的止损止盈，因为没有任何一个人能做到百分之百准确，在这个市场上也没有什么是百分之百的，我们做的都是概率学。

短线操作主要是针对两类股票，一种是强势股票中调整结束的股票，一种是强势上涨的股票。我们做短线就是做强势的，不是强势的不参与。短线要求的就是快、准、狠,“准”主要是体现在技术上，“快”主要是体现在速度上，“狠”主要是对自己狠一点，万一失败必须止损出局。

笔者刚开始炒股时也是苦练了几年短线方法，发现做短线很累，赚不了太多钱，容易把黑马放走。后来开始把短线做长，也就是说不买一个纯粹的短线股票，意思就是选股思路更长一些，假如预计该股票可能有百分之二三十上涨空间，那么就参与，只要做到 10 个点盈利就出局。如果这只股票预计有 10 个点的盈利空间那么就选择放弃。用这种思路做短线就是偶尔被套了，知道这个股票还能起来也不用斩仓，这样大大提高了短线盈利的机会，也加大了短线的盈利空间，也就是所谓的看长做短。

根据笔者这么多年的短线操作经验，觉得完全能达到 70%以上成功概率，当然还有 20%是出现亏损、10%会平本出局。做投资要允许我们犯错，错了就止损。假设我们做 10 只股票 7 只赚 5%，剩下 3 只亏 5%，我们还是赢家。当然很多时候短线远远不是 5%的盈利，10%以上的盈利机会也很多。

所以，在选择短线股票时也尽量选择上涨空间比较大的，更重要的是做短线必须在支撑位置附近介入，这样就能很好地控制住下跌空间，即使出现错误，亏损也不会太大。

切记不能把短线做成长线，笔者这 18 年的股票生涯接触了形形色色的股民朋友，很多股民都是短线套住做成长线，长线的做成了股东。我并不赞成这种做法，既然我们是短线就必须用短线的思维方式去做。

一、短线炒股注意事项

在我们决定要进行短线交易之前，必须要了解一下短线交易的注意事项和操作要领。

（一）短线交易的要领

在我们准备要做短线时，有些知识我们必须了解。下面是笔者做短线时的几个要领。

（1）选择追击龙头股。龙头股往往是强庄重兵驻扎，强者恒强是股市不变的法则。龙头股涨得快、涨幅高。一旦龙头股停止上涨，往往跟风的股票跌得更快。

（2）反应要灵敏。短线操作除了要求良好的盘感，还要求思维敏锐、眼明手快，热点板块的龙头个股快速上涨行情大多不会持续一周，后知后觉的人往往会成为接最后一棒的牺牲者。先知先觉与后知后觉虽然只有一字之差，但是操盘结果却是大相径庭、天壤之别。

（3）不能优柔寡断。优柔寡断除了自身性格因素外，更多的在于对自己操盘能力的不自信。优柔寡断者总是前怕狼后怕虎，对买卖信号执行不坚决，常常在犹豫间错过了最佳的买卖时机。

（4）严格遵守纪律。短线操作不能保证每次都能获得成功，所以做短线必须严格设立止损止盈位，在跌破止损位坚决斩仓，不能恋战，不能久拖不决，盈利预期达到考虑开始减仓。

（二）几种情况不宜做短线

（1）龙头股主升浪时不做短线。因为主升浪阶段相对回调的时间很少，龙头股会像疯牛一样狂奔。而如果这个时候我们还抱有短线思维，难保不会在中途出局，错过后面大好的上涨波段。

（2）个股筑底的时候不能做短线。这不是说筑底的时候不能抢反弹，只是底在哪里，谁都不知道，是上是下，谁都不知道。只有抬腿迈开了步，我们才会知道是前进还是后退。一定要时刻牢记，要在突破的第一时间抢入，而不是与庄家同步建仓筑底。

（3）大盘在单边下跌趋势中不做短线。在单边下跌行情中，炒短线无异于“虎口拔牙”，凶多吉少，相当危险，这个时候做短线肯定是赚少亏多。

（4）大盘在见顶阶段不做短线。大盘在见顶时容易出现断头势大跌，多数股票都会出现连续跌停，这样做短线必死。

（5）个股不放量不做短线。做短线就是追击量能放大的，不放大就说明短线拉升性不强。

（6）大盘在重要压力位附近不适合做短线。大盘在重要压力位附近，容易第二天大幅低开，这样亏损会超过自己的止损价位。

（7）大盘上涨无量下跌放量谨慎做短线。大盘无量上涨即为空涨，盘中很容易出现跳水或者第二天大跌。

（8）当日大盘涨幅榜上板块散乱，没有明显热点时谨慎做短线。这是因为没有热点板块，多数情况大盘容易出现跳水式下跌。

（9）选择目标股票止损位置不合理谨慎做短线。任何股票没有好的止损位尽量放弃，谁都不敢保证买入的股票肯定是上涨的很多不确定因素都会发生。

（三）短线选股技巧

投资者若能掌握大盘企稳时再去短线选股，就可以在未来行情的发展中游刃有余。

（1）选热点板块里面龙头和成交量能温和放大的股票。成交量量能温和放大说明有资金进入。

（2）选择近期可能有利好行业概念的股票。往往利好出来股票会突然大涨。

（3）选择领先大盘见底走强的股票。领先见底的股票容易率先上涨。

（4）选择技术走势较好、均线多头排列的股票。尤其是处在重要均线支撑位的股票。

（5）选择在近期放量，而大跌时无量的股票。

（6）选择刚突破压力位置或者离重要压力位置较远的股票。这样是防止刚涨就遇到压力位置，从而盈利空间较小。

（7）选出近期成交量突然连续放大的个股。日换手 8%以上的股票，说明有资金在入场。

（8）选择在低位公布利空消息不跌反涨的股票。这是因为利空出尽是利好。

（9）选择出现了经典见底 K 线的个股，比如说单针探底线或者低开高走的大阳线等。

（10）选择具备长线上涨的股票，虽然我们是短线交易，如果是具备长线的好股票有时候套住可以拿几天还是能盈利的。纯粹短线的错了就只能去斩仓了，这样操作可以提高成功率、减少损失。

（11）选择上午涨停早的股票。一只股票早上早早涨停，说明资金有拉升动作，往往领先上涨。

（12）选择活跃性高的股票，这种股票好进好出，一般流通盘可能不会太大。

（四）短线的买入时机

当我们选择出目标股票的时候不要急于买入，先分析当日大盘走势是弱转强还是强转弱，或者当日就是强势上涨，要是能确定大盘当天是强势，那可在目标股早上择机买入。大盘大趋势处于上升途中当日只是正常回调，可在下午 2：30 以后选择买入。

笔者采取做短线的方法多数在下午 2：40 左右买入。这种方法的好处就是避免了上午买入后，个股冲高回落亏损加重，本身短线操作多数都是根据当日 K 线为操作依据的，只要到了下午 2：40 以后就知道大概收盘会是什么 K 线，还具不具备我们的买入条件。

很多投资者经常上午买了股票上涨一会到下午直接下来而被套其中，第二天直接低开损失加重。中国股市是 T+1 操作模式，不管当日上涨多高都无法兑现盈利，尾盘买入的好处是当日收盘价格几乎就在买入价格附近，第二天有决定权。

短线操作手法和长线是不一样的，短线要求在个股上涨时去介入，不参与个股的调整阶段，充分享受个股拉升的乐趣。

（五）短线的止损止盈

当然做短线也会经常出现错误的时候，所以实盘操作中不管买哪只股票，首先都要考虑到错了可能带来的亏损幅度有多大，对了盈利空间可能有多大，亏损和盈利是否成正比。

要想在短时间内获得胜利当然需要技巧。任何一笔操作，都应该有自己的计划，买什么股？什么价位买？买入多少金额？止盈位是多少？止损位是多少？这些在买入之前都必须要考虑好。

止损位是必设的，但是到了止损位我们必须坚决止损，当然这是每一个投资者都不愿去做的事情。这也是许多人亏钱的主要原因。如今多数股民高位深套，无不是因为没设止损位，或者设了止损位但没有按纪律去执行。

一般把止损点设在下跌 5%~10%之内为好，也可以根据自己的特点和风险承受能力去设，跌破止损位要果断出局认输。当然最好的止损是用技术止损，一旦股票跌破重要止损位就立刻采取止损措施。

考虑好止损剩下就是止盈了，说起止盈可能多数人说只要赚钱在哪里走都无所谓，可多数人在实际操作中并不是这样操作的，涨了还想再涨，总是舍不得出局，生怕走了还再大涨，有些不良心态的投资者是走了怕涨，拿着又怕跌，在这样的犹豫中会错失很多出局的机会。

既然是短线，要求就不能太高，到了自己想要的目标价格就坚决出局。我们也可以采取一种分批出局的方法。笔者一般是采用此方法，到了预期价格就减仓70%或者一半仓位。再上涨继续减仓，如果出现下跌立刻全部出局。

至于止盈幅度，这个不是我们想要多少就有多少的。很多时候达不到我们预期的价位，但感觉走势不好也得立即出局，也有很多时候会超过我们想要的价格。这需要从多方面看，如当日大盘走势是否配合，手里的股票拉升是否是放量上涨，该股是否是当日热点板块等。

综合考虑之后还得看情况止盈，如果各方面都配合可以把止盈价适当提高。

当日大盘处于弱势，手里股票上涨乏力，虽然没到心理预期价格也应及时采取止盈措施。

（六）短线的仓位控制

短线交易就是在最短时间获取最丰厚的盈利，因为操作不是每一次都可能是对的，这就必然会出现亏损的可能。如果重仓操作，在出现连续错误情况下总资金损失过多会导致投资者心态不好，影响后期操作。

笔者个人操作中，大概会把资金分成 4~5 个等份，假如是 100 万元资金，即每个等份是 20 万~25 万元，长线布局 2 个等份，1 个等份资金是利用短线交易，1 个等份就是空着。这空余的 1 个等份是准备手里的长线股票进入加仓时备用，短线就用这 1 个等份的金额去操作。

当然每一位投资者资金是不一样的，对于中小投资者就不能按笔者这种方法拆分资金，对于 20 万元左右资金我觉得可以采取分成 2 份操作，一份是长线，另一份专攻短线，当长线资金被套时短线资金可以灵活应用，可以加仓手里股票进行日内做短差。也可以选择短线上攻股票来弥补长线资金带来的损失。

切记做短线时，每次出手资金额最好是同样资金量。很多散户投资者做短线对的时候可能买了 10 万，错的时候可能买的是 20 万，这样最后还是亏钱。因为短线就是概率学，要求的是盈利次数大于亏损次数，盈利幅度大于亏损幅度。或者一种是盈利率非常高，亏损次数很少。可能 10 次出手也就两三次是错误的，这样可以盈利和亏损的幅度都一样，最后还是能赚到钱的。

当然这要看你短线的水平来采取不同的方式。建议刚开始做短线的投资者还是用小资金去尝试，等有了一定的功底之后再用大量资金操作。不然水平练好了资金没了，再有行情机会对你来说也是没用了。

二、短线实战买入法

（一）涨停后十字星买入法

这是笔者比较擅长用的一种短线操作方法之一，也是准确率最高的方法。下面我们介绍选股和买入时机，这种方式一般是第二天直接拉升的最多，有个别股票出现 2 天调整，多数上涨在 7%以上，个别股票涨幅较多，大盘不好的情况下，预期盈利要降到 5%左右。这么多年笔者用这种方法做短线总结出来的成功率和盈利情况如下：

对错次数：80%概率是盈利机会。

错误亏损幅度：10%概率是亏 5%止损，10%是平本出局、够手续费以上出局。

盈利幅度：有 50%的个股盈利在 5%~7%，有 20%个股盈利在 10%，有 10%概率的赚 30%左右。

大概一周笔者会做 3 只这样的股票，除非大盘大跌情况下笔者会停止操作。要想提高盈利概率和盈利空间选择什么样的股票非常重要。下面我们来说一下选股方法。

1. 主选昨日涨停的个股

为了节约当日时间，一般在头天晚上把在昨天涨停的个别好的股票加入自选股。可能前一天涨停的家数很多，当然不能全部加到自选股，这样面太广。

我们主要选择昨日涨停早的而且盘中涨停从未打开过的个股。剩下就是我们前面内容讲的选股技巧里面中看看哪个具备条件更多。一般侧重技术走得好和有题材个股，最好是热门行业股票。

一般这种股票受昨日涨停强势惯性影响，当日开盘多数是高开，第一个就是高开高走继续涨停，第二个就是高开冲高回落，盘中是在昨日涨停价格之上上下震荡，我们就是要这种走势的股票。

选出的目标股票可能会有好几只，盘中经常多看备选股票的走势，比如说和大盘当日走势相比是强于大盘还是弱于大盘，盘中是否会经常出现异动迹象等。

目标股票全天在昨日涨停价之上运行，盘中最好没有跌破过昨日涨停板价格。哪只是十字星 K 线就选择哪只，注意十字星上影线最好别太长。具备以下条件后，2：40 开始下单买入。

2. 短线买入的具备技术条件

（1）5 日均线向上运行，角度在 45°以上越高越好。

（2）股价在 21 日均线之上运行，21 日均线走平向上。

（3）当日成交量温和放大，但不能是突然放巨量。

（4）该股是近一周内第一次出现涨停板。

（5）当日收盘是十字星 K 线，阴线、阳线都可以，多数是阴线好。

（6）十字星当日内外盘差距不大，多数外盘大于内盘。

（7）当日盘中回调价格不能低于昨日涨停价格。

3. 实战案例解析

全通教育在 2016 年 3 月 21 日收出十字星线（箭头指示位置）。第一个涨停是上一交易日早上开盘 10 分钟封住，盘中从没用打开过。同时该股站在 21 日均线之上，5 日均线也向上金叉 21 日均线，成交量开始放大。在下午 2：40 以 74.6 元买入。受大盘低开影响第二天出现了低开高走收盘还是十字星线，而且盘中最低价格还是没跌破涨停板的最高价格，走势还是属于强势。24 日大盘大跌该股逆势拉升到最高 82.4 元，与买入价格相比上涨了 10%多。由于该股正好涨到 144 日均线压力位置附近，加上大盘当日大跌，我们在 80 元到 81 元之间分批清仓出局（如图 4-1 所示）。

恒生电子在 2016 年 3 月 14 日开盘后 15 分钟涨停。第二天高开低走出现小十字星线（箭头指示位置）。当时我们看好的理由是行业较好，是当时最热点板块。在 3 月 15 日尾盘以 41 元每股买入，买入之后股价下跌到 40.98 元，收盘导致当日下影线很短，但是并没有跌破涨停板价格。第二天该股大幅上涨，最高涨幅达到 9%，到收盘时又是十字星线，还具备持仓条件，之后该股连续 3 个涨停板，在 22 日打开涨停，由于短期该股涨幅太大，在 60 元全部出局（如图 4-2 所示）。

智慧松德在 2016 年 3 月 31 日（箭头指示位置）出现了十字星小阳线，当日成交量明显放大。而该股在前一天涨停也正好突破了前期密集区。我们感觉有加速上涨迹象，于是在尾盘打压时以 15.94 元的价格买入。第二天大盘是低开低

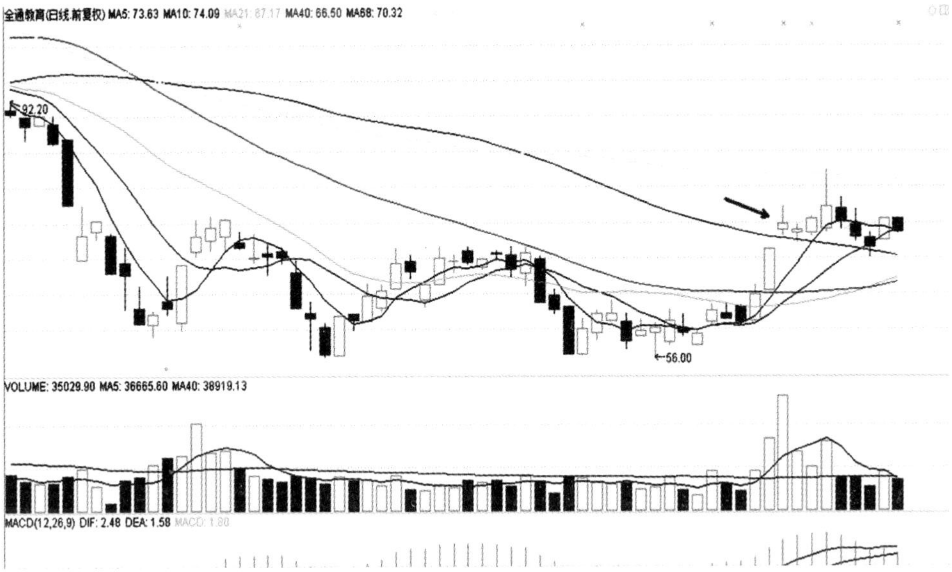

图 4-1　全通教育（300359）日线走势

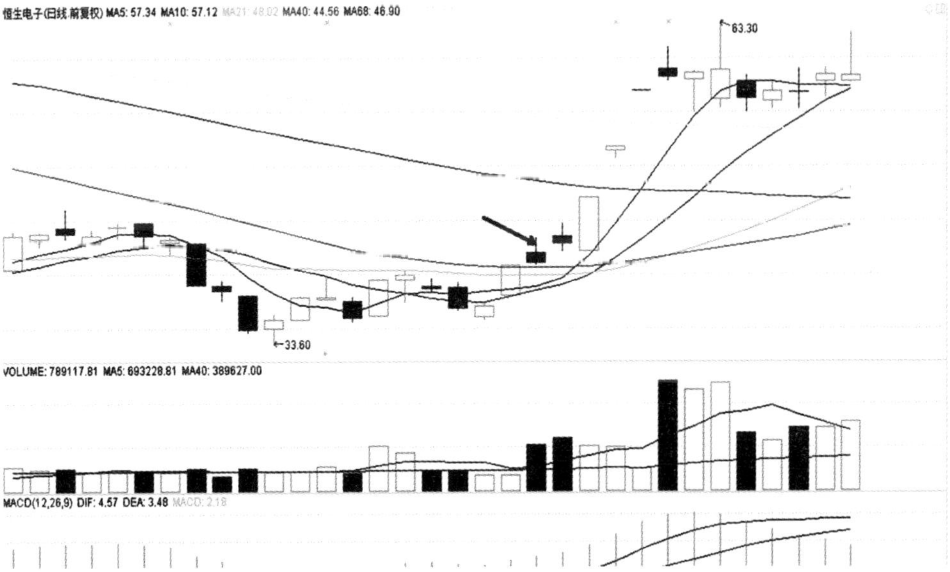

图 4-2　恒生电子（600570）日线走势

走，该股受大盘影响出现了低开之后稳步上涨，明显强于大盘，在下午大盘企稳向上反弹时，该股展开拉升，最高涨到 17.35 元，涨幅达 8.17%，由于当时过节放三天假，同时考虑仓位过重，于是就在 17 元全部出局，盈利 6%（如图 4-3 所示）。

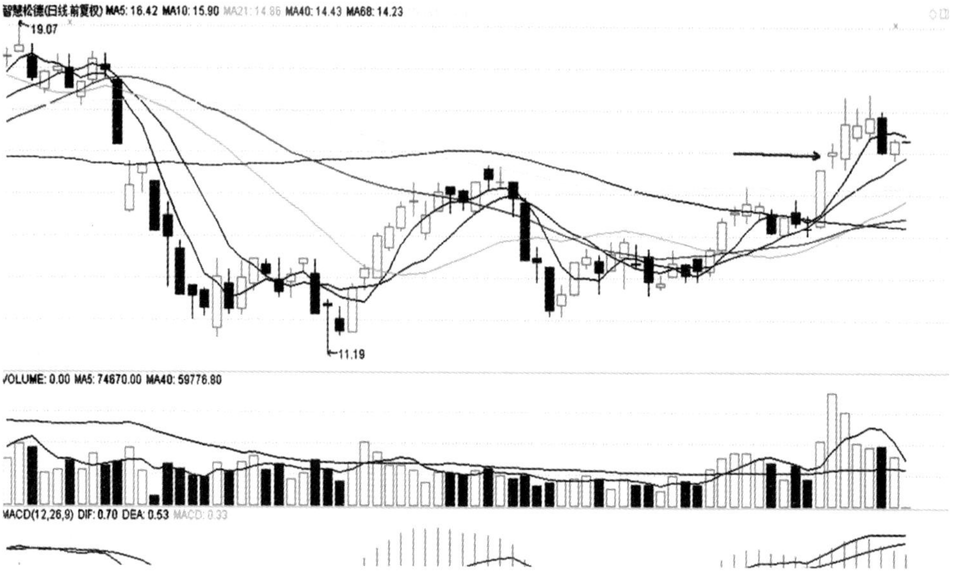

图 4-3　智慧松德（300173）日线走势

（二）大阳线突破买入法

这种突破买入法可以根据不同的位置突破，比如说前期横盘密集区突破，或者重要均线突破都可以参与，往往这种突破是股票价格加速上涨的时候，所以比较适合短线参与。这种操作盈利空间一般较大。多数能达到 20%以上，同时持股周期一般为一周左右，一般到了预期盈利便开始分批减仓。

1. 短线买入的具备技术条件

（1）5 日均线向上运行，在 45°以上越高越好。

（2）股价在 21 日均线之上，21 日均线走平向上。

（3）该股在近期是出现上涨有量下跌无量状态。

（4）收盘是十字星 K 线，阴线最好，阳线也可以。

（5）突破重要均线必须连续 3 天以上。

（6）买入时间可以在第二天上午回调时择机买入。

2. 实战案例解析

三川智慧在 2015 年 12 月 3 日以一根大阳线突破前期密集区，同时股价有效站在 144 日均线之上，21 日均线向上金叉 144 日均线且以 45°向上运行。此股具备买入时机，在 12 月 4 日早上开盘，我们以 16.7~16.8 元分批介入。受当时大盘大跌影响，该股第 2 天出现回调，但是盘中明显是下跌无量走势且明显强于大盘，由于我们尾盘又在 16.40 元加仓，后 2 天该股连续涨停。12 月 7 日大盘大跌尾盘该股打开涨停，我们减仓一部分。在 12 月 11 日上涨到 20.8 元全部清仓(如图 4–4 所示)。

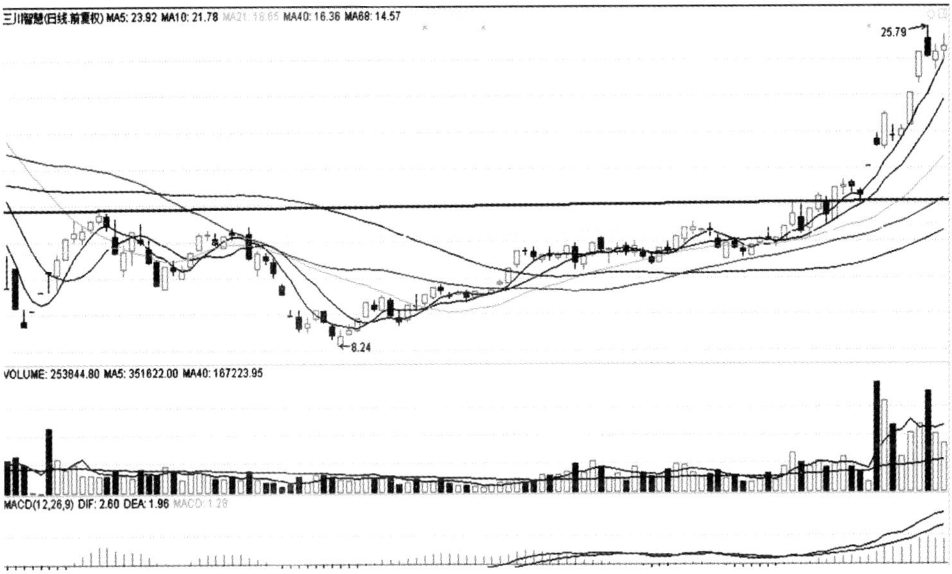

图 4–4 二川智慧（300066）日线走势

（三）均线死叉再金叉买入法

这种方法多数是股票经过上涨之后的买入方法，一般是行情的第二波，多数投资者在行情第一波启动时并没有敢于介入，眼看股价上涨也不知道在什么时候去买，生怕追高套住，心里可能总是犹犹豫豫不知道何时出手。

其实，任何股票上涨后都会有回调的时候，只要确立了上涨行情，就多关注，耐心等待回调时找机会介入。

我们在这里主要用的是 5 日均线和 10 日均线，辅助的是 21 日均线。一般股价拉升一小波，肯定是 5 日均线和 10 日均线都是多头排列，21 日均线在下向上运行。

多数股票上涨一段时间后开始回调，股价先后跌破 5 日、10 日均线，5 日均线也从上向下先死叉 10 日均线，此时 21 日均线向上运行，股价并不一定跌到

21 日均线上，当 5 日均线再次向上金叉 10 日均线时是最佳买入时机。

1. 短线买入具备的技术条件

（1）21 日均线必须是向上缓慢运行。

（2）股价先跌破 5 日、10 日均线，导致两线死叉。

（3）死叉之后股价多数要调整一周时间。

（4）当股再次站在 5 日均线之上，5 日均线向上金叉 10 日均线。

（5）具备以上条件，收盘不是大阴线都具备买入条件，十字星 K 线最好。

（6）注意，不形成金叉别着急买，很多股票没有金叉就会再次下跌。

（7）此方法适用于行情涨幅不太大的第二波拉升，涨幅太大须依据其他方面作为操作依据。

2. 实战案例解析

汉邦高科在 2015 年 10 月 23 日（第一个箭头指示位置）时，5 日均线死叉 10 日均线，在 10 月 28 日（第二个箭头指示位置）时，5 日均线又金叉 10 日均线，股价收盘十字星 K 线，这为我们提供了短线最佳买入时机。我们是在十字星线当天以 82 元的价格买入，当时正好是次新股板块拉升，该股快速上涨，短短一个交易日就涨到了 138.55 元。在 11 月 12 日该股出现了放量滞涨现象，加上短期涨幅太大，我们以 132 元的价格全部清仓，虽后来当日尾盘又涨停，但与我们已经无关了（如图 4–5 所示）。

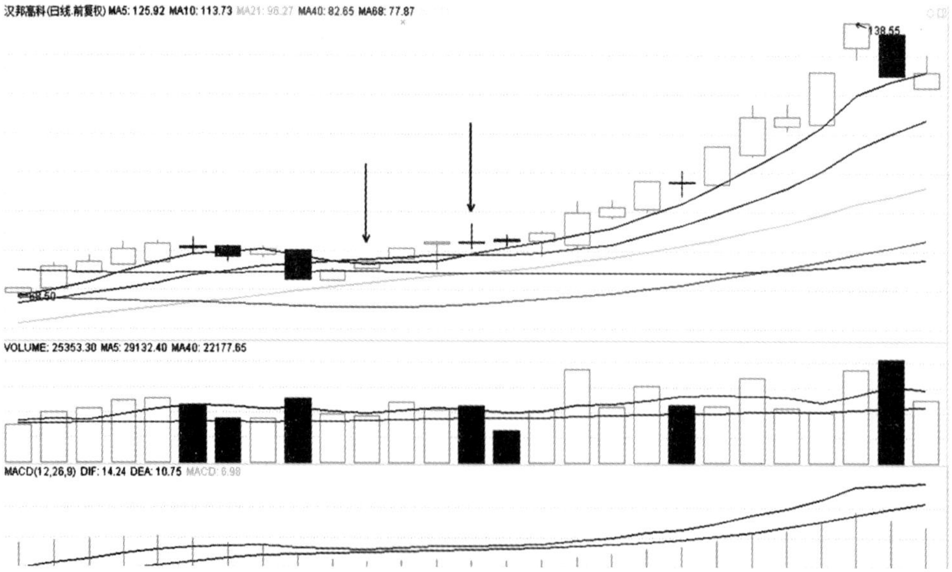

图 4–5 汉邦高科（300449）日线走势

（四）日内突破下降趋势线买入法

短线投资必须对当日大盘有精准的研判能力，这样可以随时加仓减仓，不至于该买的时候没买，该卖的时候又没卖，来回坐电梯空欢喜一场。学会看大盘当日走势是每个职业操盘手的必修课，当然看盘是很累人的一种活，多数散户投资者刚开始学看盘时，遇到股指忽上忽下的时候心里会发慌，这是因为你对当日上涨还是下跌心里没谱，心跳会随着股指波动加快，这是初学者必经之路。

当什么时候你不再为日内大起大落而恐惧时，你也就离成功很近了，因为日内波动主要是考验两方面因素，一是投资者对当日大盘的研判准确程度，二是心态。当这两方面你都具备了，恭喜你，你成功了！这里所说的成功不是你肯定能赚大钱了，而是至少你已经适合做股票投资了。

大盘很多时候会受政策消息面影响，诸多不确定因素都会导致大盘上涨或者下跌。所以我们必须多关注国家政策以应对善变的股指走势。下面笔者在这里只介绍一种根据当日大盘走势而进行的买入时机。

这种方式只是短线的一种，主要是提供了短线的加仓机会。下面我们结合股指当日分时图来分析，当上证指数上午维持震荡下跌，波峰是一个低点比一个低点低，反弹中是一个高点比一个高点低，这是最典型的单边下跌趋势，当股指经过快速下跌出现反弹，在盘面上多出现 V 形，注意我们不主张用 V 形操作，因为股票是 T+1 的操作模式。买了当日卖不出去，很多 V 形只是盘中反弹，一会遇到当日分时走势均线容易再次下跌。我们要求的是突破下降趋势线就是最好的加仓点，当然如果有目标股票这个时候是最佳买入时机了。

1. 短线买入具备的技术条件

（1）大盘必须是处在上升或者横盘震荡趋势中，日线上单边下跌观望为主。

（2）大盘指数上午跌得越深、越快越好，此时反弹力度就越大。

（3）一般情况下上证指数下跌时间在 2 小时以上。

（4）大盘要跌到重要支撑位置附近更佳，此时上涨力度会更大。

（5）突破趋势线成交量越大、上涨越高、上涨速度越快越好。

（6）具备以上条件突破下降趋势线是最佳加仓时机。

2. 实战案例解析

图 4–6 是股指在 2016 年 4 月 1 日当天走势图，上午股指一直是单边下跌，

到下午 13：00 开盘快速下探后，开始出现 V 形反弹。低点不在创新低，到下午 13：35，指数放量突破下降趋势线成功反转，这时就是最佳买入股票时机（图中箭头指示的位置）。由于中国股市是 T+1 操作模式，手里有的股票进行加仓到尾盘可以卖出加仓的部分，也可以选择买入其他股票。

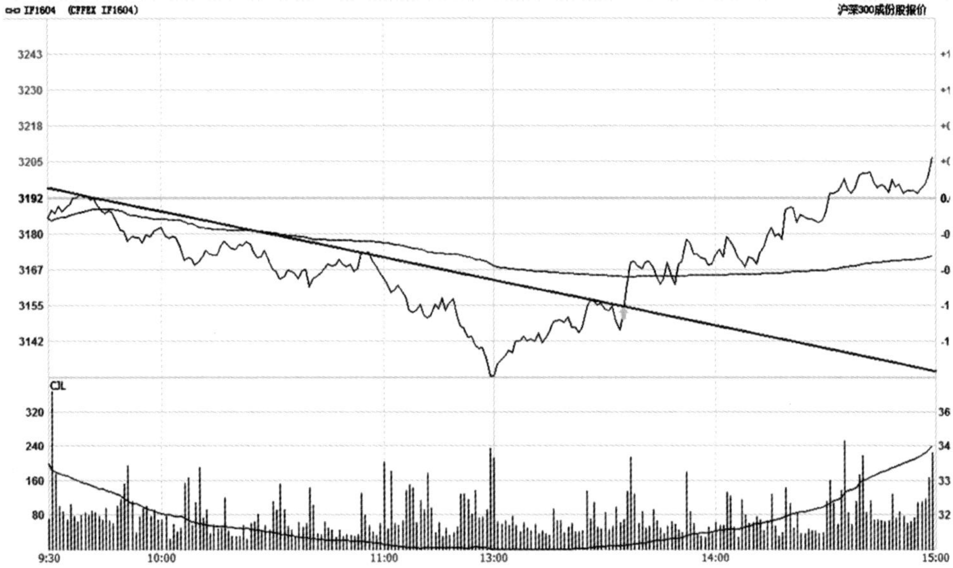

图 4-6　股指 1604 分时走势

（五）突破 1 小时内新高买入法

这是一种根据日内走势突破 10：30 新高的短线战法，是超短线追击强势股最佳操盘方法，此种方法要求的是快，发现目标股先进行盘中观察，这种方法的好处是多数买进后当天能大涨或者涨停，弊端就是遇到大盘不好容易短线被套。股票在 9：30 开盘后多数运行 1 小时就会出现一个高点和一个低点，强势股票出现之后多数不会跌破新低，而是在当日分时均线附近运行。一旦时机适合，个股会放量突破最高直击涨停。

为了提高准确率和盈利空间，我们要求了许多条件，在满足以下条件时可以进行日内追击。这种方法适合爱做日内短线交易的投资者。

1. 短线买入具备的技术条件

（1）目标股票必须是有明确见底信号的个股，或者目标股票是在上升趋势中的个股。

（2）目标股票是短期经过调整在重要均线位获得支撑的个股。

（3）目标股票在拉升当日是出现的第一根阳线最好，第二根也可以。

（4）目标股票在当日走势必须是强于大盘走势，盘面上是上涨有量回调无量。

（5）目标股票在早上开盘小幅上涨，在 10：30 出现了当日的高点，然后在高点之下当日黄线（均线）附近上下小幅震荡，横盘走势最好。

（6）目标股票向上不能在重要压力位置附近，比如说均线压力，或者平台密集区。

（7）目标股票当日 10 点内新高必须在 5%涨幅之内。

（8）当日大盘不能是大跌，最好是上涨或者区间震荡。

（9）当目标股票在横盘后放量突破 10 点内新高，立刻追击，大多数会涨停。

2. 实战案例解析

恒生电子在 2016 年 4 月 5 日分时走势图上，开盘缓慢上涨，在 10：03 出现了一个高点，也成了 1 小时内最高点 59.30 元。之后股价缓慢下跌，跌破均线但是并没有在均线之下运行太长时间之后就再次站在均线之上。在 11：26（箭头指示位置）开始拉升，突破 1 小时内高点，成交量同时伴随放大，在 13：24 封住涨停（如图 4–7 所示）。

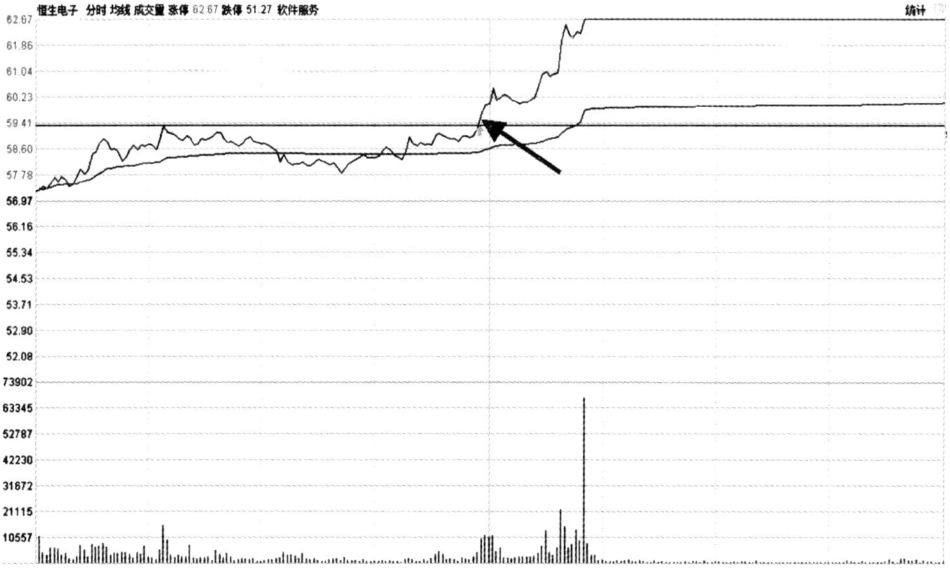

图 4–7 恒生电子（600570）分时走势

（六）三线共振买入法

这是一种利用均线、均量线和 MACD 三个重要技术指标同时发出买入信号的共振操盘方法。在这里笔者主要选择的均线是 5 日均线。均量线是经过参数修改过的。通常大家看到均量线参数是 5 和 10 两个参数。我们要修改成 5 和 40，修改方法我们暂不在这里介绍了。

1. 短线买入具备的技术条件

（1）在日线上，5 日均线向上运行，股价在 21 日均线之上。

（2）均量线上 5 日均量线金叉 40 日均量线并且运行 3 天以上。

（3）MACD 指标从零轴线下方向上上穿零周线，要求 DEA 即黄线站上零轴线有效。

（4）以上 3 点任何一点都要满足才准确，一般是 MACD 指标是最迟的，也就是当 MACD 上穿时其余都符合就是买入时机。

（5）一般情况下，条件具备的时候，有时候第二天会回调，此时正好是买入机会。

2. 实战案例解析

丽鹏股份在 2016 年 3 月 17 日同时具备了以上几个条件。从具备条件的当天价格 14.3 元后，11 个交易日上涨到了 17.66 元，涨幅达 20%之多，如图 4-8 所示。

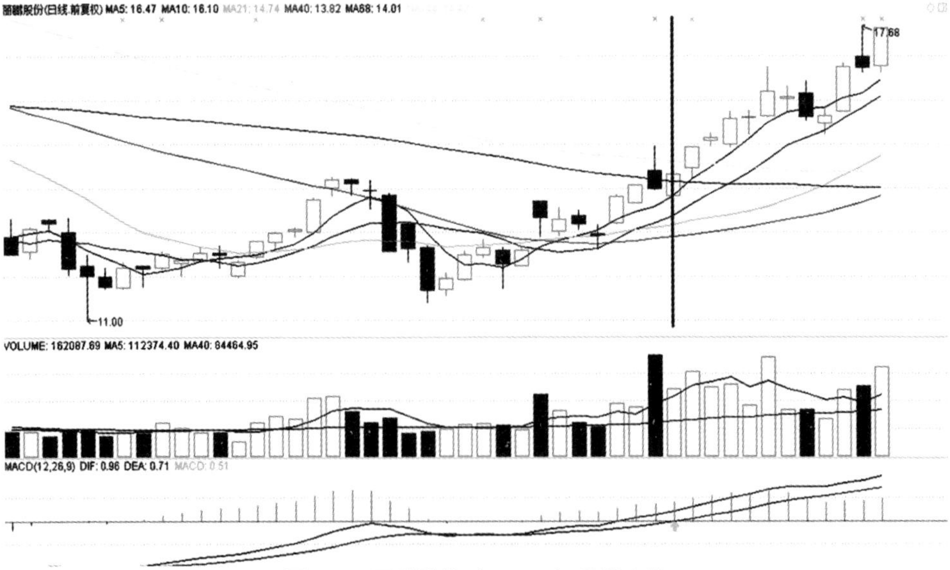

图 4-8　丽鹏股份（002374）日线走势

短线的买入方法还有很多，我们暂不介绍那么多，以上这些都是比较准确的买入方法，当然投资者可以用少量资金去实战慢慢验证，等熟悉了操作方法再去大资金运作。这些也都是笔者本人经常用到的。

实盘中我们想要提高短线操作的成功率和盈利率，其要点是：锁定强势个股、追击热点板块、判定好大盘走势，然后在 2：30 后介入。

因为谋求的是超短线利润，我们甚至可以不必关心该股对应公司的主营业务、业绩状况等基本面因素，但必须对其流通盘、主力介入程度及现状，近期有没有重大利好利空消息或是否除权等情况有比较充分的了解，以便制定相应的投资策略。

三、短线实战卖出法

卖点的方法从来都是一个很艰深，甚至是很“痛苦”的概念，多数人会感觉它是比买还要难以驾驭的东西。我相信很多朋友肯定都有买到过好的股票，但因为无法把握好的卖点，轻则中途被震出利润缩水，重则从盈利到亏损被套的经历。在买得好的情况下，能较好地把握卖点，可以保证利润的稳定性，买得不好，但卖得好，可以及时改正自己的错误，最大限度地控制风险的扩大，所以从另一个角度来看，卖甚至比买更为重要。

在前面我们讲了几个买入方法，会买了但我们还得学会怎么去卖，卖出的方法更多了，因为站在不同角度和要求不一样，则卖出价格也会不一样，不过只要是赚钱卖出都是赢家，我们不能要求卖到最高点，我们也没有那个能力，因为没有任何人知道哪里才是最高价位，我们只是根据盘中走势来判断由强变弱，也不能要求卖了股票就必须下跌，而买了就必须要上涨。

在股票投资上有句话，“任何人都能赚钱，就是贪心的人不赚钱”，贪心也是体现在两个方面，一个是上涨盈利舍不得卖，另一个是下跌亏损也舍不得卖，总是拿着股票，总怕卖了就大涨。其实很多投资者买了的股票出现过大幅上涨，可最后并没赚钱甚至是亏损出局，这种财富只是体现在纸上的财富，不卖出去赚多少钱也不属于你的，只有卖出了兑现盈利才算赚了。

短线交易要求本身比较低，不过笔者这里所讲的短线都是盈利空间较大的，因为我们想成为赢家，必须衡量盈亏比例，当盈亏比例在合理时就可以参与。

做什么都要投资，股票市场更不例外，亏钱不等于我们投资失败，只是我们的投资成本加高了。不管任何一个股市高手都是曾经经过无数次亏钱才成为最后的赢家。亏钱并不可怕，怕的是你没有了赚钱的能力，只要学好了技术、练好了心态，赚钱那是迟早的事情。

下面我们将介绍几种常用的短线卖出方法。

（一）根据盘中直线拉升卖出法

这是一种日内次高点卖出的方法，做短线本身盈利空间不大，掌握不住好的卖点很可能由盈利变成亏损。所以必须密切关注持有股票的盘中走势，和当日大盘走势是否一致，还是强于大盘。一般短线买入的股票会强于大盘走势，因为我们买的时候都是启动点。

（1）早上开盘直线拉升，成交量同时增加，但是并没有封住涨停，在出现最高点之后成交量开始缩小，此时就要高度关注。一旦出现倒 V 形或者 5 分钟之内没再创新高就是卖出时机。多数价格会缓慢下跌（如图 4–9 所示）。

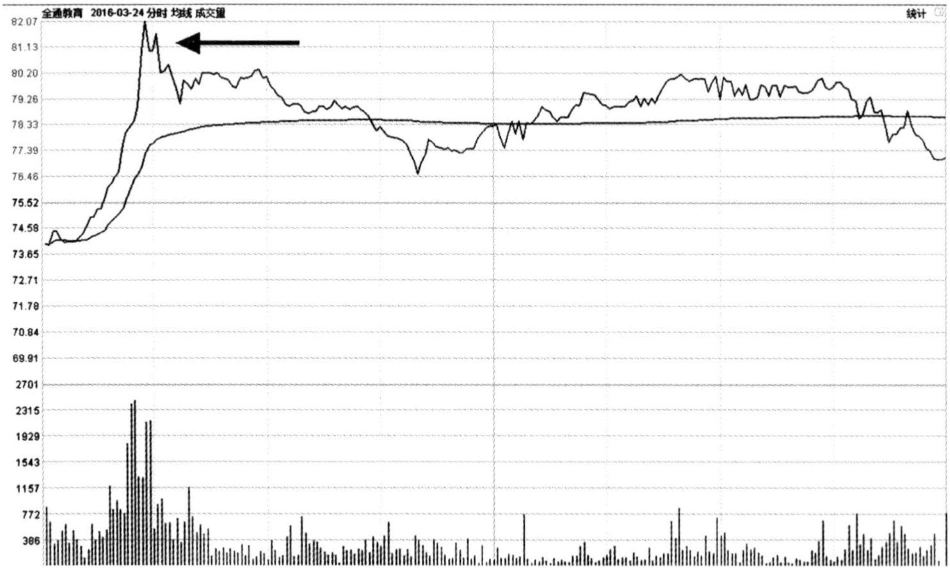

图 4–9 全通教育（300359）分时走势

全通教育在2016年3月24日，早上直线拉升最高涨到82.40元，涨幅达到了9%，但就是不封涨停，在出现高点之后量能开始萎缩，5分钟之后没有再创下新高，形成了一个小的倒V形，此时我们就应该全部出局。

（2）开盘呈台阶式稳步推升，一波比一波高。而成交量上出现了背离现象，就是量能并没有随着股价创新高而放大（涨停的不需要量），股价一旦跌破最高点前的次高点为卖出时机（如图4–10所示）。

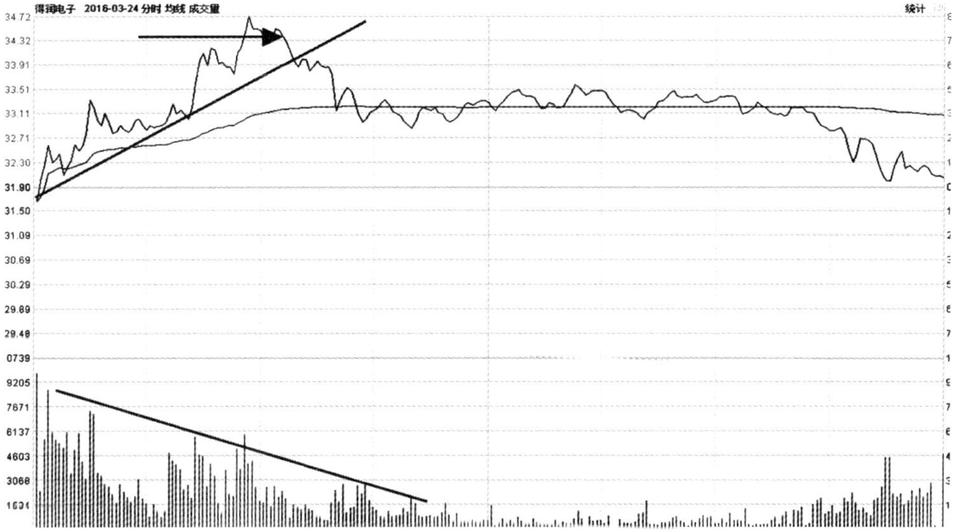

图4–10　得润电子（002055）分时走势

得润电子在2016年3月24日的分时走势图。当天上涨到34.79元，涨幅最高达9%，但没有出现涨停板，盘面上是价格逐步创出日内高点而成交量逐步缩小，这种现象为量价背离，是明确的见顶信号，出现这种现象价格一旦跌破最高点前产生的高点为立刻出局时机（图中箭头位置）。我们当时参与了这只股票，大部分仓位是在34.0到34.2卖出的，该股在第二天直接低开。

在实战中，上述两种类型我们都会经常遇到，日内短线大体方法都差不多，都会是价格出现新高成交量跟不上，只要不能快速封住涨停的多数都会下跌下来。

（二）根据1小时内高低点卖出法

这是日内经常见到的一种走势，很多股票经常高开，中间出现高开低走或者冲高回落，在开盘1小时后形成一个高点和低点，之后该股向上拉升不能突破最高点而且高点逐渐下移，还有部分是无量突破高点，但一会儿又跌破第一波的高点。这两种情况都说明当日该股有走弱迹象，短线可以考虑减仓出局。需要注意的是，在这里我们要求个股必须是高开的。

（1）高开低走或者盘中拉升一下再次下跌，在个股运行 1 小时后会形成最高点和最低点。之后向上拉升无量，没有突破 1 小时内最高，为第一次减仓时机。再次跌破了 1 小时内最低时为全部出局点（如图 4–11 所示）。

图 4–11 汇金股份（300368）分时走势

汇金股价受前日涨停出现高开低走下跌，盘中产生一波小幅反弹没有突破开盘最高点，然后又回落均线下方运行（图中箭头指示位置），产生了 1 小时内的最高点，股价在 11：25 向上反弹无量并未到 1 小时内高点，形成了第一减仓机会，之后跌破当日均线，在均线下方运行。在下午 13：35 时，向下跌破 1 小时内最低，形成全部减仓时机（图中横线位置跌破为全部出局），第二天该股直接低开。

（2）高开低走或者高开盘中拉升一下再下跌，在个股运行 1 小时后会形成最高点和最低点。个股在盘中均线上方来回震荡，经过调整之后股价向上突破 1 小时内最高，但是成交量并没有有效放大，出现缩量上涨情况，此后股价又跌破 1 小时新高，此时为全部清仓时机（如图 4–12 所示）。

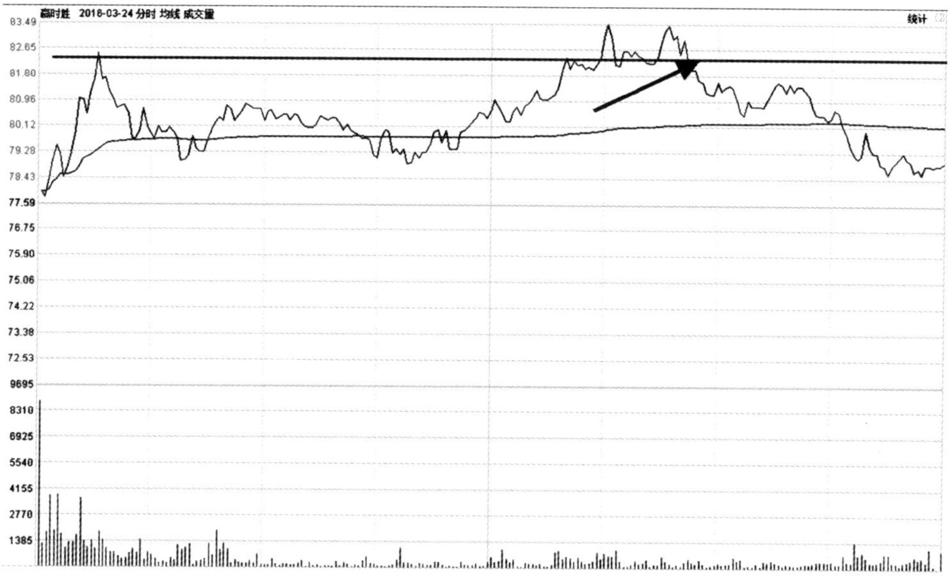

图 4–12 赢时胜（300377）当日分时走势

赢时胜前日涨停出现高开，然后短暂拉升之后股价回落到均线附近上下震荡，在 13：28 向上突破 1 小时内最高点，但是成交量没有放大，在 13：50 股价再次向下跌破 1 小时内高点，形成了全部出局信号（图中箭头指示位置）。之后股价一直回落，第二天该股直接低开。在实战中遇到突破高点无量都需要高度谨慎，一旦再次向下跌破高点都为短线出局时机。

（3）高开低走或者高走但是一会儿就回落下来，在个股运行 1 小时后会形成最高点和最低点。盘中个股不再向上运行，而是在当日分时均线下方运行，几次向上都无法突破分时均线，明显受均线压制，盘面上走势处于横盘或者弱势向下。在盘中向上运行至均线附近不能突破均线时为减仓时机，当向下跌破 1 小时内最低点时，为清仓时机（如图 4–13 所示）。

恒华科技前日涨停出现高开，开盘后两次向上拉升，但高点一个比一个低，之后回落均线下方，在 10：30 之后该股再次攻击当日分时均线，受阻回落形成第一减仓时机。到 13：38 时该股向下跌破 1 小时内最低点，形成了全部清仓时机（图中箭头指示位置），第二天该股就直接低开。

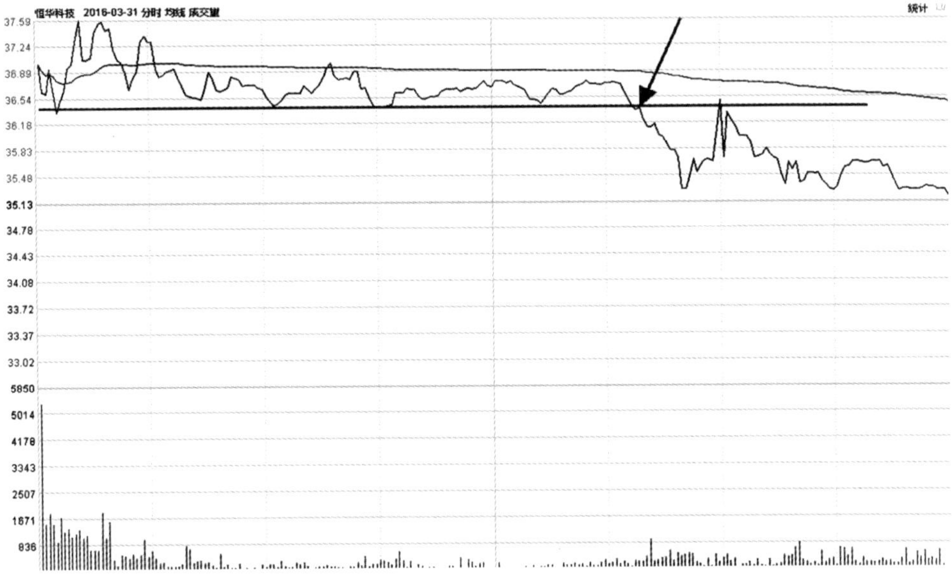

图 4-13　恒华科技（300365）分时走势

（三）根据高开低走大阴线卖出法

这是根据日线上的阶段性高点卖出的一种方法，此种方法适合短线不适合长线，因为可能回调几天还会再次上涨。短线投资者可以在高点卖出等回调稳定后还能再次介入。

多数股票经过短线拉升，日线上多数是连续几根大阳线，容易出现跳空高开低走现象，盘中震荡幅度加大，股价在冲高之后在尾盘跳水，收盘是带长上影线的中阴线或者大阴线，这种情况下，如果出现在股价短期上涨快的个股上第二天容易低开，短线投资者还是应出局观望，等企稳后再次买入。

在具备以下条件时，我们短线一般需要在尾盘出局。

(1) 股价短线拉升过快连续上涨幅度较大，前一天是涨停板，当日收盘是高开低走的大阴线个股，收盘前立刻卖出（如图 4-14 所示）。

中坚科技在 2016 年 1 月 7 日（箭头指示位置）收盘是大阴线，而前一个交易日是涨停板，由于短期涨幅大，出现高开低走大阴线代表短期有下跌迹象，收盘前应出局。

(2) 在经历上涨之后遇到重要压力位附近，出现高开低走收大阴线的个股，收盘前立刻卖出（如图 4-15 所示）。

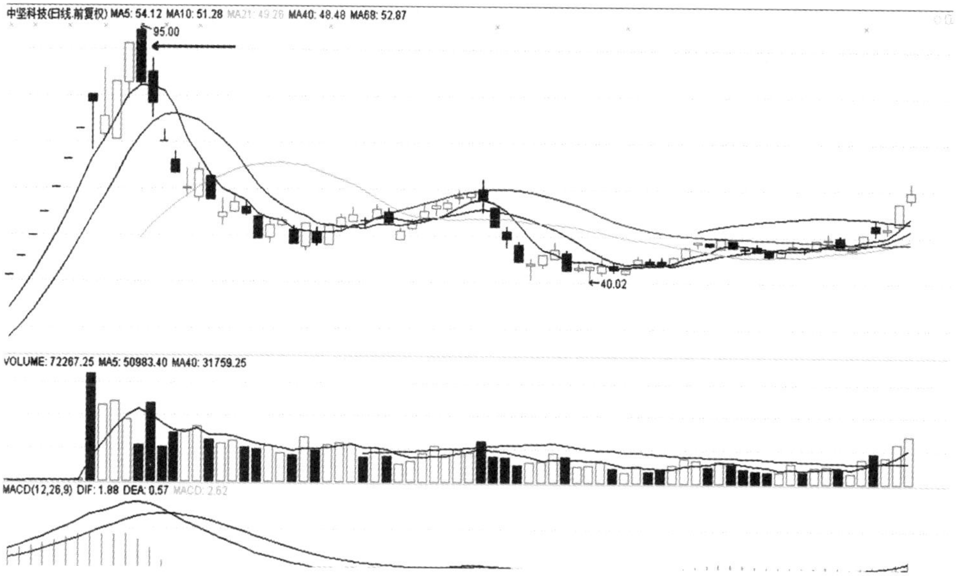

图 4-14 中坚科技（002779）日线走势

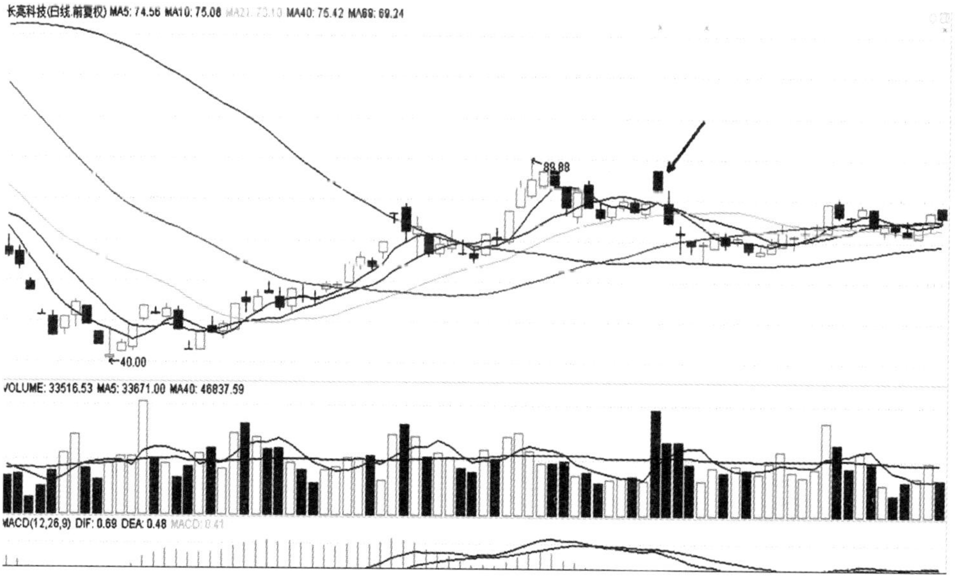

图 4-15 长亮科技（300348）日线走势

长亮科技在 2015 年 11 月 26 日（箭头指示位置）当天出现大幅高开，最高涨停，但是受 144 日均线压制，还是没有封住涨停板，尾盘收出大阴线，出现明显卖出信号。

（3）在上涨之后遇到前期密集区放量而不能突破高点，收盘出现高开低走收大阴线的个股，在收盘前立刻卖出（如图 4-16 所示）。

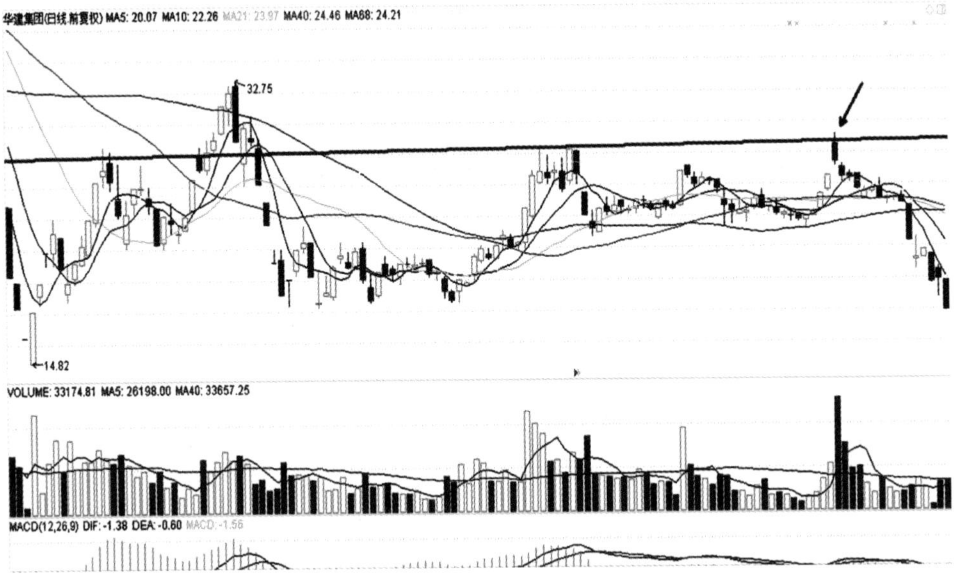

图 4-16　华建集团（600629）日线走势

华建集团在 2015 年 12 月 18 日（箭头指示位置）出现跳空高开，在向上突破前期密集区时受压，收盘是大阴线，同时成交量突然特大，这为抛压过重无效突破，是短线要出局的时机。

（四）根据 60 分钟 K 线卖出法

如果投资者进行短线交易，就不得不关注 60 分钟技术形态了，其中 60 分钟 K 线图兼具稳定性与迅捷性于一身，是承前启后的短线技术指标。

当个股具备以下条件时，短线一般需要出局：

（1）当股价上穿 140 小时线后，升势会快速展开，10 小时线向上的角度越陡，股价上涨的力度越强，MACD 的红柱出现高位峰。当 MACD 的红柱缩短，并伴随出现高位死叉时，是短线卖出时机（如图 4-17 所示）。

银之杰在 2015 年 11 月 10 日（箭头指示位置）MACD 指标从上向下发生死叉，股价也随后回落。从最高的 60.68 元跌到最低的 49.17 元，回调幅度将近 20%。

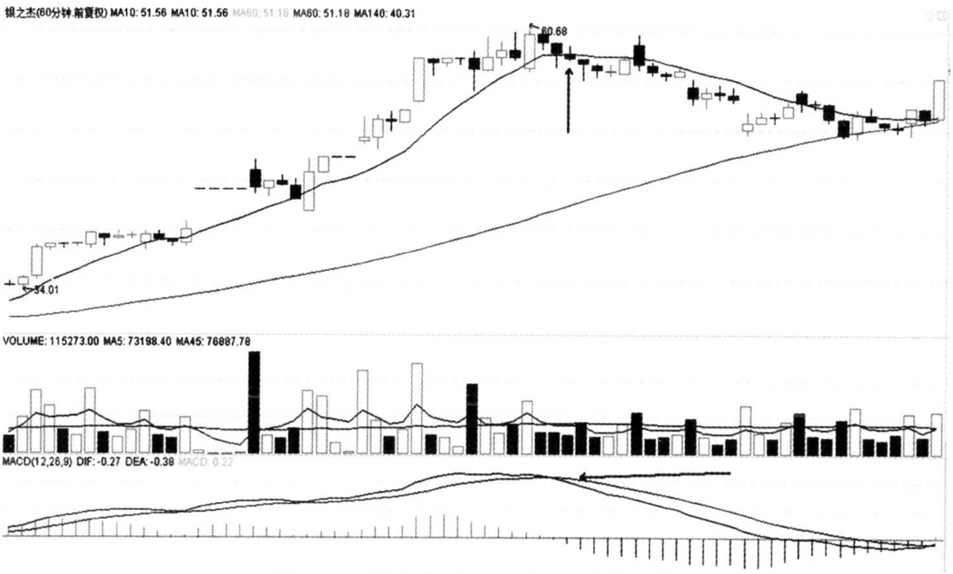

图 4-17 银之杰（300085）60 分钟走势

（2）当股价上穿 140 小时拉升之后，价格创新高而在 60 分钟图上成交量出现萎缩（不能是封住涨停板的个股），也就是股价上涨成交量萎缩，10 分钟线开始由向上转为走平迹象。K 线上出现了射击之星线、大阴线线，并且股价远离 60 分钟单位线时，是短线卖出时机（如图 4-18 所示）。

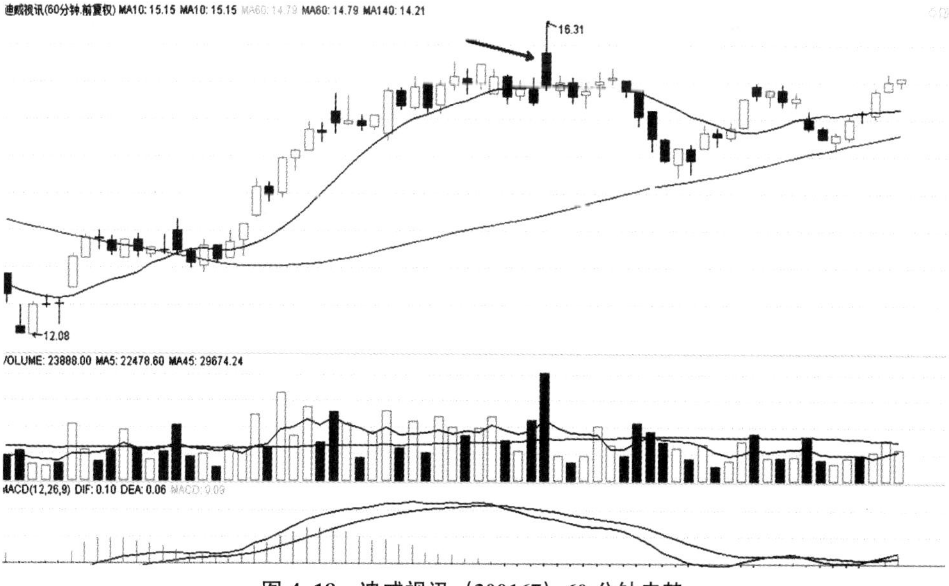

图 4-18 迪威视讯（300167）60 分钟走势

迪威视讯在 2016 年 3 月 25 日（箭头指示位置）股价上涨但成交量开始出现萎缩，在 K 线图上出现了大阴线。随后该股回调，从最高的 16.31 元跌到最低的 14 元，回调幅度超过 10%之多。

（五）根据巨量高开涨停打开卖出法

涨停板是最能吸引投资者注意的特殊形态，是短线客最喜欢参与的目标。从历史经验来看，个股出现涨停时，涨停价格封单越大，越代表拉升主力的实力越强，后市上升空间越大。

历史经验赋予了大众惯性思维，个别主力操盘手则根据这点，投其所好布置陷阱让投资者去钻。

早盘巨单封涨停诱多，在市场上不是经常见到，但是，这是绝对经典的一种诱多手法，这种手法经常出现在个股伴随利好消息时，主力利用散户认为涨停板的个股封单越大代表参加排队等候买入的资金越多，或者主力的实力越强，后面还有巨大升幅的心理而进行的一种诱多。

巨单封涨停诱多分析起来比较复杂，分析时，盘口的交易细节就显得更为重要。开盘就涨停可不急于抛出，但要死盯着买盘数量，一旦买盘迅速减少，则有打开的可能，此时须立即抛售，获利了结。如果一直涨停至收盘，则不必抛出，在第二天的时候再考虑出局。我们在这里讲的是打开涨停的个股短线卖出的机会。

一般早盘开盘巨量涨停，多数个股是往往配合利好消息，盘面上具备以下特征为短线卖出机会：

（1）当股价瞬间打开第一个 5 分钟图上出现了大阴线 K 线。

（2）当股价瞬间打开第一个 5 分钟图上异常放量，换手率越高越注意。

（3）第二个 5 分钟 K 线不能收阳线或者再次涨停则为短线立刻出局时机。

（4）个股当天有一般性利好消息的更准确。不能是重大利好比如重组，重大利好的个股要是处于高位区域一样有效。

如图 4-19 所示，浩云科技在 2016 年 4 月 15 日，公布向全体股东按每 10 股派发现金股利 1.5 元（含税），送红股 5 股（含税），同时以资本公积金向全体股东每 10 股转增 10 股，受此利好消息影响，早盘巨量封单涨停，然后瞬间打开涨停，第一个 5 分钟出现了异常放量大阴线，之后该股缓慢阴跌，收盘只涨了 1.74%，与并盘价相比，下跌了 8.26%。

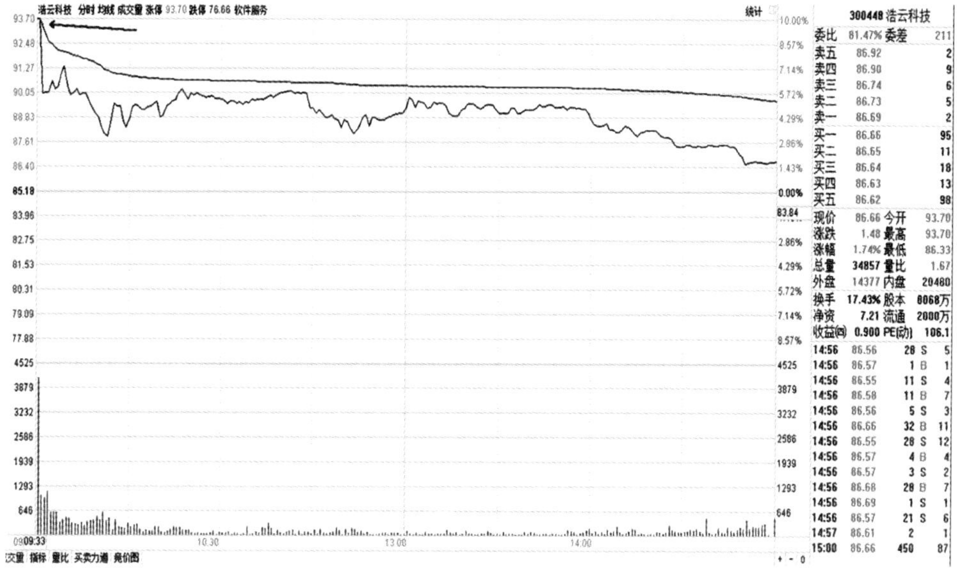

图 4–19　浩云科技（300448）分时走势

图 4–20 是浩云科技 5 分钟走势，第一个 5 分钟出现了大阴线（图上面箭头指示位置）而且第一个 5 分钟出现了异常放量（图下面箭头指示位置），此为卖出信号。

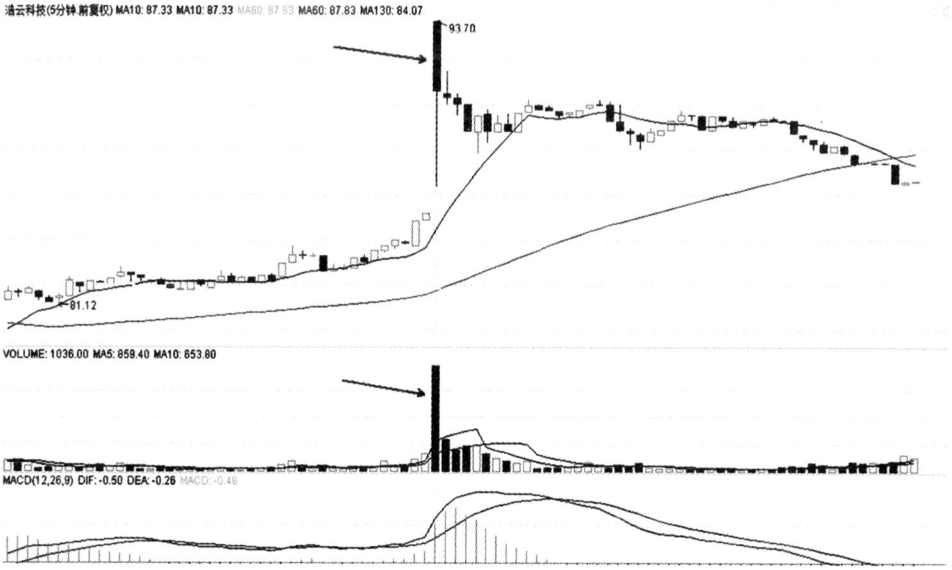

图 4–20　浩云科技（300448）5 分钟走势

（六）根据前期密集区卖出法

当股票上涨到高位前期密集区附近时，多数股票会出现回落，有的是大跌、有的是短暂调整，之后还会继续上涨，所以我们暂定为短线卖出机会。

（1）当个股上涨运行到前期高点密集区附近，K线上出现了射击之星线或带长上影线阴线，或高开低走大阴线并伴随成交量放大时，为当天卖出时机（如图4-21所示）。

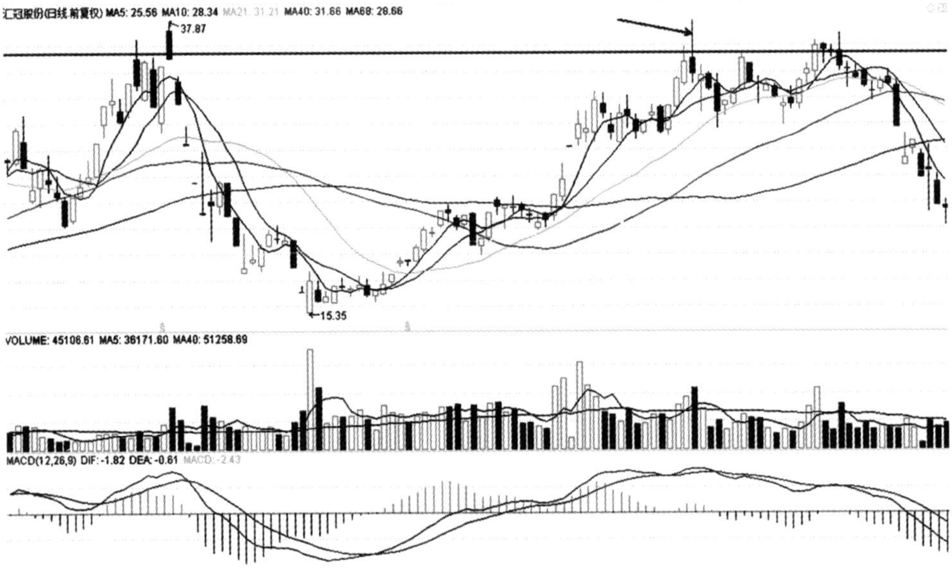

图4-21 汇冠股份（300282）日线走势

汇冠股份2015年11月27日在上涨到前期密集区（图中横线是密集区）时，出现了高开低走的大阴线（箭头指示位置），同时当天成交量很大，此为当天卖出的时机。

（2）当个股到前期密集区附近出现上涨无量，收带长上影线阳线为短线卖出时机（如图4-22所示）。

华中数控在2015年11月20日上涨到前期密集区，出现了带上影线的阳线（箭头指示位置），而成交量没有放大，属于空涨现象，多为择机卖出时机。

（3）当个股上涨突破前期高点密集区时，无量突破或者上涨无量为卖出时机（如图4-23所示）。

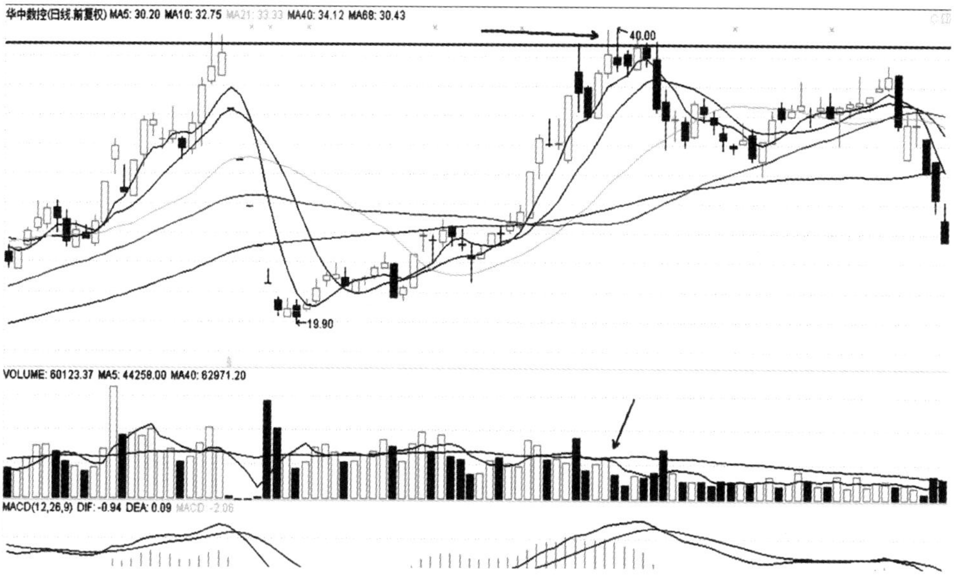

图 4-22　华中数控（300161）日线走势

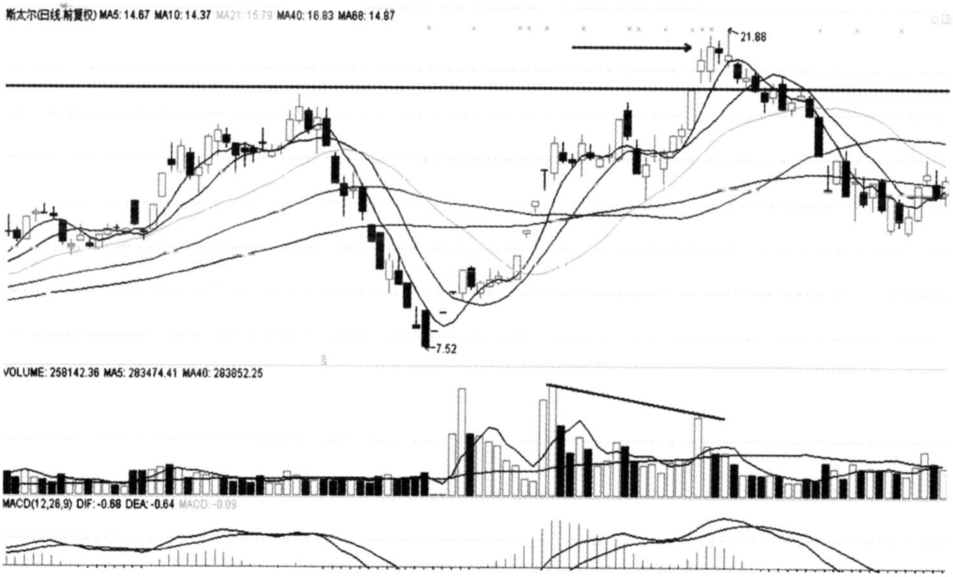

图 4-23　斯太尔（000760）日线走势

斯太尔在 2015 年某一天放量涨停板突破前期密集区高点（图中横线是密集区），在后两天价格出现了新高（箭头指示位置），但是成交量却出现了缩小（K线图下面成交量图上画线位置），这为无量空涨，一般容易出现下跌，虽然不出现射击之星线大阴线，但这种价创新高量不能大幅增加的多数为短期见顶迹象，应择机卖出。

短线讲究的是以快打快，快速进出，以最快的速度实现财富增值。因此，短线绝不参与调整，坚决回避疲软走势。快速逃顶是超短线的核心技术之一，它包含很多内容，除了我们以上所讲到的投资者还需注意以下特点：

1. 从盘口技术的角度分析，有以下要领需要深入理解和掌握

（1）当前股价空间位置已经处于高位，短期内已到达或者超过量度涨幅，获利盘已很多，这时候随时有可能出现短期头部走势。

（2）当前短期趋势已经出现滞涨，气势衰竭，盘面上明显感觉到上攻动能不足，该涨不涨，向下变盘的可能性就很大，这时需要警惕短期头部的到来。

（3）当 K 线结构出现了明显的头部特征，比如出现高位大阴线、射击之星线、高位长阴覆盖线之类的 K 线形态时，需要警觉起来。

（4）当前量能的异常变化很夸张，比如成交量释放过大，换手率突然非常之高而股价上涨乏力，说明多头消耗能量过大，此时空头很容易反扑得手，因而要谨慎对待。

（5）当技术指标出现明显的见顶特征，从主图来看，最明显的就是 5 日均线出现上升斜率变小或者高位趋平，成交重心下移等，都说明短期见顶已经是大概率的事。

2. 从盘口技术细节来看，可以参照以下几点来快速逃顶

（1）早盘小量大幅度低开贴边垂直猛拉，5 分钟图上出现缩量大阳线，诱多迹象明显，要随时选择好高点坚决卖出，规避风险，这种走势随后见顶的概率非常大。

（2）早盘高开成交量异常放大，第一个 5 分钟图上出现放量大阴线、射击之星线阴线时，短线见顶概率较大，为短线出局机会。

（3）早盘缩量平开之后快速下挫，价跌量增，出现典型的瀑布波走势，这是短期走弱的明显特征，短线要在反抽时选择高点离场。

（4）尾盘出现对敲猛烈拉升收盘，或者出现断崖式跳水出货，这些都是短线见顶的信号。

其实短线卖出的方法很多，我们在这里就介绍了一部分常见的经典的卖出方法。在实战中，我们要自己多总结经验，提炼出自己的方法。其实炒股就是一种自我磨炼，要通过大量实战来总结经验，使自己的判断、认为与市场运动的实际和市场运动的规律相结合，说得再简单、再直接点，就是怎样使自己的操作与股票的上涨节拍相吻合，从而使你认识问题、判断问题的能力逐步提高。

第五章　教你如何选黑马

一、根据行业概念选黑马

选择好的股票，一定要抓住价值投资的核心———成长，价值投资是永恒的主题，只有高成长的股票，才具备高收益率的想象空间。成长性是上市公司的灵魂、股市的生命，是衡量上市公司经营状况和发展前景的一项非常重要的指标。

而高成长的公司一般处于较好的行业，而根据行业分析选择黑马在实际投资决策过程中可能周期性较长，所以要仔细研究上市公司所处的行业生命周期及行业特征，以作出合乎实际情况的选择。选择的目标应该是那种能够给投资者带来最大获利机会，而又不至于使投资者承担过高风险的行业。一般来讲，投资者应选择那些正处在成长阶段而且生产受经济周期影响较小的行业。

选择行业进行投资，最重要的就是在于如何正确预测所观察行业的未来业绩，这种观察可以从两方面着手：一是该行业的历史增长状况如何；二是其未来增长的趋势又会怎样。因为有的行业与国民经济同步增长，有的行业增长则更快，这能为投资者提供最佳投资的选择参考。

在我国股票市场上，行业划分为农业、工业品制造业、商业、交通运输、旅游、网络电信、高科技、家用电器、金融、化工、石油、建材、医药、纺织、外贸、生物工程、地产、汽车、综合类、食品加工、钢铁冶金、电力行业、造纸印刷、软件、电脑等。

股票投资是投的预期，也就是未来，所以必须重视公司的成长性，比如未来业绩暴增、高送转等，或者是有题材概念炒作等，当然有些题材短期未必能给公司带来多少利润，但是这给机构带来了炒作的理由。尤其是这两年最流行的公司跨界收购，很多公司从一个传统行业进入新领域，使很多个股得到大幅炒作。

就拿 2015 年来说吧，涨幅最大的除了重组题材的就是软件信息服务业和计算机软件相关的行业，像安硕信息、信雅达、浪潮信息、长亮科技等一大批相关行业股票都是翻四五倍以上。特别是安硕信息涨到最高的 474 元，成为上市公司以来最高价的股票，而紧随其后的全通教育也涨到最高的 467.57 元。这两只股票都是从当初 40 元左右启动，用了一年时间涨幅高达 700%多。

有人说选股不如选时，我对这观点并不赞同，你选择了好行业的股票，它的涨幅就自然会很高而且持续性较强，像 2015 年的钢铁、煤炭等传统行业股票几乎上涨幅度非常小，同软件信息行业股票涨幅是没法相提并论的。根据笔者十多年的投资经验总结出一个道理，在投资中，正确的行业选择是成功的一半。而在龙头企业进入爆发期之前选择介入则是获得“暴利”的源泉。当然也有个别行业并不太好的股票也出现大涨，这些背后多数都是公司基本面发生了重大变化，比如有重大资产重组，或者兼并重组介入其他领域等，也就是我们所说的概念炒作。

而对于行业选择，在一定的社会环境下，所炒作的并不一定完全一样，所以在行业中选股一定要多留意国家政策导向，或者一阶段行业发展公布的利好，这些往往会造就一部分黑马。像 2015 年的央企改革“一带一路”政策也造就出来一批大黑马。

比如国家近年来要大力发展新能源汽车，导致 2016 年与锂电池、充电桩相关的上市公司股票走势都明显强于大盘。像 2015 年的风帆股份、天齐锂业、比亚迪、多氟多等一批锂电池概念股在 2015 年的大跌中跌幅明显小于其他板块的股票，而多氟多早就创出 2015 年 6 月暴跌前的新高。这些多数都是受益于国家政策。公司处于高成长阶段，有业绩保障也是给了机构炒作的理由。

而长线投资必须要看个股行业和概念题材，没有炒作理由，机构拉高起来怎么出货呢？每只股票炒到最高时多数是伴随着重大利好出现的，而散户看到利好疯狂买入的时候机构也就能轻松出逃了。最典型的就像 2015 年的中国南车，在 2015 年 6 月 8 日宣布合并成功改名为中国中车，当天开盘涨停第二天就开始暴跌，也成了散户投资者坐得最贵的一次车了吧。

中国股市容易受到国家政策影响，一些符合国家政策导向的行业总能脱颖而出。这就要求投资者要经常关注国家行业政策导向。记得在 2014 年初看到国家重点支撑乳业兼并重组，当时我们在乳业行业寻找股票，最后选择买了皇氏乳业，当时乳业股票没有几家，它是唯一流通盘最小，而且还是中小板的股票，也是典型的区域性乳企，主营的水牛奶也只是液态奶里的一个分支，在整个乳制品，皇氏乳业盈利能力并不强。感觉这只股票应该后市有兼并重组可能，后来果真该股几次停牌宣布重组，从一个传统行业跨界到影视行业，伴随着重组股价是节节攀升。所以做股票投资必须时刻关注国家行业动向，只有这样才能发掘未来的大黑马。

（一）实战案例

2014 年 2 月 27 日（箭头指示位置），我们开始分批买入皇氏集团，当时就觉得它肯定会兼并重组，后该股多次停牌宣布重组，股价一路上涨（如图 5-1 所示）。

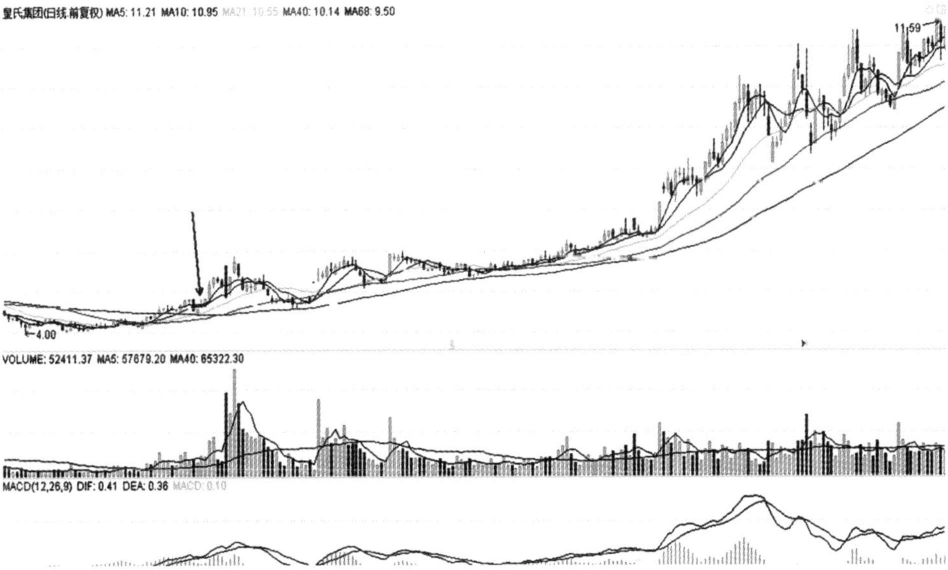

图 5-1 皇氏集团（002329）日线走势

（二）行业选股思路

（1）公司主营业务突出。公司将资金集中在专门的市场、专门的产品或提供特别的服务和技术上。而此种产品和技术基本被公司垄断，其他公司很难插足。

（2）公司规模较小，大股东实力强。由于股本小，扩张的需求强烈，有可能大比例送配，使股价走高后因送配而除权，在除权后能填权并为下一次送配做准备。如此周而复始，股价看似不高，却已经翻了数倍。而大股东比较稳定，实力较强，对公司发展具有促进作用，甚至有带来优质资产注入的可能。

（3）公司所处行业不容易受经济周期的影响。即公司不但能在经济增长的大环境中保持较高的增长率，而且也不会因为宏观经济衰退而轻易遭淘汰。

（4）公司所处行业成长性好，属于朝阳行业。即指刚刚兴起，正在发展阶段，而且有相当大的发展空间的行业，受国家政策支持。

（5）公司在行业内是龙头，在本行业居于领先的地位。即指业绩优良，主营业务收入在行业中持续数年处于领先地位，公司的净利润每年能保持稳定而持续增长的个股。

（6）公司所处行业受国家政策支撑，特别是公司基本面特差的有转型升级甚至要重组或政策性投资收益方面信息的个股。

2015 年政府工作报告中首次提出了“中国制造 2025”和“互联网+”概念，将重点发展新一代信息技术、高档数控机床和机器人、航空航天装备、海洋工程装备及高技术船舶、先进轨道交通装备、节能与新能源汽车、电力装备、新材料、生物医药及高性能医疗器械、农业机械装备十大领域。而这些相关概念行业的股票在未来我们也要多加关注。

未来可能还会出现很多新型的行业和概念，像最近比较火热的无人驾驶、虚拟现实、智能机器、智能家具等概念题材会在未来几年有更多黑马脱颖而出。

二、根据重组终止信息选黑马

随着国家政策大力支持上市公司兼并重组，在过去的一年里大批的上市公司都发布重大重组，2015 年的中国中车，一度从 5 元多飙升到 39.5 元，号称中国神车。全通教育从 2014 年 5 月的 30 元，在短短的 1 年时间一度飙升到 250 元。而龙生股份宣布借壳更是从停牌前的 9 元，短短 3 个月时间涨到 120 元，涨幅超过了 11 倍。世纪游轮公布巨人借壳一口气从停牌前的 31.65 元连续拉出 21 个一字涨停，创出了 231.10 元，涨幅高达 700%多。在 2015 年出现一大批重组暴涨的超级大黑马都是几十倍以上涨幅。

所以我们必须深度挖掘未来有借壳重组的黑马股票，当然这个比较难，但是要仔细阅读上市公司公布的信息也不难发现，这需要投资者多费心去挖掘。

就近期而言，有多家上市公司发布重组信息，也有好多家上市公司宣布重组失败，而笔者更侧重买入后者。有人可能疑问了，怎么不买发布重组成功的，反而去选择重组失败的，原因有两个：一是发布重组的个股多数情况下个股已经提前爆炒了一波，处于相对高位，要不就是公布出来就开始连续涨停，我们根本不可能买进去。二是公布重组失败的个股多数后期还会再继续重组，这样就给了我们炒作的预期。

当然不是每一个发布重组失败的个股都具备买入要求，在这些股票里面我们要根据行业、流通盘以及股东资料里面机构持股做详细的了解。只有这样往往你才会很容易挖掘出未来的大黑马。近期有很多家上市公司宣布终止重组，像 2016 年 2 月我们操作的棕榈园林、赤峰黄金都是宣布终止重组和收购的重大信息，而它们的走势都远远强于大盘同期走势。还有近期公布终止重组的万家乐、爱仕达、江苏索普、大连电瓷等一批个股我们一直也在重点关注而它们的走势也是强于大盘同期走势。

现在有，以后还会有，只要你在这些股票里面耐心筛选也一定会抓住一匹大黑马。

还有就是寻找已经公布重组的上市公司但股票还并没有大幅上涨的，这种在低位运行的股票也是我们选择长线的理由。比如前一段时间我们操作的创维数字（如图 5-2 所示）。

创维数字在 2016 年 1 月 22 日（第一个箭头指示位置）公布审议通过了本次发行股份及现金支付购买资产事项的相关议案。看到这信息我们开始重点关注寻找买入时机。2016 年 2 月 5 日（第二个箭头指示位置）该股突破 21 日均线，此时具备短线买入时机。之后我们是站在长线角度从中来回做短线波段，该股在同期大盘弱势下走势远远强于大盘。

在这里我们只是重点介绍终止重组的股票操作方法。

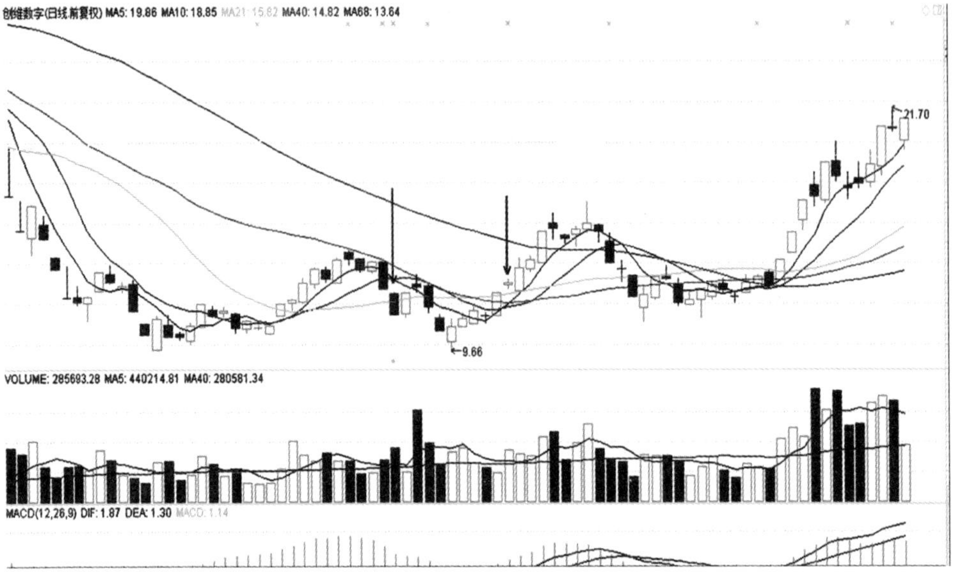

图 5-2　创维数字（000810）日线走势

1. 选择方法

（1）关注长期停盘后开盘公布资产重组失败的个股。

（2）选择流通盘较小的个股，一般是在 10 亿元之下，市值在 50 亿元以下。

（3）选择成长性好而且行业较好的个股。

（4）选择技术走势较好的或者横盘周期长的个股。

（5）选择中小板和创业板里面的个股为主。

（6）选择业绩亏损的个股，一般重组预期更强。

（7）关注公布重组终止不跌反涨的个股，利空不跌必会大涨。

这种方法主要是看好股票未来还会有重组预期带来的重大资产注入或者兼并收购导致个股的爆炒。至于最后重组成功与否，我们并不知道，但是只要股价被炒起来，我们的目的也就达到了，我们已经成功获取了高额的回报。

我们需要注意的是，不是发现这样的股票就立刻买入，要根据技术走势作为买点和卖点，来波段运作，这种股票的上涨空间一般比较大，不要轻易出局。

这是笔者选长线最擅长的一种选股方法，这几年根据这个方法成功捕捉了很多重组的大黑马。像 2014 年 2 月以 8 元的价格重仓的万好万家（后改名万家文化），最高涨到 73.73 元。2014 年 8 月 13 日操作的南天信息涨幅也高达 700%之多。还有永大集团、立思辰等个股。我们在这里不一一举例了，只是举其中几只股票。

下面是这几年我们根据这个方法操作的个别几只股票，笔者详细阐述当时买入的理由和方法。

2. 实战案例解析

如图 5-3 所示，赛象科技在停盘 2 个月后开盘宣布终止重组，在 2014 年 9 月 4 日开盘当天开盘涨停，第二天打开涨停收出一根十字星线，当日成交量非常大。当时大盘处于上升趋势，当时我们对大盘也比较乐观，在查看了该股股东资料发现人均持股是大幅增加，因为 2 个月是停盘也就是说机构没有出场，该股流通盘只有 1.84 亿元，非常适合机构炒作。然后技术上分析发现，该股在低位横盘很久一直没有上涨，跳空涨停正好是突破前期密集区，这在技术上也是符合我们买入条件的。在 9 月 5 日（箭头指示位置）打开涨停板当天尾盘我们以 13.85 元开始建仓，接下来该股出现回调我们又在 13.2 元继续加仓直到仓位合理。

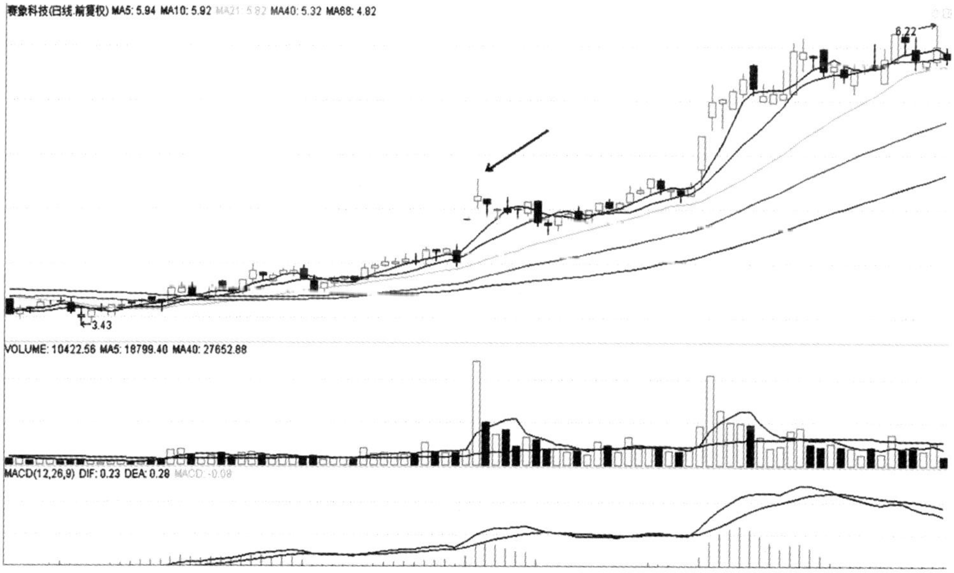

图 5-3 赛象科技（002337）日线走势

后来该股开始大幅拉升第一波直接拉升到了 41.88 元出现调整，在该股回调到 40 日均线附近企稳，紧跟着公布 10 股送 20 股高送配方案，当时 10 股送 10 股就算是非常高的了，这 10 股送 20 股成了该股的导火索，此后又进行了一波疯狂拉升，从我们建仓价格到最高价，涨幅高达 600%。该股在 2014 年也算是最疯狂的牛股之一，之后该股还是发布了要继续重组。

如图 5-4 所示，宜华木业在停盘 2 个多月后于 2014 年 10 月 15 日开盘公布终止重组。

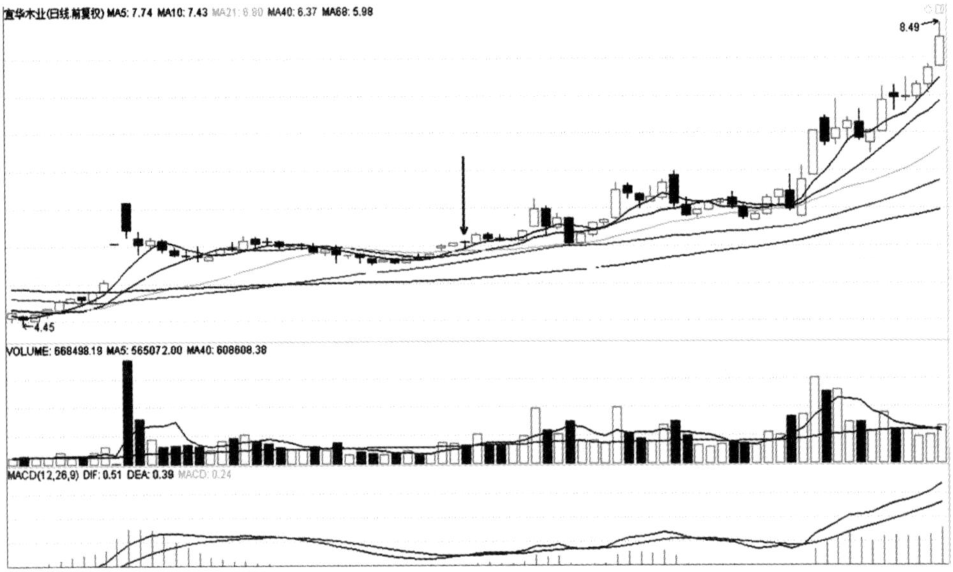

图 5-4　宜华木业（600978）日线走势

在查看该股人均持股大幅增加，技术上是那个低位横盘周期长达 4 年多，日线上正好是站在 144 日均线之上，家具制造业行业不算太好，基本符合我们买入条件。

有了前几只股票操作经验，这次我们没有着急介入。在横盘 1 个月后，我们在 11 月 26 日（箭头指示位置）以 5.6 元的价格买入。当时由于该股流通盘比较大，加上是主板股票，所以我们仓位不是很重。

受当时大盘趋势向好，在我们买入没多久该股就出现了快速拉升，中间一直没有跌破过 21 日均线，最高涨到了 23.99 元，涨幅高达 400%之多。

而当股价爆炒之后，该公司在 2015 年 6 月 17 日停牌宣布重大重组事项。

如图 5-5 所示，金利科技在停牌 1 个多月后于 2015 年 1 月 19 日开盘公布终止重组，开盘第一天直接一字跌停。我们先看了一下资料，股东人均持股增加，行业属于橡胶和塑料制品业，属于一般行业，流通盘为 1.35 亿元，业绩是大幅亏损，技术上该股一直横盘没有炒作过。业绩亏得越多重组要求越高，基本上符合我们买入要求。

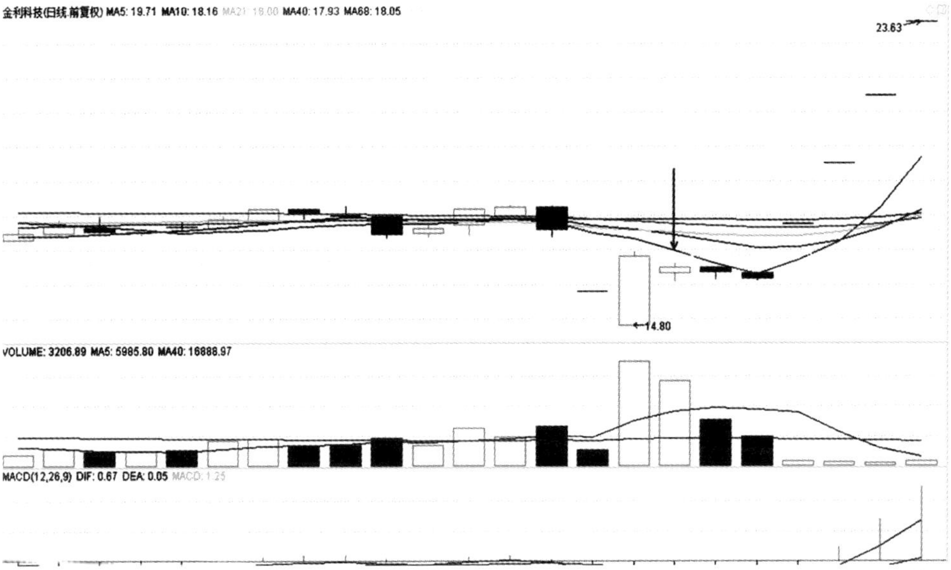

图 5-5　金利科技（002464）日线走势

2015 年 1 月 20 日，金利科技低开高走突然放量，感觉有大资金开始介入，我们就在 21 日（箭头指示位置）开盘时以 16.5 元重仓介入，意想不到的是，在买入的第三天该公司就宣布重大事项停牌。

在停牌 6 个多月后，于 2015 年 7 月 28 日开盘公布重大重组方案，以现金约 21 亿元购买收购香港摩伽科技有限公司（以下简称香港摩伽）100%的股权。开盘之后每天一字涨停，在涨到 8 月 19 日再次停牌，停牌将近 3 个月之后开盘又是连续一字涨停，最高涨到了 95.2 元。

如图 5-6 所示，赤峰黄金在停牌 4 个多月后开盘，公布终止重组，当天开盘一字涨停（第一个箭头指示位置），但是并没有有效站在 21 日均线之上，我们开始密切关注该股走势。在该股调整一个月之后又出现涨停，突破 21 日均线，我们开始寻找买入时机，在该股突破 21 日均线回调到 21 日均线时出现了买入机会（第二个箭头指示位置），同时该股也正好回调到 60 分钟图上的 60 单位线附近，如图 5-7 中箭头指示位置，之后该股出现放量大幅上涨。

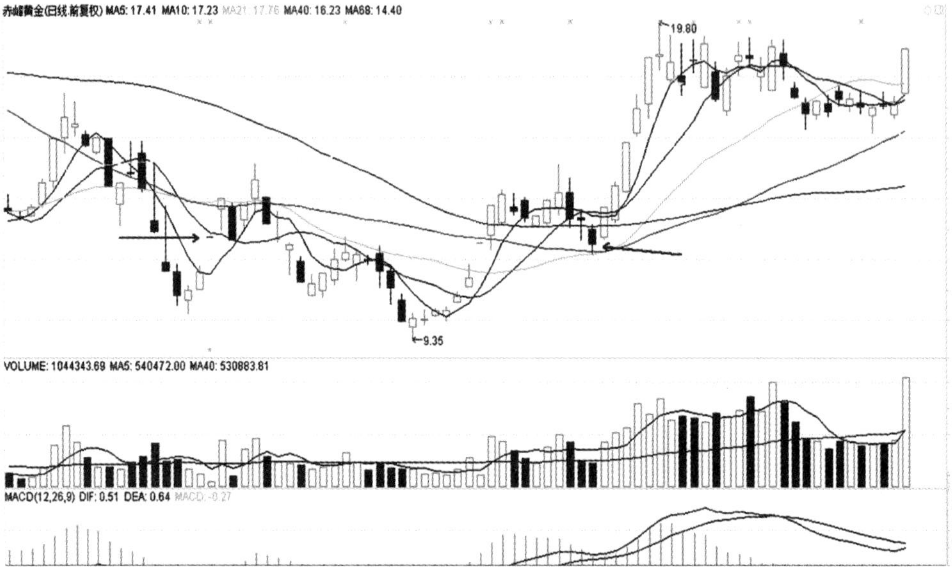

图 5-6　赤峰黄金（600988）日线走势

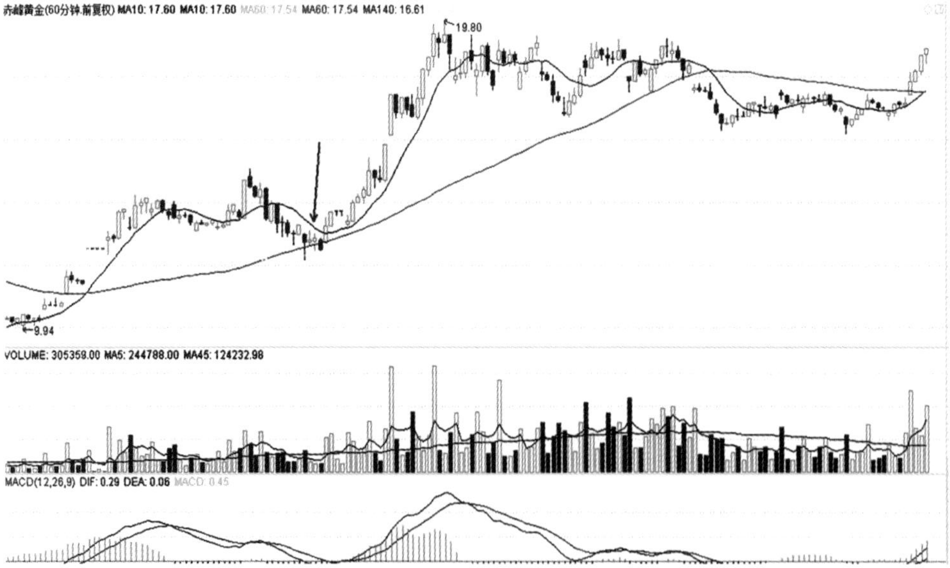

图 5-7　赤峰黄金（600988）60 分钟 K 线走势

三、根据成交量选黑马

成交量可以作为股票买卖的重要依据，根据成交量选黑马股也是一项技术。成交量是分析股票走势最重要的指标之一，主力机构可以操纵股价，但很难操控成交量，所以成交量是较为客观的，是用来辨别黑马股的一个重要参考依据。由于成交量是一个绝对指标，受到流通盘大小的影响，还不太客观，可以用换手率来对成交量进行补充，其实换手率就是成交量的一个反映指标，也就是说换手率越高量能就越大，而成交量增加，也表明新资金不断地涌入股市，而资金是推动股价上涨的原动力。而成交量逐渐萎缩，常是大盘或个股出现转折点的时期。投资者可以在成交量的这些变化中发现黑马股的踪迹。

黑马股并非是一日形成的，尽管许多黑马股与突发性的利好消息有关。但大多数黑马股都有一个形成的过程，投资者应该注意的是，黑马股在突然爆发之前就已经有很多迹象，而成交量的变化则最能反映这种迹象。

根据成交量选取的可能不一定是多么好的行业中的股票，但是行业越好涨幅可能越大，有些迅速放量的股票本身可能有潜在的利好，比如政策利好，或者股票本身有重大的重组整合预期等，当消息还没公布之前有个别庄家机构提前预知，从而进行炒作。

此种股票日线走势上一般是多数先拉出涨停，之后开始走小平台，量能是急剧放大，从成交量上看是阳线放量，阴线缩量。多数原因当时大盘乐观或者利好消息快要出台，机构在低位拿不到更多筹码，只好拉高横盘让散户出局。尤其是突发连续成交量增加的个股多数本身可能有潜在的利好，多数有重大的资产重组预期等。

从盘面上看多数是经常出现大买单，无规则放量，分时图上也会经常出现瞬间股价放量上涨，而后股价又缓慢回落，量能极度萎缩。这多数都是庄家机构盘中吸货的一种方式。下面我们介绍一种低位持续放量之后突破横盘密集区一些黑马股的特征。

1. 成交量上黑马股具备的条件

（1）前期个股在低位区域长期横盘，时间越长越好，1 年之上的最好。

（2）经过长期横盘之后该股近期突然开始加速放量，并伴随股价推高突破密集区。

（3）成交量上日换手率在 10%以上，连续递增持续放量多数在 20%左右。

（4）该股在放量之后开始出现缩量横盘调整，成交量开始萎缩，量能上多是明显阳线放量阴线缩量。

（5）该股在周线上看，前期曾经有过连续 5 周以上持续放量，周换手率在 20%以上。周线上看像一座山，之后出现缩量横盘调整。

（6）该股在近期放量突破平台密集区必须站在 144 日均线之上运行。

（7）该股一旦再次放量涨停突破密集区时，很可能就是大幅拉升的前兆。

出现此种情况的个股，可能会是未来的大黑马，我们要重点关注，择机介入。

2. 实战案例解析

图 5-8 是沈阳机床在 2014 年 12 月 4 日走势图。从盘面上可以看到盘中经常无规则放量，这种直线放量上涨无量回调，说明有明显的资金进入迹象。

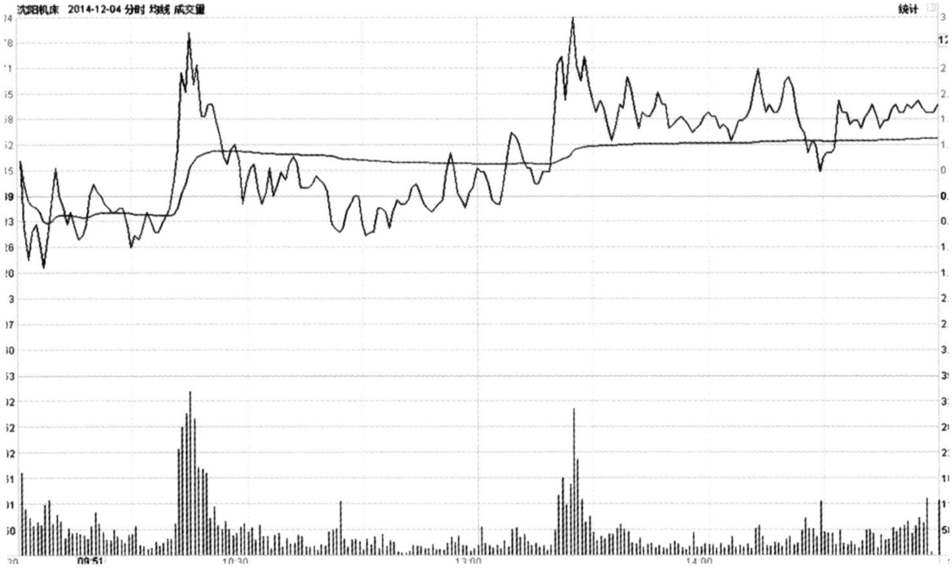

图 5-8 沈阳机床（000410）分时走势

如图 5-9 所示，沈阳机床在 2014 年 6 月到 8 月连续 10 周放量，周均换手率在 20%以上（图中方框标示位置），类似一座小山，之后横盘，在 2014 年 11 月底（箭头指示位置）再次放量突破密集区。

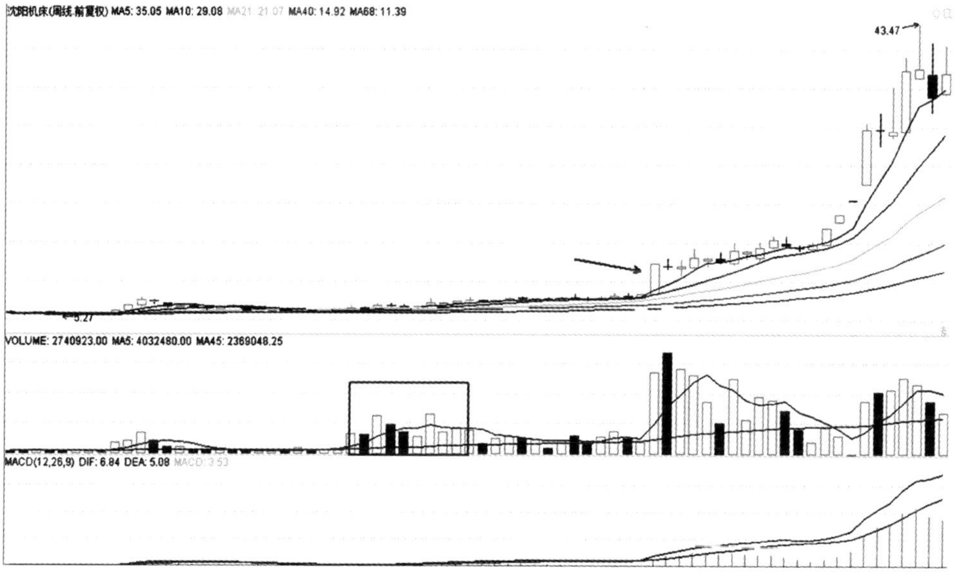

图 5-9 沈阳机床（000410）周线走势

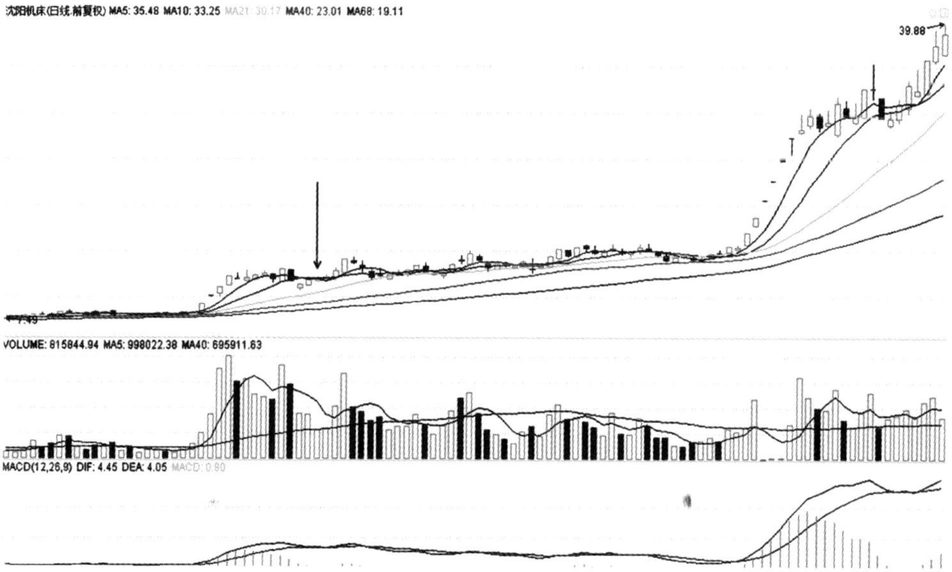

图 5-10 沈阳机床（000410）日线走势

该股受当时国家出台工业革命 4.0 政策，出现连续放量拉升，而沈阳机床就是当时的龙头。在上涨之后出现了调整，而从图 5-10 可以看出是明显上涨放量回调无量。之后在横盘时我们开始分批买入（箭头指示位置），这种横盘一般是机构洗盘的一种方式。之后该股停牌一个月，开盘之后连续涨停，一路涨到了 43.47 元，从开始放量位置，涨幅高达 400%之多。

四、根据周线走势选黑马

（一）周线底部横盘选股法

一匹大黑马需要经过很长时间才能炼成，所以在周线上必须选择长期横盘的股票，横盘越长，后期的涨幅也就越高。这就是所谓的横有多长竖就有多高。相比日线而言，周线可以过滤掉一些短线的杂波，能更清晰地看清楚个股的趋势。

周线选股必须先分析其平均线系统排列的情况，认清该股目前所处的形势。我们应首选均线系统呈多头排列的股票，这些股呈强势，获利的机会大。而强势股也应具有强势均线系统，往往在回档至均线附近会受到均线支撑。

在这里我们用到的几条重要均线是 5 周、10 周、21 周和 144 周均线，其中最重要的均线就是 144 周均线。

用周线选黑马股时，持股周期性要长，没有耐心的人是不适合操作的，这种方法更适合长线投资者。当然我们不能过早买入一直横盘的股票，否则会影响资金利用率。当发现以后先开始密切关注，只有当目标黑马股开始拉升时才去及时介入。下面我们将教你如何寻找黑马股。

1. 周线上底部横盘黑马股必须具备的条件

（1）个股在低位长期横盘，横盘时间越长越好，有个别股票长达一年甚至两三年在区间震荡，震荡幅度越小未来上涨幅度越大，震荡一般在 200%之内最好。

（2）周线上在底部经常出现十字星小阳小阴线，并伴随着上涨有量下跌无量状态。

（3）横盘之后周线上突然出现带巨量的阳线，多数会连续两三根。

（4）当 5 周、10 周、21 周均线呈多头排列，股价站在了 144 周均线之上。

（5）放量突破 144 周均线就是黑马启动的征兆，不突破之前暂不介入。

（6）有些个股突破 144 周均线会再次回踩 144 周均线或维持横盘，不跌破 144 周均线都是买入时机。

（7）流通盘上主板股票在 20 亿元以下，中小板在 5 亿元以下，创业板在 1 亿元，当然越小越好。

（8）行业上最好选择新兴行业或者国家重点支持的产业，或者有比较超前的概念题材个股。

（9）在买入之后再用日线上的 21 日均线做买卖点进行波段运作，反复操作，这样效果更佳。

2. 实战案例解析

如图 5-11 所示，华胜天成在 144 周均线下方横盘运行了长达 2 年。在 2014 年 2 月 28 日（箭头指示位置），该股放量有效突破 144 周均线。之后在 144 周均线横盘，出现连续性小阴小阳线，调整了一个多月之后展开了长达一年的上涨周期，从横盘时不到 8 元上涨到 49.46 元。

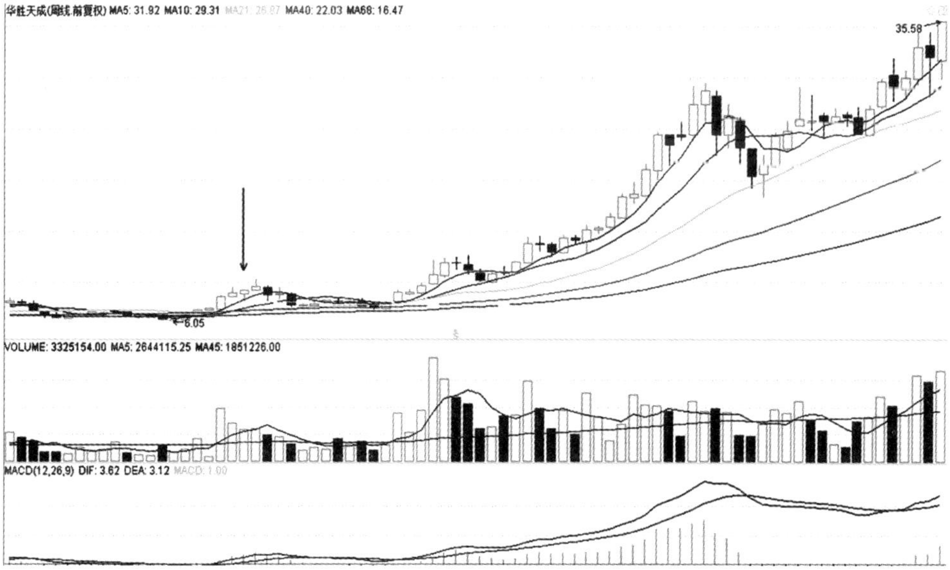

图 5-11 华胜天成（600410）周线走势

如图 5-12 所示，浙江众成从 2010 年 12 月 10 日上升之后，周线上一直维持了长期横盘走势长达 3 年多。区间震荡幅度在 150%之内，流通盘只有 2.23 亿元。在 2014 年 7 月 18 日连续 3 周站在了 144 周均线之上（箭头指示位置），同时成交量开始放大。之后该股维持了长达近 1 年的上涨，从上穿 144 日均线的 7 元涨到 62 元，之后公布高送转 10 股送 10 股，又从 30 元涨到了 49.97 元。

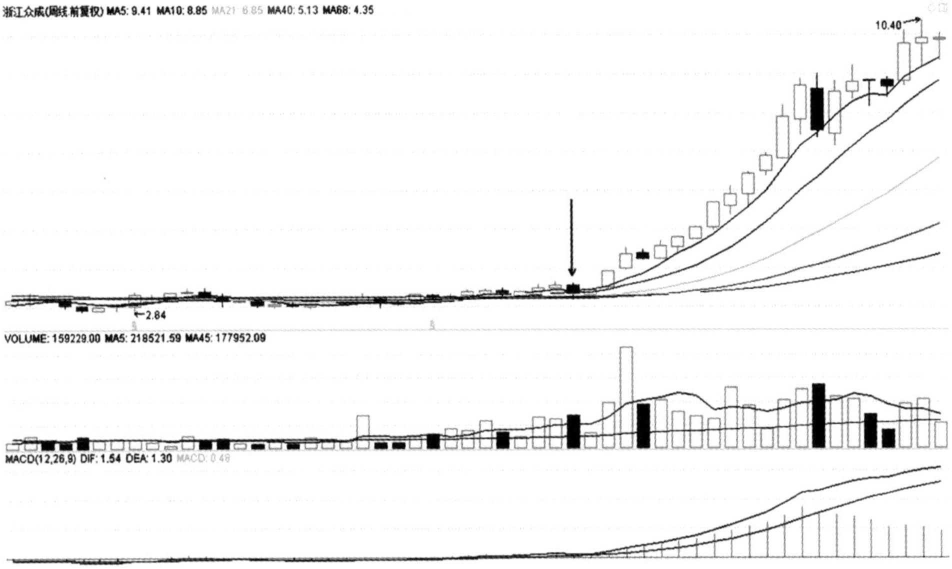

图 5-12 浙江众成（002522）周线走势

在实战操作中，寻找这样的黑马需要有耐心，要长期关注跟踪，一旦突破了 144 周均线就择机寻找介入机会。

（二）周线突破新高选股法

前面我们主要是运用 144 周均线突破买入长线黑马的方法，由于个别上市的股票周期较短，还没有 144 周均线，我们这里再介绍一种上市周期较短的周均线买入方法，这个方法笔者也经常使用，主要使用在次新股和上市周期较短的股票上。随着 IPO 重启，大量公司发行股票上市，这些股票里面也会有很多较好的股票值得我们参与。

就笔者本人而言也是比较喜欢操作次新股，也是擅长在次新股里面挖掘黑马。像 2013 年 4 月就成功捕捉到了迪安诊断，在 2015 年 2 月又捕捉到了金一文化。

当然以后还会出现很多这样的黑马，还需要投资者针对个股所在的行业基本面做大量的研究，尽可能选择好行业或者有题材的个股。在这里我们不针对行业阐述，只针对股票技术走势做进一步讲解。

1. 周线上突破新高黑马股必须具备的条件

（1）个股在上市大涨之后维持长期横盘，横盘越长越好，有个别股票长达一年。区间震荡幅度越小越好，一般在 100%之内最好，震幅越小爆发力越大。

（2）周线上经常出现十字星小阳小阴线，并伴随着上涨有量下跌无量状态，或者突发一根放量大阳线，之后又开始缩量回调。

（3）经过长期横盘后，当 5 周均线、10 周均线从下滑到走平向上，同时金叉 21 周均线且成交量放量时应重点关注。

（4）在日线上只要出现跳空涨停，或者放量涨停突破周均线上区间震荡最高点时即刻择机买入。有个别是大阳线突破当天不封涨停板，同样是买入时机。

（5）此种股票从箱体密集区高点计算，在正常情况下这种突破涨幅多数在 100%之上，特殊情况下，个别涨幅更高。

2. 实战案例解析

如图 5-13 所示，金一文化上市之后连续上涨，之后开始横盘，横盘周期是从 2014 年 2 月到 2015 年 2 月，正好一年，在这一年内，区间震荡幅度正好是在

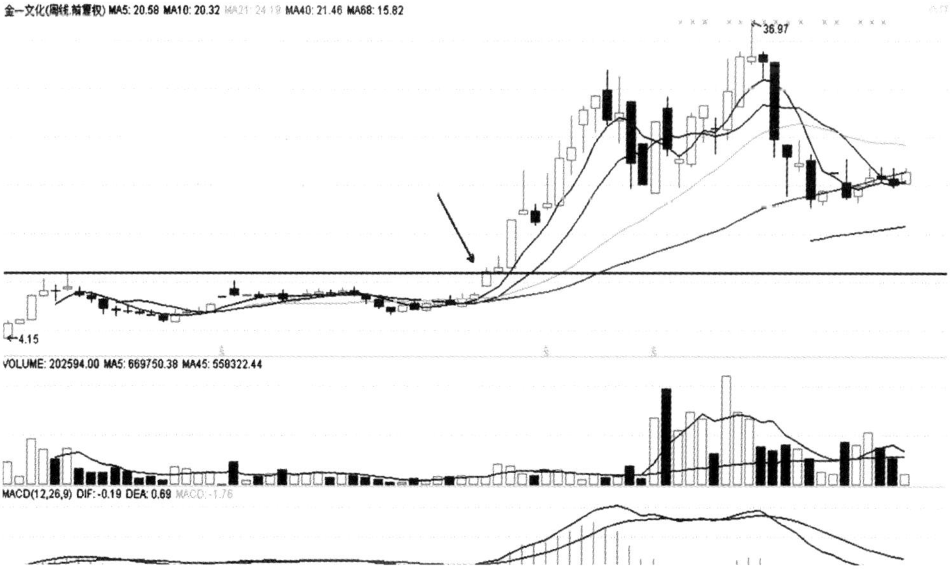

图 5-13 金一文化（002721）周线走势

100%之内。2015 年 4 月 8 日，该股开盘涨停突破周线横盘密集区（图上箭头指示位置是突破横盘线位置）。

图 5-14 是金一文化的日线走势图，该股 2015 年 4 月 8 日开盘后，连续涨停突破日线密集区高点，涨停板打开那天正好是买入时机（箭头指示位置），之后该股涨幅高达 300%之多。

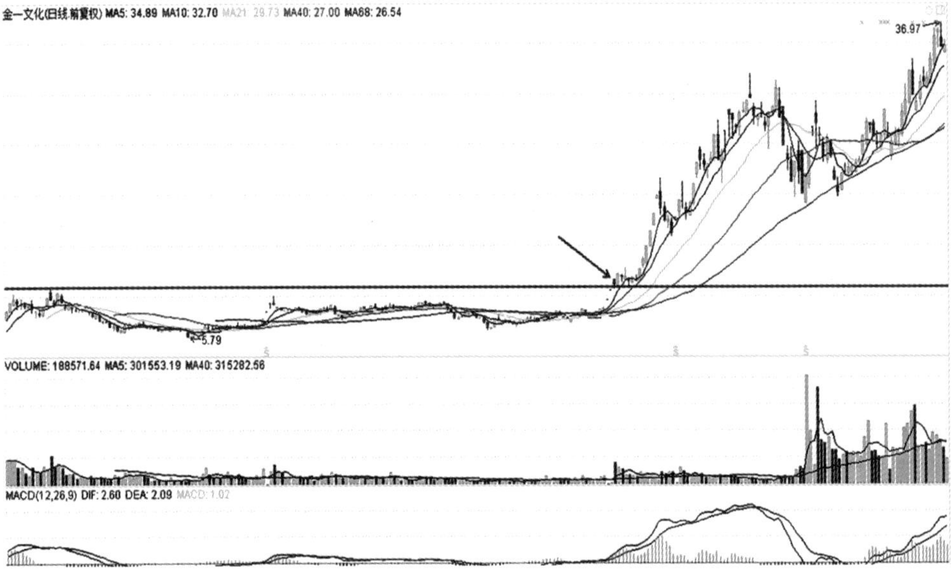

图 5-14　金一文化（002721）日线走势

如图 5-15 所示，杨杰科技从 2014 年 3 月 7 日到 2015 年 3 月 6 日，正好横盘一年，期间震幅不到 70%。该股在 3 月 6 日突破（箭头指示位置）前期横盘区域。

图 5-16 是杨杰科技日线走势图，该股 2015 年 3 月 4 日以一根大阳线突破横盘密集区高点，在 3 月 6 号（箭头指示位置）完成 3 天有效站在突破高点之上，给出了一个非常好的买入机会。突破之后，该股单边上涨，涨幅高达 300%之多。

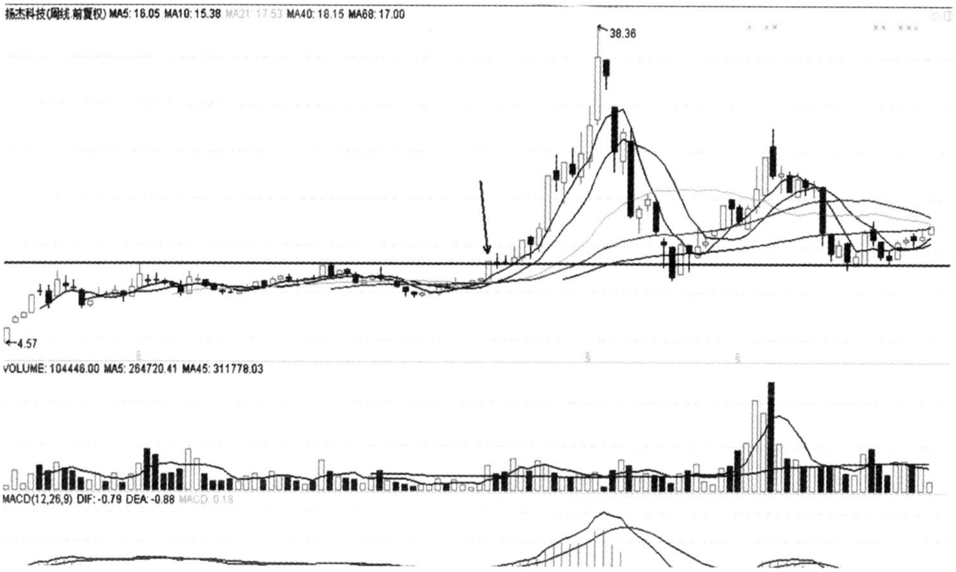

图 5-15 扬杰科技（300373）周线走势

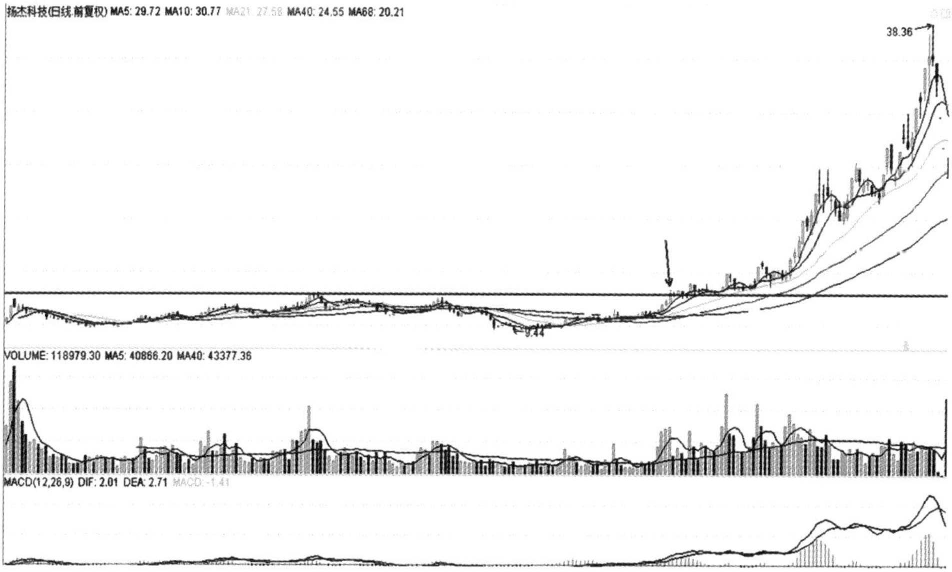

图 5-16 扬杰科技（300373）日线走势

五、根据盘中异动迹象选黑马

这种选黑马股票的方法，简单来说就是通过每天走势上大量的买单来达到寻找庄家的蛛丝马迹。机构想要拉升必须先吸货，而吸货就要买入，由于机构资金量大，在大盘行情向好时，往往机构会快速吸货，盘中就会经常出现大买单，但是吸货自然就会导致股价上涨，这样机构就会在盘中经常用小单来打压股价，然后在低位再次介入。在盘面上，明显的特征就是放量上涨，然后无量下跌，盘中经常走出横线竖线无规则状态。唯一有规则的就是上涨放量，下跌无量。

股票在盘中出现这种情况只有两种可能，一种是机构换庄，另一种就是大资金正在悄悄建仓。不管是哪种都是有大资金在买入，当然不是机构买了就会立刻拉升，这也要看当时大盘走势。很多股票在吸货完毕后会进行打压，也有部分股票会横盘整理完成洗盘过程，因为多数散户买了股票后长期不涨就会耐不住卖出。一般情况下，机构吸完货会打压，要是在大盘强势时多数不会，多数是以横盘方式运行。

出现这种情况吸货的个股，多数是受当时大盘行情比较乐观，或者个股有潜在的重大利好，机构必须加速建仓。

所以在实战操盘中，我们经常要留意有类似走势的个股，它是发现黑马的一个重要依据。2015 年 2 月，我们以这种方式捕捉了康芝药业（如图 5-17 所示）。

康芝药业在 2015 年 2 月 2 日开始到 3 月 27 日（图中矩形方框中位置），几乎每天股价都是无规则放量，忽上忽下，盘中异动迹象特别明显，经常是一笔 5000 手甚至上万手大单买入，价格直线拉升，然后瞬间无量下跌，这样反复了 1 个多月。我们发现这种情况后就分批买入了该股，均价为 17 元，后来该股一路飙升，涨到最高的 53.6 元。

图 5-18 是康芝药业 2015 年 3 月 17 日分时走势图，图中无规则放量直线上下来回反复，经常是 5000 多手以上大买单把股价直线拉升，然后又几百手小卖单将股价打压下来，这是明显的盘中异动现象，应引起我们的关注。

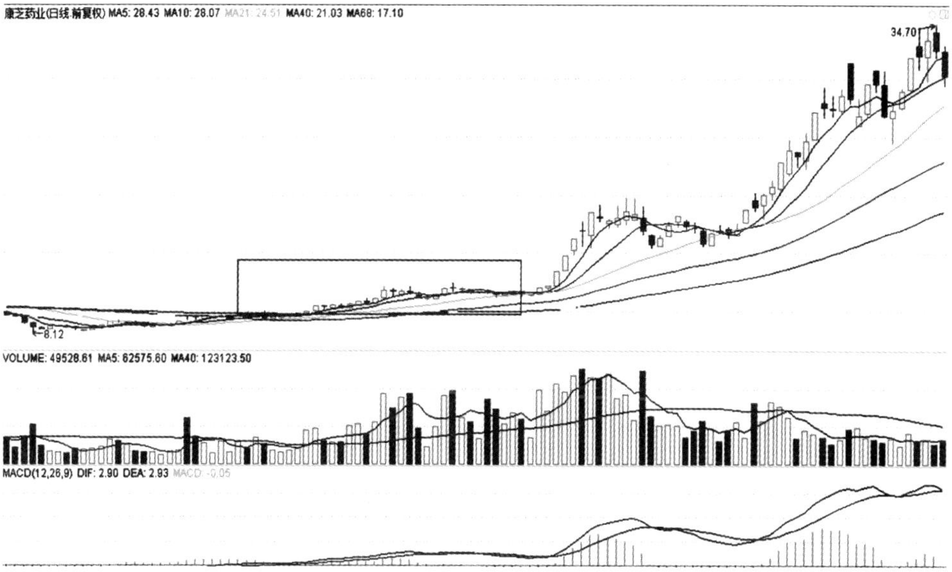

图 5-17 康芝药业（300086）日线走势

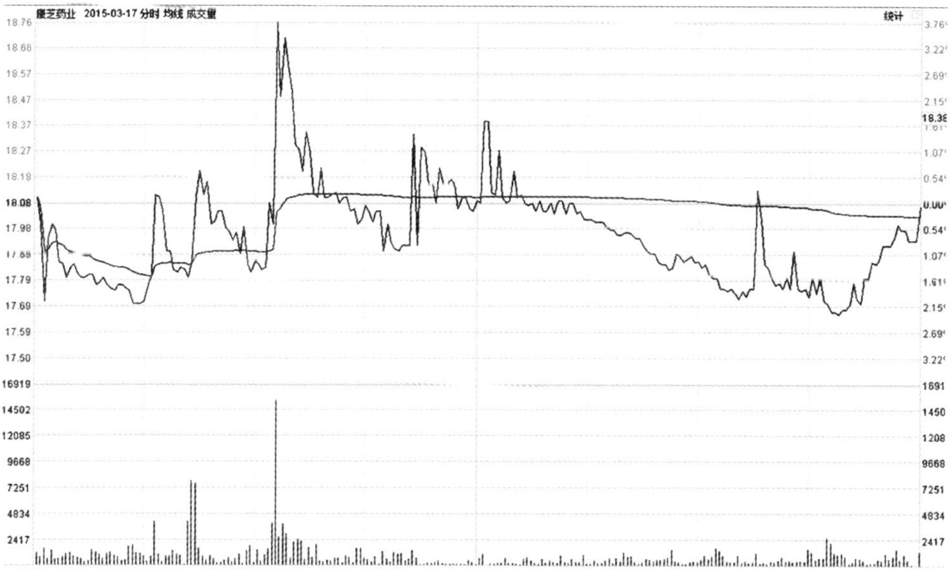

图 5-18 康芝药业（300086）分时走势

图 5-19 康芝药业（300086）2015 年 3 月 18 日分时走势图，无规则放量直线上下来回反复，经常是几千手以上大买单，股价直线拉升，然后几百手小卖单将股价打压下来。

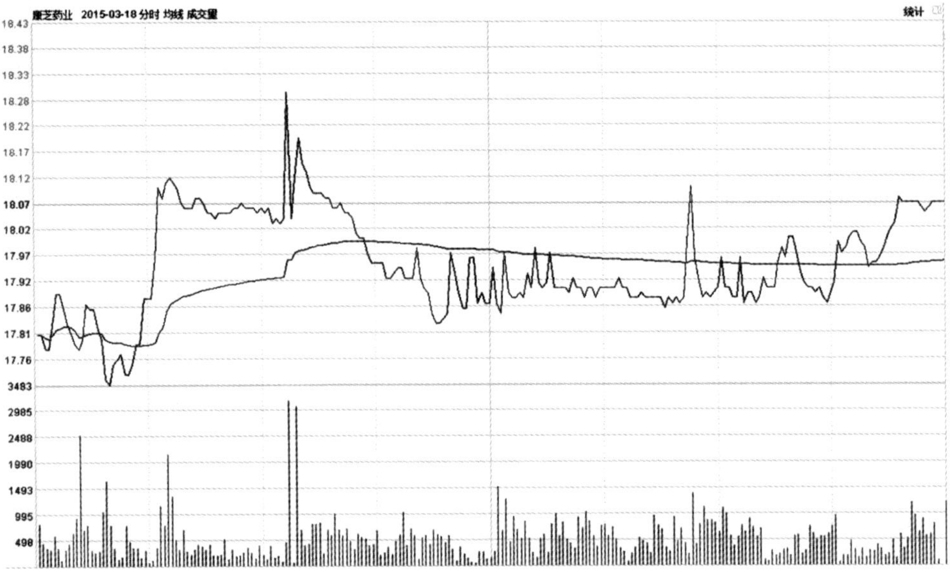

图 5-19 康芝药业（300086）分时走势

我们在这里不过多去截图了，大家可以找到该股查看一下这一段时间每天走势特征就清楚了。

六、根据人均持股数量选黑马

从年报、半年报、季报我们可以看到上市公司股东人数和人均持股数。一般我们认为股东人数越多，人均持股数越少，说明无庄介入或庄家介入不深；相反，股东人数越少，人均持股数越多，说明强庄介入，如果该股涨幅不大，一匹黑马就在眼前了。

一只股票在市场上总是经历吸筹（筹码逐渐集中）、洗盘（筹码快要集中完毕）、拉升（筹码完全集中）、派发（筹码逐渐分散）四个阶段。我们做股票无非是长线和短线两种方式，所谓长线，是在吸筹阶段末期介入；所谓短线是在拉升阶段介入。但是，一般投资者常搞不清何时是吸筹，何时是派发。有人用成交量来判断，但成交量不是万能的，成交量也可用对倒方式骗人。因此研判股东人数和人均持股数的变化就成了研判庄股处于何种阶段的重要指标。股东人数越少，人均持股数越多，说明筹码越集中，庄股处于吸筹或将要拉升阶段；股东人数越多，人均持股数越少，说明筹码越分散，股票处于派发或无庄阶段。而且我们可以对照走势和股东持股情况会发现，一只股票上涨的低点和高点，总会和人均持股增加和减少不谋而合。

要想寻找超级大黑马，还是要从人均持股方面来考察。人均持股连续每个季度都在增加，没有主力收集筹码是不可能出现这种情况的，所以这就是决定性的选股条件。也许该股有重组、注资、基本面重大改观、重大技术突破创新等不为我们知道的东西，但是主力多数是提前预知的。而其他条件，都是辅助条件，让我们能筛选出更符合条件的黑马，因为仅仅满足人均持股增加的股票很多很多，我们实际操作时只可能操作几只，所以明确更多的条条框框是优中选优，从而提高我们操作的准确性和获得更多的盈利。

1. 超级黑马具备的条件

（1）查看 F10 资料，该股的人均持股连续 1 年甚至 1 年以上逐季度在增加，时间跨度至少在 1 年以上，能达到 1 年多到 2 年更好，个别特殊情况有一个季度人均持股未增加反而出现减少但是减少量不能太大。

（2）人均持股增加的比例越高越好，一般具备黑马股的，户均持股多数会达到 1 万以上，这是黑马股重要条件，我们这里只针对小盘股，要是几百亿的大盘股肯定人均在 1 万以上。

（3）十大流通股东中没有任何公募基金机构的最佳，其中包括券商、保险、社保、QFII。有个人机构或者私募的最佳，有 1 家公募基金机构的也可以，有多家机构但是一个系统的也可以，如果有多家分属不同系统的机构持股，该股只能属于白马股。如果发现里面有牛散在场痕迹，则该股应该重点跟踪，是最佳标的股。

（4）股价相对偏低较好。因为主板和创业板价格高低相差较大，所以不能是绝对价格。

（5）流通盘越小越好，市值 50 亿元以下或者流通盘在 5 个亿之内的。股本小适合主力控盘，容易拉升。

（6）横盘时间越长越好，在一个大的箱体区间内震荡 1~2 年最佳。

（7）股价大箱体运行最高点到最低点涨幅不大的最好，一般在 150%以内最好。

（8）个股走势与大盘基本不同步，不同步才能证明有主力，而完全与大盘走势一样的一律去除。走势上大阴大阳经常出现，或者走出缓慢的上升通道，之后快速回落，再缓慢地上升，最关键的是上涨有量下跌无量。

（9）如果该股所在行业符合国家产业政策的大方向，则上涨概率更高。比如说新能源、大健康、智能机器等创新型企业等，这是我们应该重点关注的。很多时候是冷门行业的个股也值得关注，因为其容易重组而介入其他领域。

（10）每次公布季报、半年报、年报，都要翻看人均持股是否继续在增加，如果发现突然大幅减少，要保持警惕，有可能主力因为某种不被人知的原因而放弃了该股的操作。

（11）在这里特别留意，流通盘不变而人均持股连续增加的更好。

符合上述条件的股票多数为超级大黑马，不过完全100%符合的很少，但是大多条件都符合的股票很多很多，需要你花精力去筛选了，剩下就看你是否有耐心拿住了。无论你长线、中线都适合操作，特别是那些长期持股不爱止损的人，更应该选择这样的股票操作。

2. 实战案例分析

如图5-19所示，游族网络的走势（箭头的高低点）和图5-20中人均持股增加和减少非常吻合。

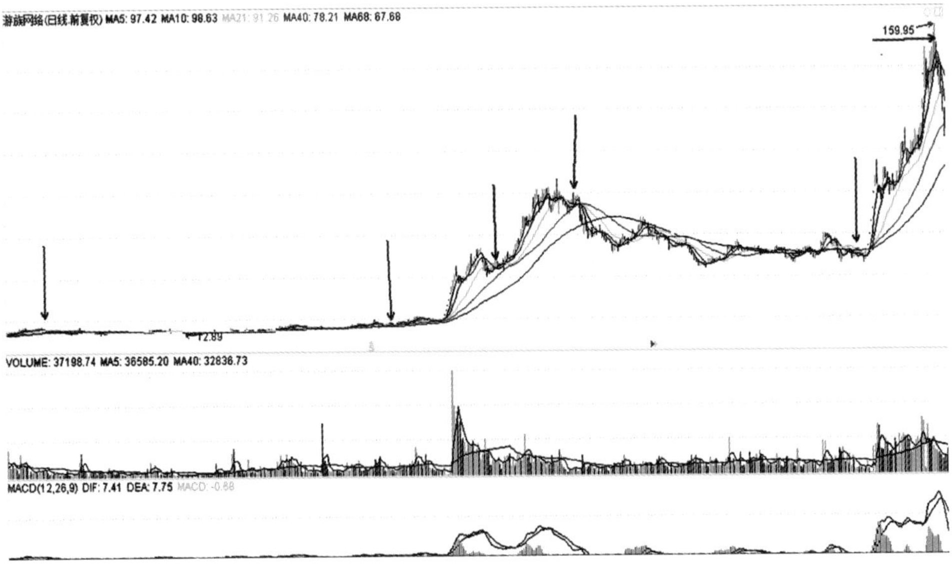

图5-19　游族网络（002174）（以前的梅花伞）日线走势

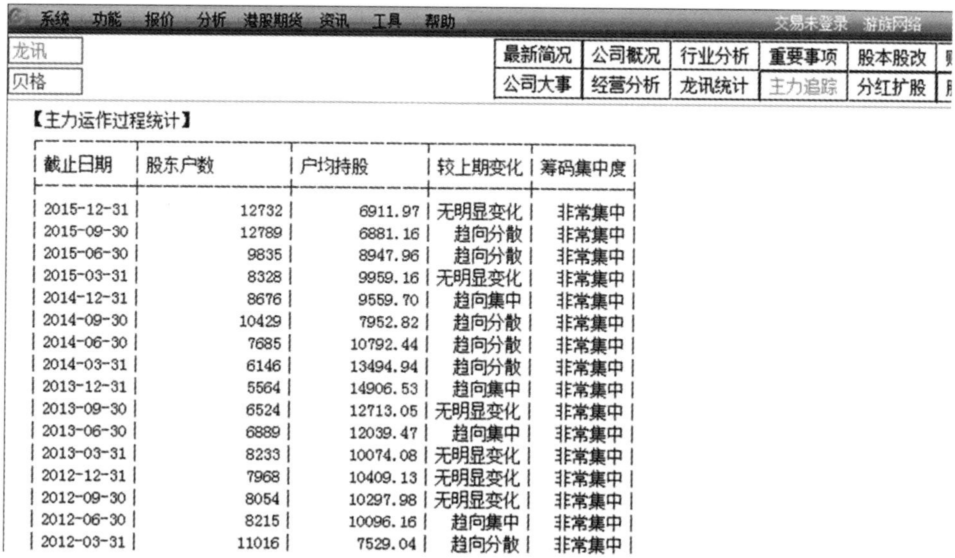

【主力运作过程统计】

截止日期	股东户数	户均持股	较上期变化	筹码集中度
2015-12-31	12732	6911.97	无明显变化	非常集中
2015-09-30	12789	6881.16	趋向分散	非常集中
2015-06-30	9835	8947.96	趋向分散	非常集中
2015-03-31	8328	9959.16	无明显变化	非常集中
2014-12-31	8676	9559.70	趋向集中	非常集中
2014-09-30	10429	7952.82	趋向分散	非常集中
2014-06-30	7685	10792.44	趋向分散	非常集中
2014-03-31	6146	13494.94	趋向分散	非常集中
2013-12-31	5564	14906.53	趋向集中	非常集中
2013-09-30	6524	12713.05	无明显变化	非常集中
2013-06-30	6889	12039.47	趋向集中	非常集中
2013-03-31	8233	10074.08	无明显变化	非常集中
2012-12-31	7968	10409.13	无明显变化	非常集中
2012-09-30	8054	10297.98	无明显变化	非常集中
2012-06-30	8215	10096.16	趋向集中	非常集中
2012-03-31	11016	7529.04	趋向分散	非常集中

图 5-20　游族网络（002174）人均持股情况

我们对照这两个图仔细分析如下：

（1）当该股人均持股第一次到了 1 万以上时是在 2012 年 6 月 30 日（图 5-19 中第一个箭头指示位置）。

（2）该股人均持股从 1 万增到 1.2 万是在 2013 年 6 月 30 日（图 5-19 中第二个箭头指示位置），跨度正好一年，这一年也是一直维持横盘状态。

（3）而从 1.2 万猛增到 1.49 万是在 2013 年 12 月 31 日（图 5-19 中第三个箭头指示位置），这时股价也是从 18 元左右涨到 50 多元。

（4）到 2014 年 3 月 31 日，人均持股开始出现小幅减少，股价也出现了阶段最高点 86.72 元（图 5-19 中第四个箭头指示位置），从 2014 年 6 月 30 日到 9 月 30 日人均持股急剧减少，而股价一直处于下跌阶段。

（5）到 2014 年 12 月 31 日（图 5-19 中第五个箭头指示位置）人均持股从 7952 增加到 9559，处于增加，而随后股价开始大幅上涨。到 2015 年 3 月 31 日人均持股几乎没变，股价还是处于上升中。

（6）到 2015 年 6 月 30 日，该股从人均持股 9959 减少到 8947 人均持股开始减少，而正好在这个阶段股价达到 159.95 元，以后开始回落。

从上面这两幅图的对照很容易发现人均持股对股价的影响很大，因为我们经常看到的人均持股报表往往是落后 3 个月，所以这也为我们的操作增加了难度，不能及时知道机构的加仓减仓。这就要找加仓之后股价并没有大涨的，最好是横盘的或者涨幅很少的。

再看该股基本面变化，以前梅花伞是一家专业从事晴雨伞开发、设计、生产、加工销售为一体的综合性企业。大家注意一下该股从 2010 年 9 月 28 日到 2015 年 5 月 15 日，流通盘一直维持 8293 万没变。它历经数次转型重组，梅花伞主业从小伞做到大伞，再重组转型矿业，最终上海游族信息技术有限公司借壳梅花伞成功，华丽转身为网页游戏，从而催生了这匹超级大黑马。

这样的股票以前有以后还会有，我们在实战中多看人均持股，它是指引股价走势的一个关键因素，当然需要根据流通盘大小来衡量持股人均数。也许我们不一定能找到像游族网络这样的超级大黑马，但根据这个方法找到翻几倍的股票还是很容易的。

相信每一位投资者都曾经骑过大黑马，多数还没等黑马起跑就下马了，最后看着股价暴涨心里很郁闷。这种情况是每一位从事股票投资者都会遇到的，因此不必难受，只要我们学会了寻找黑马的方法，以后会有很多大黑马等着你骑。

第六章　MACD 指标

一、MACD 指标介绍

MACD 指标是最著名的趋势性指标，其主要特点是稳健性，这种指标不过度灵敏的特性对短线而言固然有过于缓慢的缺点，但正因如此也决定其能在周期较长、数据数目较多行情中给出相对稳妥的趋势指向。

MACD 指标又叫指数平滑异同移动平均线，是一种研判股票期货买卖时机、跟踪价格运行趋势的技术分析工具。

二、MACD 指标的原理

MACD 指标是根据均线的构造原理，对股票和期货价格的收盘价进行平滑处理，求出算术平均值以后再进行计算，是一种趋势指标。

MACD 指标是运用快速（短期）和慢速（长期）移动平均线及其聚合与分离的征兆，加以双重平滑运算而得来的一种技术指标。而根据移动平均线原理发展出来的 MACD 指标，一则去除了移动平均线频繁发出假信号的缺陷，二则保留了移动平均线的效果，因此，MACD 指标具有均线趋势性、稳重性、安定性等特点，是预测股票指数价格涨跌的技术分析指标。

MACD 指标主要是通过 EMA、DIF 和 DEA（或叫 MACD、DEM）这三值之间关系的研判，DIF 和 DEA 连接起来的移动平均线的研判以及 DIF 减去 DEM 值而绘制成的柱状图（BAR）的研判等来分析判断行情，预测股价中短期趋势的主要的股市技术分析指标。其中，DIF 是核心，DEA 是辅助，DIF 是快速平滑移动平均线（EMA1）和慢速平滑移动平均线（EMA2）的差。BAR 柱状图在股市行情软件上是用红柱和绿柱的收缩来研判行情的。

MACD 指标也包括日 MACD 指标、周 MACD 指标、月 MACD 指标以及分钟 MACD 指标等各种类型。大家比较经常用于 60 分钟线、日线和周线上的研判。

三、MACD 指标的一般研判标准

MACD 指标是市场上绝大多数投资者熟知的分析工具，但在实盘操作中运用时，投资者可能会觉得 MACD 指标的运用的准确度可能不高，在操作性上也有很多茫然的地方，有时会发现用从书上所学来的 MACD 指标的分析方法和技巧去研判股票指数以及期货走势，所得出的结论往往和实际走势存在着特别大的差异，甚至会得出相反的结果，从而往往导致投资者出现亏损。

这其中的主要原因是市场上绝大多数论述股市技术分析的书中关于 MACD 的论述只局限在表面的层次，只介绍 MACD 的一般分析原理和方法，而对 MACD 分析指标的一些特定的内涵和实战分析技巧的介绍涉及的太少。

本章将在介绍 MACD 指标的一般研判技巧和分析方法基础上，详细阐述 MACD 的特殊研判原理和功能。

MACD 指标的一般研判标准主要是围绕快速和慢速两条均线的正负值和它们的背离展开的。一般分析方法主要包括 DIF 和 MACD 值及它们所处的位置、DIF 和 MACD 的交叉情况，还有就是 MACD 指标与股价趋势的背离。

四、DIF 和 DEA 的值及线的位置

MACD 指标主要是以零轴线为多空双方分水岭。

（1）当 DIF 和 DEA 均在零轴线以上，并向上移动时，一般表示为指数处于多头行情中，可以买入或持股。

（2）当 DIF 和 DEA 均在零轴线以下，并向下移动时，一般表示为指数处于空头行情中，卖出手中的股票。

（3）当 DIF 和 DEA 均在零轴线以上，但都向下移动时，一般表示为指数行情处于回调阶段，大盘指数将下跌。

（4）当 DIF 和 DEA 均在零轴线以下，但却是向上移动时，说明行情可能有见底的迹象，但是现在还是处于观望阶段，这个时候最好看当时日线图上的 K 线以及均线操作，此时的 MACD 准确率很低。

五、DIF 和 DEA 的交叉情况

（1）当 DIF 与 DEA 都在零轴线以上，而 DIF 向上突破 DEA 时，表明股市处于一种强势之中，股价将再次上涨，可以加码买进股票或持股待涨，这就是 MACD 指标黄金交叉。

（2）当 DIF 和 DEA 都在零轴线以下，而 DIF 向上突破 DEA 时，表明指数价格短期有可能停止下跌，可以少量买入或持股，一般 MACD 指标在零轴之下的“黄金交叉”准确率不太高，经常出现交叉后股价还继续下跌，建议这时要以均线和 K 线为主。

（3）当 DIF 与 DEA 都在零轴线以上，而 DIF 却向下突破 DEA 时，表明指数价格有可能出现回调，这时应兑现手中获利股票，要是在涨幅过高的行情中可以做空股指期货。这就是 MACD 指标的“死亡交叉”的一种形式。

(4) 当 DIF 和 DEA 都在零线以下，而 DIF 向下突破 DEA 时，表明股市将再次进入极度弱市中，股价还将下跌，可以卖空股指期货，这是 MACD 指标“死亡交叉”的另一种形式。

六、MACD 指标的背离

指标背离原则是整个 MACD 运用的精髓所在，也是这个指标准确性较高的地方。

MACD 指标的背离就是指 MACD 指标的走势正好和 K 线图的走势方向相反。MACD 指标的背离分为顶背离和底背离两种。

1. 顶背离

当 K 线图上的股价指数逐波升高，走势上一波比一波高，而 MACD 指标图形上的 DIF 和 DEA 构成的图形的走势是一波比一波低，即当股价的高点比前一次的高点高而 MACD 指标的高点比指标的前一次高点低，这就叫做顶背离现象。

顶背离现象一般是股价在高位即将反转转势的信号，表明股价短期即将下跌，是卖出股票或者做空股指期货的信号。如果此时出现 DIF 两次由上向下穿过 MACD，形成两次死亡交叉，则股价指数将大幅下跌（如图 6-1 所示）。

2015 年 6 月 12 日，上证大盘创出新高 5178 点，指数呈一波比一波高，而此时 MACD 指标并没有随着指数创出新高而向上运行，此时的 MACD 指标呈走平向下态势（图 6-1 中两条线标示位置），这就是严重的顶背离迹象，预示着行情将要下跌。2015 年 6 月 16 日，DIF 从上向下死叉 DEA，形成高位死亡之叉，之后大盘开始大幅下跌。要是你能精通这个指标的顶背离，就可能会躲过这次暴跌。

2. 底背离

底背离一般出现在股价的低位区，多数是经过大幅度下跌以后才出现。K 线图上的股票指数走势是一波比一波低，而 MACD 指标图形的走势是一底比一底高，即当股价的低点比前一次低点低，而指标的低点却比前一次的低点高，这就叫做底背离现象。

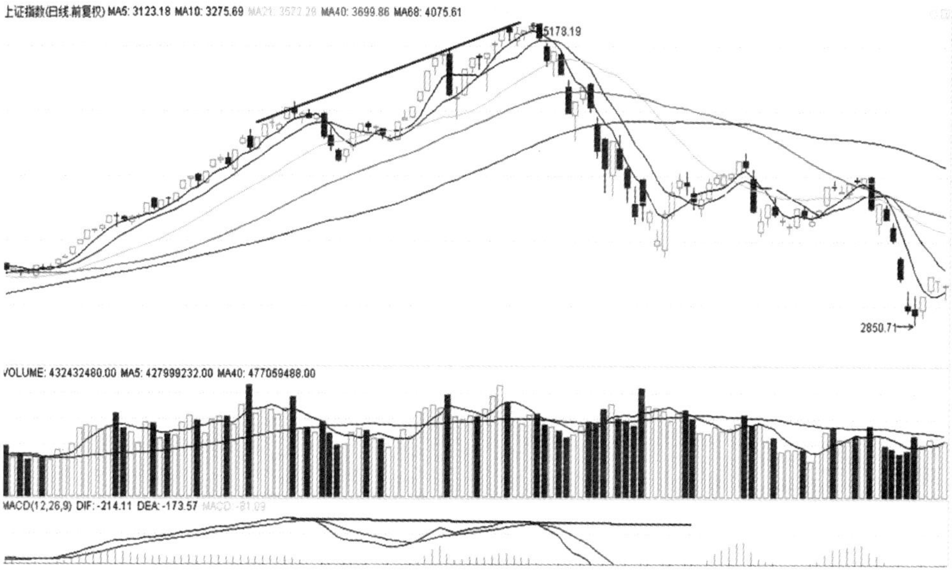

图 6-1 上证指数日线走势（一）

很多书上都说底背离是买入股票的机会，其实我不敢恭维。笔者认为，即使出现背离也不应轻易买入，因为多数情况下 MACD 指标的底背离效果不佳，我们应该以日线上的主要均线系统和 K 线以及成交量作为主要参考依据。

笔者只依据顶部背离逃顶，从没有根据底背离去买过股票。因为底背离的准确性相对来说较低，经常出现底背离时股票价格还是持续下滑的情形。MACD 指标的灵魂就是顶部严重背离可以帮助投资者尽早逃顶。图 6-2 是上证指数出现底背离后还在继续下跌的情形。

上证指数从 2015 年 7 月 17 日~8 月 16 日，近一个月时间 MACD 指标在低位出现了背离现象，低点一波比一波高，高点也一波比一波高，还在低位出现了金叉，但是随后上证指数就是一波大跌。这种在零轴线以下的底背离在实战操作中意义并不大，它远远落后于其他技术分析，都是有了股价之后才有它。

在实战操作中，MACD 指标的顶背离一般出现在行情大幅上涨中比较可靠，股价在高位时，通常只要出现一次顶背离的形态即可确认。而股价在低位时，一般要反复出现几次底背离后才能确认。因此，MACD 指标的顶背离研判的准确程度要远高于底背离，这点投资者一定要多注意。

总之，在使用 MACD 指标时必须判定市场的属性，即目前的市场是多头市场还是空头市场，根据不同的市场属性，采取不同的操作策略，以达到回避风

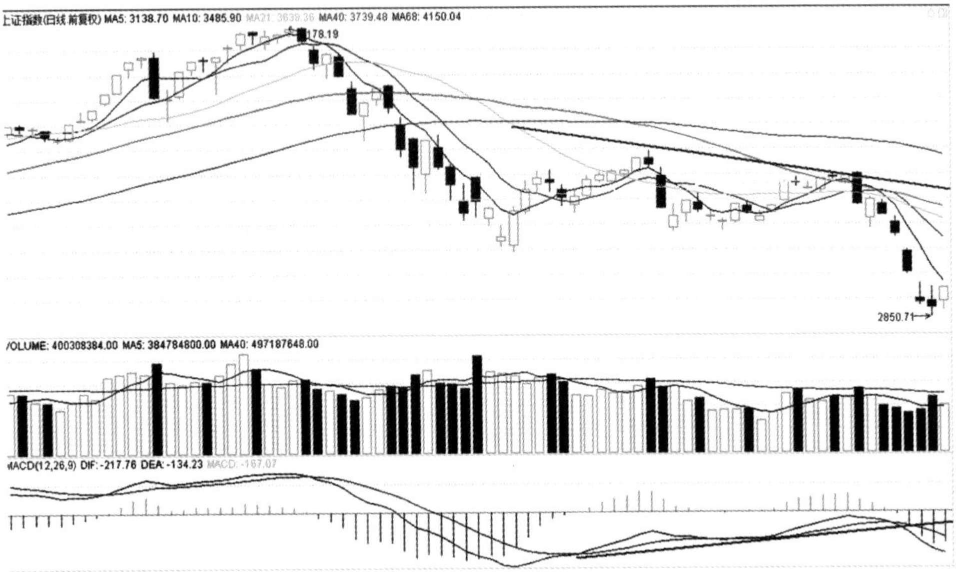

图 6-2　上证指数日线走势（二）

险，保障利润的目的。

MACD 主要用于对大势中长期的上涨或下跌趋势进行判断，当股价处于盘整或指数波动不明显时，MACD 买卖信号较不明显。当股价在短时间内上下波动较大时，因 MACD 的移动相当缓慢，所以不会立即对股价的变动产生买卖信号。

为了不让大家进入指标误区，对指标的应用应坚持少而精、熟能生巧的原则。不管任何指标，它都是有盲区的，而我们要做的是利用它的精髓之处，当它出现盲区时，我们应采用其他技术分析法，毕竟所有的技术指标都是辅助工具，不能完全依赖一个技术指标去操盘。

就笔者而言，是很少用到技术指标操盘的，能用到的也仅此一个指标，也仅限于该指标的顶部背离，其他都几乎不用。

真正的股林高手往往是无招胜有招，熟练掌握经典技术指标的真正作用，在实战中灵活运用，往往能达到一招制敌的效果。所以本书仅仅介绍这一种技术指标，其余指标我们暂不介绍。

第六章——视频讲解

第七章　关于止损止盈

一、关于止损

止损，虽然这个词听起来令人很不舒服，但如果你是非常厌恶这个名词的话，那你的投资行为就已经埋下了重大隐患，就像一颗定时炸弹，迟早要毁灭你的投资生涯。关于止损这个话题，无论如何强调其重要性，都不为过。

止损是指当某一投资出现的亏损达到预定数额时，及时斩仓出局，以避免形成更大的亏损。其目的就在于投资失误时把损失限制在较小的范围内，止损使得以较小代价博取较大利益。但是看似简单的一件事多数人是很难做到的。

需要指出的是，止损是讲究科学的，而不能随意地止损，更应该尽可能减少“不必要”的止损操作。毕竟，止损将导致直接的资金损失。有些投资者经常是该止损的时候不止损，不该止损的时候止损了。经过几次反复错误也会影响交易者的心态。

止损是人类在交易过程中自然产生的，并非刻意制作的，是投资者保护自己的一种本能反应，市场的不确定性造就了止损存在的必要性和重要性。

（一）止损的必要性

止损是一种理念，也是一种计划，更是一项操作计划。它是一系列操盘程序中的重要一环，没有任何感情色彩，虽壮士断臂，却无比自然。止损理念是指投资者必须从战略高度认识止损在股票期货投资市场的重要意义，因为在这个风险市场中，我们首先是要生存下来，才能谈得上进一步发展。

而止损的关键作用就是让投资者更好地生存下来，所以对止损问题真正正确的定位、理解和执行是每个交易者所必修的课程。尽管每一个投资者都不愿意亏本出局，可是在很多时候我们必须去止损。为什么我们要预设止损位呢？因为股票价格波动和不可预测是市场最根本的特征，这是市场存在的基础，也是交易中风险产生的原因，这是不可改变的。在交易中永远没有确定性，我们所有的预测仅仅是一种可能性，根据这种可能性进行的交易自然是不确定的，不确定的行为必须得有措施来控制风险的扩大。

（二）止损的重要性

在经历 2015 年 6 月暴跌之后，很多股民损失惨重，特别是融资账号的投资者几乎多数爆仓，就连业内很多知名的机构私募基金也同样清盘。这个事实表明，在充满风险的投资市场上，一次意外的重大错误足以致命，但唯一能使操作错误而不败的方法就是及时止损。关于止损，大家都听说过“鳄鱼法则”，当鳄鱼咬住你的手时，你必须断手狂奔，当鳄鱼咬住你的脚时，你就断脚而逃，不要犹豫，不要试图挣扎，挣扎的结局最大的可能就是丧失生命！鳄鱼吃人太残酷了，但股票市场的残酷对于妄图凭借侥幸凭借运气来扭转市场的投资者而言，却半点都不逊色于鳄鱼！面对跳动的荧光屏，不知有多少人正在经受着痛不欲生，生不如死的考验！

股票市场永远充满着投机，永远充满着诱惑，永远充满着风险，永远充满着变化……你既有大赢一把的可能，但同时也有亏损或大亏的可能！因为，股票市场从其交易规则上看，就注定了绝大多数必须赔钱。并不是不能赚钱，只是多数人在一波上涨行情里面赚到的钱最后并没有保住，遇到大跌就把赚的钱退回去甚至还要亏上本金。

据笔者的经验和观察，70%以上的损失均来自不愿接受小损失和相对小的损失或不愿正视损失结果，从而导致损失更大乃至被这个市场吞没。还有一部分投资者是敢于止损，经常是频繁止损，不该止损的也是乱止损，这样导致亏损加大。

股票市场不是没有规律可循，但是机构为了和散户博弈，使得任何时候都不可能存在任何固定的规律。股票市场中唯一永远不变的就是变化，即便是规律也不会简单地重复。

因为波动性和不可预测性永远是市场最根本的特征，这是市场存在的基础，交易中没有百分之百的确定性，所有的分析预测仅仅是一种可能性，根据这种可能性而进行的交易自然是不确定的，市场的不确定性造就了止损存在的必要性和重要性。所以不管我们依据什么方法入市，都可能出现错误的时候。就是市场的不确定性造就了止损存在的必要性和重要性。所以，进入股票市场的每一位投资者都必须承认自己随时可能会犯错误，这是一条十分重要的理念。

止损是一种成本，是寻找获利机会的成本，是交易获利所必须付出的代价，这种代价只有大小之分，难有对错之分，你要获利，就必须付出代价，包括错误止损所造成的代价。因为任何时候保本都是第一位的，盈利才是第二位的。

就笔者而言，每买一只股票之前都先想好如果是错了我需要在哪里止损，这止损时亏损的幅度是多大，盈亏比例是否合理，在想好之后才入市。多数投资者买股票之前只想上涨能赚多少钱，并不考虑下跌会损失多少，这种“单相思”的思路最终肯定是以失败出局。

这个市场上，成功的投资者可能有各自不同的交易方式，但止损却是保障他们获取成功的共同特征。世界投资大师索罗斯说过，投资本身没有风险，失控的投资才有风险。当错误正在发生，当亏损成为现实，你唯一能做的就是断臂止损！止损就是当亏损达到预定止损位置时，及时斩仓出局的行为，其目的就是在投资失误时把损失控制在较小的范围而不致发生重创。

可以说，止损是股票期货投资中非常关键的一环，你必须在重要的投资决策实施之前，先制定出意外情况下的止损计划，来保护你的操作。

止损的最终目的是保存实力，提高资金利用率和效率，避免小错铸成大错甚至导致全军覆没。止损不能规避风险，但可以避免遭到更大的意外风险。没有止损的思想准备，最好不要入市。把止损问题研究透彻的投资者肯定将会是一个不败的高手！你的职责是做一个在方法和纪律约束之下的交易机器，不断地复制成功赚大钱的方法，始终无条件地用微笑对待止损，止损是你投资成功必备的保险！

（三）合理止损方法

大家一定要明晰几个观念：第一，止损本身不是投资的目的，它只是保障资金安全的手段，不是说学会止损就学会赚钱了，学会赚钱还要依靠其他方法和手段；第二，止损但绝不是频繁止损，恐惧性进出，更不是没有章法的乱止损，它必须在规则和规范下操作，是寻求正确和恰当的止损；第三，止损也有错误的时候，适时而客观地对市场重新定位，重新对待变化了的市场是理智而正确的选择；第四，从理论上讲，止损的最好方法是不需要止损，也就是提高操作决策的正确率和准确率。

止损的方法很多，根据各种因素来决定具体的止损位是非常关键的，止损大体可以做如下分类：

1. 预期止损

你操作的预期没有达到，就要考虑退场，这里包含两层意思：一是只持有正确的仓位，这也是“幽灵规则一”，即当市场没有告诉你正确的时候出局，而不要等市场告诉你错误的时候再离场。正确的持仓方法是，当仓位被证明是正确的时候你才持有，要让市场告诉你，你的交易是正确的，而永远不要等它提醒你是错误的。二是当操盘或持有股票的理由和条件消失时，这时不论资金处于什么状态，也要立即退场。

2. 技术止损

技术止损是经常用到的技巧，常见的有趋势止损、指标止损、K 线止损、重要均线止损、关键价位止损。

趋势止损是指在趋势运行过程中出现了趋势停顿或趋势转折时的出局行为，其依据多数是移动均平均线。例如，短线、中线、长线投资者可分别用 5 日、21 日、68 日移动均平均线作为止损点。均线永远是滞后的指标，不可对其期望过高，尤其在盘整阶段，大量的虚假信号可能会让你频繁止损。

指标止损是根据技术指标所发出的卖出信号进行的卖出交易，当你所利用的指标发出出局信号时，即便资金亏损也要离场。例如，实战中可以用 MACD 作为止损点，一般此指标能预测大盘见顶。

K 线止损，K 线止损主要是依据 K 线形态止损。例如，在上涨过程中出现大阴线、射击之星线等典型见顶 K 线形态时，就需要我们交易者考虑做减仓或清仓出局的准备。

3. 时间止损

人们普遍注意价格的止损，而很少考虑时间因素，价格止损方式的好处在于，可以通过牺牲时间而等待大行情，缺点在于经过了漫长的等待后的结局可能仍是止损，钱时两丢，可能还会因资金占用而错过在其他股票上的赚钱机会！我们可能都遇到过这种情况，大盘起来了可是我们套牢的股票并没有上涨，只能看着别人赚钱，自己是赚了指数亏了钱。

4. 资金止损

严格地讲，资金止损并不科学，但是当资金亏损到某种程度，会影响到你的心态，左右你客观而正确的判断，同时也影响了资金的利用效率，适时的进出也是可以理解的。

资金止损最简单的方法就是最大亏损限制，就是给操作限制最大亏损的幅度或总资金亏损的幅度，亏损一旦达到即认亏出局。当然，这个幅度得根据你的风险偏好、交易策略和操作周期而定。

5. 跟踪止损

跟踪止损，在某种意义上讲就是止盈，就是当价格朝着自己有利的方向行进，从而根据已经变化了的价格，而逐渐调整止损位，也即逐步调整出局位置，使得出局价逐渐有利可图，这是趋势交易系统的关键环节。比如，我们可以在常见的以均线设置的操作系统中，出局位置随着均线朝着自己有利的方向延伸而逐步调整。

6. 突发性止损

突发性即指价格发生突然的较大变化，主要的表现就是开盘跳空和尾盘跳水。突变绝大多数是由重大外部因素引起的，当持仓股票基本面发生了根本性转折，或者突然出现重大事件、消息或政策变动，使得价格大幅迅速逆着投资者的操作而动，投资者应摒弃任何幻想，当机立断，斩仓出局，第一时间止损，以求保存实力，择机再战！

止损的方法种类繁多，但真正的止损一定是有依据的。投资者根据自己的操作风格以及每次操作的具体情况，对多种止损方法进行筛选优化，综合运用，从而建立自己的止损方法才是最重要的！

（四）止损是对自己的忠诚

当预期失败，价格触及不情愿看到的止损位时，你所要做的唯一的事就是坚决地执行预定的止损操作！即便可能在你出局之后，价格再重新回头狂奔，那当时的止损动作也是完美的！当时的操作是对你预定计划的执行，是出于对自己资金的保护，是对你自己的忠诚！

然而，在现实中，却有很多交易者面对触及止损这一现实不肯止损而铸成大错，痛苦万分！这类触目惊心的例子过去有，现在有，将来仍然会有！到底是什么造成了这一事实?！是什么让投资者迟迟不愿承认自己的失败?！到底是什么让投资者遇止损不止而致大损？原因是多方面的，主要因素有以下几点：

（1）恐惧亏损。交易者多是在重仓交易的前提下，或在经历连续亏损之后，寄本次交易的希望过大，从而当亏损触及止损位时，不敢认错了！其本源多因重仓而起。

（2）企图侥幸。对触及止损的交易抱有幻想，希望市场按照自己假想的轨迹再次运行，凭依可能的侥幸反败为胜！正是由于上述原因，当价格到达止损位时，有的投资者错失方寸，患得患失，止损位置一改再改，导致错失合理止损价位。

（3）止损致损。止损并非没有出错的时候，尤其是止损位设置不当的时候更容易出错。经常错误的止损会给投资者留下挥之不去的记忆，当连续出现止损失误，就会使交易者产生一种被市场戏弄羞辱的感觉，从而有一种就不信这次还错的想法，也会动摇投资者进行止损的决心。这多是止损设置技术上的问题。

止损是在投资市场上保持生存的第一要领，同时也是一条铁的纪律。股票市场我们左右不了的因素很多，我们不能百分之百准确地预测行情的涨跌，也不能期盼市场每次都会让我们盈利，我们在市场上无奈的时候太多，而唯一能做的就是控制我们的亏损。

在这里举个去年发生在笔者身边的一个真实案例，在 2015 年 6 月 16 日，当时大盘刚好见顶还没有开始大跌，一位朋友给我打电话咨询说买了东方电热（300217）被套了该怎么办，当时他买入成本价格是 22 元，当天跌幅 9%点多还没封住跌停板，收盘价格在 20.43 元，当时笔者对大盘一直乐观也正好赶上笔者手里有少量仓位的这只股票。笔者说明天反弹择机出局，要是能到你成本价就立刻出来，即使不能也尽量减仓一半，结果该股第二天反弹收了一根阳线，收盘在 21.28 元，还是没到他买入成本价格，第三天该股高开低走，22.35 元瞬间的几乎没有这个价格，22 元价格是有了，但也是停留很短时间就开始下跌。当时笔者感觉情况不太对，就以 21.80 元价格全部清仓出局，也及时给他打电话问他走了没有，他说没走啊，没盈利呢。毕竟钱是人家的，笔者也不好说什么，就只说了一句情况不太好亏了没多少最好还是止损出来吧。过了一周多他又给笔者打电话，笔者说你没走啊，他说还没呢，该怎么办啊，现在跌到 14.63 元，又是跌停板，他说跌了这么多了应该到底了吧。当时笔者也快无语了，也不知道怎么说才好，说真话吧怕打击他，说假话吧又不忍心，最后笔者还是说了一句建议要是明天反弹你还是减仓，在下跌趋势里面反弹就是出局最后时机，跌势不言底，笔者不敢保证能跌到哪里去。

结果第二天也就是 2015 年 6 月 30 日该股大幅反弹，最高涨幅高达 8%点多，收盘涨 4.28%，收盘价格在 15.29 元，说到这里你猜他会走吗？估计都猜对了，他不会走。涨了更不会走了，这是多数散户投资者思维模式。紧接着该股就是连续跌停，之后虽然有过几次反弹，最终也没有超过反弹那天的 15.29 元，最终该股一直到了最低 6.6 元。后来听说他实在忍不住了，在 10 元价格止损出局了，亏损了一半多。

这案例是很多人都曾经有过的，刚开始不止损，到最后实在是受不住止损了，这种被迫止损显然就是不合理的。很多投资者都是骗自己没有机会止损，不是没有机会，而是给你机会多数人舍不得止损。我们算一下，亏 50%时，资金要再翻倍才能回到本金，这对于散户投资者来说，翻倍难度似乎是有点大了吧。

因此，理解止损本质上就是如何正确理解错误的止损。错误的止损我们也应坦然接受。举个简单的例子，如果在交易中你的止损都是正确的，那就意味着你的每次交易都是正确的，而你的交易如果都是正确的，那又为什么要止损呢？所以，止损是一种成本，是寻找获利机会的成本，是交易获利所必须付出的代价，这种代价只有大小之分，难有对错之分。你要获利，就必须付出代价，包括错误止损所造成的代价。

在这条纪律的执行上，要坚决果断，不能等，不能看，更不能抱有幻想。

人生最大的敌人其实就是我们自己，执行止损是一件痛苦的事情，是一个血淋淋的过程，是对人性弱点的挑战和考验，也是每一个成功投资者必经之路。

只有我们树立正确的投资理念，建立正确的操作方法，养成正确的操作习惯，才能达到长期稳定盈利的目的。

二、关于止盈

止盈，顾名思义，就是停止盈利。止盈的目的在于见好就收，止盈的目标在于落袋为安，止盈的核心灵魂、核心思想在于一个“盈”字，就是你卖出股票不会亏损。止盈只适合“不贪心”的人。

止盈的设置对每一个投资者来说尤为重要，有很多散户会设立止损，但是不会止盈，不害怕下跌，反而害怕上涨，一旦上涨就开始恐惧，总是在提心吊胆，犹犹豫豫中。卖了怕还会上涨，不卖怕下跌盈利没了。这显然是一种不良的投资心态，也是对自己技术的不自信。

我们必须知道止盈的目的是为了保住胜利成果。所以止盈做成一种操盘习惯，这是非常重要的，当股价发出阶段性卖出信号时，要果断止盈。

对于多数投资者而言，止盈还是做得非常不够，总是来回坐电梯，这也是贪心的一种表现，其实任何一只股票都不会只涨不跌。

（一）为什么要止盈

现在我们先来了解一下为什么要止盈，止盈的目的是什么？

其实就为什么要止盈，有的朋友说了，牛市我不做多做什么？是的，牛市里，只要敢于买入，或多或少都能获得收益。但是随着行情的深入，牛市做多的能量逐渐耗尽，趋势开始转变，这时候你还敢看多做多吗？

止盈其实就是让大家在一波上涨行情结束时及时兑现手中盈利，这样有可能在下一轮行情中获得超过估价实际涨幅一倍以上的甚至更多的收益。同时也将成本压缩到很低，让你操作心态更稳定。

（二）止盈的方法

至于如何止盈？止盈的方法有多种，采取何种方式因人而异。概括来说，止盈方法有以下几种：

1. 浮动止盈法

当买入的股票盈利以后，随着股价的上涨，逐步提高卖出目标价位。比如你

10 元买入的股票，当股价上涨到 11 元，你即可设定股价回跌到 10.80 元卖出，股价上涨到 12 元，你再次提高止盈价为 11.80 元，股价继续上涨，你继续提高。

当股价在上涨过程中，回跌到你设定的卖出价位，你即可全部或者按照事先设定的思路部分卖出。这种方式，不但保证你的资金安全，而且能够保证你利润的最大化，也不容易错过飙升的大黑马。一般对自己股票有信心的人，可以采用这种方式。浮动止盈法还可以设定某条重要均线比如 5 日、10 日、21 日均线作为止盈位置，只要股价上涨过程中，回调跌破这样的生命线，即执行操作纪律卖出。

2. 固定止盈法

买入股票的时候或者股价脱离成本的时候，你即设定股价上涨到某某价位就卖出。比如你 10 元买入的股票，你买入的时候就设定当股价上涨到 11 元即卖出。一旦股价上涨到 11 元，不管该股后市走势如何，你必须执行纪律卖出，确保利润落袋为安。

3. 保本止盈法

这个更需要一点魄力，保本止盈法也类似于固定止盈法。你买入的股票，刚脱离成本价，获利不多，可惜不是大黑马，又开始回调或者下跌，一旦股价下跌，跌到你的成本价，即可卖出保住成本，确保你的本金不亏。比如 10 元买入的股票，加上交易费用，保本价是 10.05 元，以后股价从 10.10 元上方跌回到 10.05 元，则在这个价位立即卖出。

这第三个方法，正好符合巴菲特的三条纪律：第一条，保住本金；第二条，保住本金；第三条，记住前面两条。

4. 技术止盈法

当然，从投资角度来看技术止盈是比较合理的方法。我们不能每次买了股票赚一点点就跑，一旦出现特殊情况可能赚 10 次的钱一次错误就全部亏完了。在这里，笔者个人主张的还是技术止盈为主，当然技术止盈是短线还是长线也不完全一样。在技术止盈中多数采用的是利用 K 线特征、利用重要均线、利用前期密集区、利用重大利空消息等来止盈的。

各位也许会觉得好笑，股价既然在上涨，为什么要止盈？为什么不持有多赚点？其实，你只要看看身边的不少股民甚至经验丰富的老股民，好不容易逮到一只赚钱的股票，却经常坐电梯，坐过山车，来来回回，从哪里来还到哪里去，不但没赚钱，还浪费时间甚至被动套牢，你说多不划算。从表面看，止盈的人，真的有点傻。但是，我觉得会止盈的人，才是真正的高手，他懂得锁定利润，他懂得回避可能的风险。他懂得节约时间去捕捉另外一匹黑马。

只有学会止盈的人，才能获得更多的利润，不要因为股票卖出后还在上涨而后悔，因为你已经赚钱出来了，有钱买其他更有潜力的股票了。我们不能做到买了的股票立刻上涨，更不能要求卖了的股票就立刻下跌吧。只有能够学会止盈的人，才能在股市中长期生存，这是股票投资必须遵守的游戏规则。

关于如何止盈这个问题，不是由我由你由他来决定，而是由市场来决定。除了以“时间平仓”或较大的盈利来平仓，没有更好的办法。世上不存在完美的止盈方法，所谓的很多完美的止盈方法都是马后炮，只有你选择的大势观与止损，是可以由你自己来决定的。

要做好止盈是不容易的，它是个复杂的系统工程，很多时候更需要具体问题具体分析。

在这里笔者举个简单的例子，在 2015 年上半年的暴涨行情中，有个朋友跟着笔者满仓东方日升，当时买入价在 8.6 元左右，后来该股一直涨到了 19.9 元的最高价，当时我们在 17 元附近全部清仓出局，之后该股还在上涨，笔者打电话给朋友告诉他全部清仓，当然他没有听，之后股价还在上涨，有人拿笔者开涮，说你走了人家没走比你赚得还多了，随后没几天大盘暴跌，该股也应声落地连续大跌，我又打电话给他，他说 19 元我都没卖现在跌到了 15 元还卖它干嘛啊。之后该股一直跌到 8.14 元，账面盈利全部跌没。幸运的是该股在 2016 年年初反弹行情中走势非常强，有一次涨到了 18 元附近他也赚钱出局。可这中间长达一年的时间成本呢，在这中间会错失多少操作机会。当然这是这只股票起来了，要是没起来呢？要是第一次高位走了，下来再买回来赚的是几倍啊？

常言道：会买的是徒弟，会卖的才是师傅。只有成功卖出才能实现利润，这两点关系到一场战斗的成败。

本章内容注重介绍了止损，因为笔者觉得它是最重要的也是很多投资者最不愿意做的事情，希望广大投资者切记止损止盈的重要性。

我们不能左右市场走势，但是我们能根据市场走势来改变我们的操作策略，不管是止盈还是止损都是对我们资金的一种负责，因为只有保住了资金才会有赚钱的机会！

第八章　资金管理

一、资金管理的重要性

股票期货投资就是资金之间的较量，所以资金管理极其重要，我们应高度重视。

在证券市场上，投资者若不重视正确的资金管理、合理的控制资金风险，那么很容易被无情的市场打败。合理正确的资金管理将是投资者在证券和期货市场上生存的关键，而在投资市场上生存永远是第一位的。投机并非输赢那样简单，首要的任务是在顶峰和谷底之间的波动中生存，如果连生存都做不到，你根本就没有谈及盈利的资格。

众所周知，有很多著名的世界级基金管理人以及世界级著名分析大师，如果不重视正确的资金管理、合理的控制资金风险，同样会被无情的市场所吞没。在过去的 2015 年大跌行情中，很多行业知名人士跌下神坛，也不乏有多家私募基金清盘倒闭，这些教训足以证明资金管理的重要性。

笔者也遇到过很多投资者经常满仓操作，遇到一波大行情的确也赚得很多，可是中国股市经常是熊长牛短，一波大跌行情赚的钱退回去还得亏损本金。

我们必须了解股市的游戏规则，假如你拿 10 万，一波行情翻倍也就是成了 20 万，这个翻倍几乎是多数人不可能做到的，可是遇到大跌只要亏损 50% 以上，不但盈利没了还会伤及本金。特别是像过去的 2015 年连续暴跌，满仓的投资者多数损失惨重。

多数股民一看到他们认为好的股票就马上下单满仓买入，总怕踏空，结果是好运时就赚了，不好运时当天就大跌，这样做会产生当天买当天套住你全部的资金，搞得心情极不好，第二天亏了就不肯砍了，一直就守下去，结果是越守亏得越多。直到实在受不住亏损太大而被迫斩仓局面。

我们炒股的钱是自己的血汗钱，但笔者却发觉，现在的股民很多都是不爱惜他们的血汗钱的，经常逆势满仓操作。

在这里，笔者要将这个问题提高到在股市生死存亡的重要地位！那么我们就要在这里问一句为什么呢？其实答案很简单，就是没有充分考虑资金管理的重要性，未能有效地控制资金风险。其结果就是哪怕只有一次失误，都有可能被市场所淘汰。

在股市投资中，理论、理念以及技术固然重要，但有效的资金管理显得更为重要。只有合理、正确的资金管理才能使你在股市交易中事半功倍。

二、交易中几个重要方面

在任何股票交易模式中，都应该考虑以下几个方面，即价格预测、时机抉择、资金管理和制订交易计划。

1. 价格预测

价格预测是指所预期的未来市场的趋势方向。在市场决策过程中，这是关键的第一个步骤。通过预测，交易者决定到底是看涨还是看跌，从而回答了一个基本问题，交易者应该买入还是观望。

2. 时机抉择

时机抉择或称交易策略，确定具体的入市和出市时机。在股票投资中时机抉择也是极为关键的。尽管交易者已经正确地判断出了市场的方向，但是如果把入市时机选择错了，那么依然可能蒙受很大损失。如果是心态不好的投资者，在这种情况下可能怀疑自己判断错误，容易斩仓出局。

就其本质来看，时机抉择问题几乎完全是技术性的。因此，即使交易者是从基本面来分析股票的，但在确定具体的入市、出市点这一时刻，他仍然必须借助于技术工具来实现。

3. 资金管理

资金管理是指资金的配置问题，其中包括投资组合的设计、多样化的安排、在各个行业板块上应分配多少资金去投资以及对止损点的设计、收益与风险的权衡等。

4. 制订交易计划

股票交易是一项风险性很高的投资行为，是一个没有硝烟的战场。不打无准备之战，是每一个投资者都必须遵循的。一个妥善的交易计划主要包括自身财务抵御风险的能力、所选择的股票处于什么行业和价位、该笔交易的盈利目标和亏损限度、该交易的入市时机等。

可以用最简洁的语言把上述要素归纳为：价格预测告诉交易者怎么做，时机抉择帮助他决定何时去操作，而资金管理则确定用多少钱来做这笔交易，交易计划就是要按当时制定的策略执行。

一般来讲，投资者入市之初应当选择成长性好、成交量大、趋势处于上升初期的个股，人们很难准确掌握个股的短线波动，所以我们要花大量的时间和精力去看盘，了解个股一段时间的自身规律性。

在进行交易之前，必须认真分析研究，对预期获利和潜在的风险作出较为明确的判断和估算。

在具体操作中，一般应注意按计划执行，切忌由于短时间的行情变化或因传闻的影响，而仓促改变原定计划。同时，还应将亏损限定在计划之内，防止亏损进一步扩大化。

交易策略是一门艺术，交易者应灵活使用各种策略，以实现让利润充分增长，把亏损限定在最小范围的目的。

三、资金管理的要领

资金账户的大小、投资组合的搭配以及每笔交易中金额的配置等，都能影响到最终的交易成绩。有的投资者认为，在交易模式中，资金管理是最重要的部分，甚至比交易方法本身还要关键。资金管理所要解决的问题，事关交易者在股票期货市场中的生死存亡，它告诉交易者如何掌握好自己的钱财，作为成功的交易者不是谁先笑，而是谁笑到最后谁就笑得最好。

资金管理恰恰增加了交易者生存下去的机会，而这也是赢在最后的机会。很多投资者在一波大跌行情中亏损得相当严重，等有了大行情了可惜本金没了。用一句玩笑话来说，股市上最大的痛苦是大行情来了钱没了！

市面上有很多书籍提到交易系统，往往忽视仓位控制，尤其对渴望暴利的交易者，更需要通过仓位控制来约束自己。暴利思维，将使交易行为扭曲，因其可能重仓交易，孤注一掷，最后难免被市场吞灭。

1. 资金仓位控制

第一，投资额必须限制在全部资本的50%以内。这就是说，在任何时候，交易者投入市场的资金都不应该超过其总资本的一半，剩下的一半是储备，以保证所需。

第二，在任何单个股票上的最大总亏损金额必须限制在总资本的5%以内。这个5%是指投资者在交易失败的情况下将承受的最大亏损，用50%仓位的话个股下跌10%就可以考虑止损了。

第三，在任何一个行业上所投入的本金总额最好限制在总资本的25%以内，这是防止我们在市场中投入过多的本金。同一群类中的市场，往往步调一致，我们应当控制投入同一行业板块类的资金总额。

我们在操作中看错股票并不是错，因为每一个预测不可能绝对都是准确的，错的是当你买入之后发现自己错了不去采取任何措施。巴菲特曾经说过，投资没有风险，失控的投资才是真正的风险。

2. 分散投资与集中投资

虽然分散投资是限制风险的一个办法，但也可能分散过了头。如果我们在同一时刻把交易资金散布于过多市场的话，那么其中为数不多的几笔盈利就会被大量的亏损交易冲抵掉，因此我们必须找到一个合适的平衡点。有些成功的交易者把他们的资金集中于少数几只股票上，只要这些市场在当时处于趋势良好的状态，那就大功告成了。

证券投资主张横向投资多元化。所谓横向投资多元化，是指可以同时选择不同的证券品种组成证券投资组合，这样就可以起到分散投资风险的作用。

3. 设置保护性止损指令

一定要采取保护性止损措施。不过止损指令的设置着实是一门艺术。交易者必须把价格图表上的技术性因素与资金管理方面的要求进行综合研究。

交易者应当考虑市场的波动性。市场的波动性越大，那么止损指令就应当定得比较远。当然，这里也有个机会问题。一方面，交易者希望止损指令更接近，这样即使交易失败，亏损也会尽可能减少。另一方面，如果止损指令过于接近，那么很可能当市场发生短暂的震荡时，引发不必要的止损行为。总之，止损指令过远，虽然能够避开小幅震荡干扰，但最终损失较大。

4. 交易策略

投资者在完成了市场分析之后，就应当清楚到底是该什么价位买、买入多少金额的股票，如果出现下跌是加仓还是减仓等策略。在股票交易中，由于入市点和出市点的时机抉择必须极为精确，因此，最后这一步在上述过程中可能是最困难的。

关于如何入市、在什么点位入市的问题下面我们依次对各个方面加以介绍。

（1）利用技术分析抉择时机。

利用技术分析来选择交易机会是多数技术派选用的。我们在决定买入时必须明白自己是长线还是短线。很多投资者经常是做短线套住变成了长线，做长线套深了就做成了股东。似乎这句话是个笑话，可是这个市场多数人都犯过这个错误。所以长线和短线的投资风格并不是完全一样，短线就是要求买了近期立刻能上涨的股票，短线也是对技术有严格要求的，而长线未必是买了就立刻上涨至少是不能下跌太大。

（2）突破信号的抉择时机。

对于突破信号，我们建议最保守的安全方式是在市场突破后出现回抽时择机入市。比如说重要平台密集区的突破，重要的均线系统突破等都为合理的买入时机。

（3）支撑和阻挡水平的利用。

在选择出、入市点方面，支撑和阻挡水平是行之有效的图表工具。当阻挡被击破时，可能构成新的多头信号。而这个新的保护性止损指令就可以设置在最近的支撑点下方，甚至还可以更接近地设置止损指令，把它安排在实际的突破点之下，因为这个水平现在应该起到支撑作用了。

(4) 综合各项技术概念。

利用各项技术概念的最有效办法，是把它们综合起来。我们讨论的是时机抉择问题。此处所做的一切，就是要对入市和出市点进行细致的调整。如果是看多，那么就会力求以最低的价格入市，这就是要我们利用技术位介入。

把所有这一切因素综合在一起，就能增加交易时机抉择的有效性。在上升趋势中，在支撑区附近买进，但是如果该支撑被击穿，那么就尽快止损出局。

四、资金管理的策略

散户管理资金大多情况可以用两个字来概述：散、乱。先说“散”，大多数的散户觉得不要把鸡蛋放在一个篮子里会比较安全，所以出现了一打开账户，里面股票一大堆。有时候他们都不知道什么时候买了该类的股票了。

再来说“乱”，乱指的是乱操作、乱补仓，最后他们看到的只不过是账户里的平均价格了，都不知道自己分别在什么价格各买了多少股数。

说到这里笔者举一个简单的案例，在 2015 年，有个客户找笔者想让笔者帮他管理账户，当他打开账户笔者一下就懵了，一个总市值在 200 万的账户里面股票有三四十只，而且里面每只股票占用的资金各不相同，最少的一只买了几千元，最多的也就是 20 万元的，多数个股都是买了 2 万元左右的，这种乱让笔者看了都头疼。而且里面同一行业的股票有五六只。占用资金越多的个股越是亏幅大的，个别几只股票是盈利的，可是都是买了一两万的，这样的账户不用说大家也知道肯定赚不到钱。像这种账户一旦大盘暴跌，笔者估计他都不知道先斩仓哪只股票，估计还没等斩仓都跌停了。现实中，这样的投资者不在少数，他不是第一个也不会是最后一个。

常见散户的资金管理有以下几类：

第一类：某账户持有 10 只股票，7 只上涨（涨幅不一）、3 只下跌（跌幅不一），能盈利多少？除非你 7 只持有的都是热点板块的股票，不然的话，后面三只下跌的股票只要一只仓位比较重，就可以把你的盈利全吃光。所以这种资金运用，盈利的概率不高。

第二类：某账户持有 10 只股票，10 只全下跌（跌幅不一），就算这账户没满仓，也够受的了。所以，盈利的概率也不高。

第三类：某账户持有 1 只股票，上涨和下跌的概率都各占 50%，风险大收益也大。这种资金运用管理，盈利的概率高，亏损的概率也高。有时候一旦看错行情亏损会很严重，所以这也不是极佳的散户管理方式。那么，到底什么方式比较好呢？

根据笔者个人操盘方法，总结了两种方法：第一种是半仓操作法，第二种是三分之一操作法。下面我们将根据这两种方法简单阐述。

1. 半仓操作法

此方式适合百万以上资金（先把资金分成 4~5 等份）

（1）买入方式：选准目标股票，最好是 2 只不同行业概念的个股进仓，买入 2 个等份，股价涨高之后就要出 1/3 或者 1/2 的仓，这样的话即是个股回调成本已经降下来了。

（2）加仓方式：股票上涨已盈利，昨天持有股份到不了半仓，早盘看好当日走势也可以加仓进行 T+0 操作，这个一般是加仓手里持有仓位的 1/4 比较合理。等拉高后有盈利就套现出来加仓部分，还是维持原有仓位。这样操作的话，加仓部分使你不会因为股价的上涨带来压力，避免了操作上的心理不平衡。一旦加仓失败，又可以当天止损减少损失。

（3）止损方式：股票产生亏损，如果出现破位立刻止损控制在 10%以内，假如小亏，股票只是短暂技术回调，没有任何破位迹象，继续持股不动。

（4）股票产生盈利，在大盘还乐观情况下，动用手里空的一份资金的 20%左右，展开短线股票操作。在短线操作中我们还得严格止损止盈。这样可以增加资金利用率，也能保证大盘不好时及时能回来资金。

（5）当半仓股票盈利加大时而且个股走势良好，再动用 20%左右的资金布局另一个行业或者概念的股票进行长线。止损还是依照 10%之内止损。如果该股出现亏损并不破位，进行补仓措施买入仓位的 1/4，拉高时盈利继续减仓 1/4，这样是为了降低买入成本。

（6）手里永远有 20%左右资金空仓以防备用。这空仓的 20%资金可以来追击市场热点短线操作，这种操作的好处是保证手里股票不是热点时，及时有资金跟上热点操作。还能达到快速盈利来弥补长线股票回调时的价差。

这种方法比较稳健，如果行情上涨手里持有股票，如果下跌保证手里还有资金，而且 20%的短线资金可以随时兑现回来。

2. 三分之一操作法

资金使用 3 份法则，即把资金分成 3 个等份，此方法适合百万以下资金：

（1）第 1 份资金的使用：选准目标股票，最好是一只好行业有概念的个股进仓，买入 1 个等份，股价涨高之后就要出 1/3 的仓，这样的话即使个股回调成本已经降下来了。如果走势良好可以不减仓（亏损 10%之内止损）。

（2）第 2 份资金的使用：当第 1 份资金在获利状态下，且已无风险可言时第 2 份方可使用。此时应选择明显底部放量，具备长线个股进行中长线持有。

（3）第 3 份资金的使用：只有当前两份资金在获利状态下，且大势明显向好时这份资金才可投入战斗，这一份永远做短线股票，以防不测时可以及时兑现回来资金，而且能紧跟热点博取较快较大的盈利。

我们都知道股市永远不变的是变化，而这两种方法的科学性就在于将风险控制在最小，让利润充分增长。当然投资者可以根据不同的资金量和抗风险能力来选择不同的方式。并且要严格遵循趋势理论、顺势而为、高抛低吸、短线操作、快进快出的原则。

我们操作股票的依据是使用统计学原理，是用历史数据的成功概率来判断未来，那么即便历史上是 100%成功的，当你操作时也难免会失败，虽然是 1%的失误，但对你来讲却是 100%的失败。我们总会有做错的时候，只有“大师”才不会做错，因为他们是事后画图的，这样也就不会考虑到这个问题了。而我们在股市实战中的人常常会碰到这个问题。

我们炒股是投机，而不是赌徒赌大小，一开不是大就是小。投机就是投资于赚钱的机会，要找安全的钱赚，否则你不可能在这个市场上永久生存下去，迟早会以亏损出局的。

要严格执行自己制定的规则，完全自律，这是艰难的一环。在笔者刚入股市的初期，曾迷失于频繁交易，导致资金的亏损。在资本市场，执行之难，难在依靠完全的自律，自我约束。因为，人是理性和非理性的综合体，非理性的一面，总是自觉或不自觉地企图来破坏我们理性的思维。

但我们必须克服这一关，做到严格自律，否则，永远无法跨入成功者行列。

而这个过程，涉及修养，需要时间的积累，需要不断的自我心理强化。

股票投资中你必须要有一个良好的心态，有扎实的理论基础、正确的操作理念、过硬的技术以及科学的资金管理。只有做到这些，笔者相信你一定会成为市场中的赢家的！

第八章——视频讲解

后　记

股市犹如人生，起起落落，悲欢离合，酸甜苦辣，它是一条处处布满陷阱而又通向财富的阳光大道。当你踏入股市之时，实际上你就已经带领自己的部队进入了战场，开始攻城略地，准备去收编别人的队伍。如果你不熟读兵书，没有任何作战经验，到头来估计你会把自己的部队和城池拱手相让。即便你曾经百战百胜，也可能会因一次“大意失荆州”而导致全军覆没，让你后悔莫及。

这是一场没有终点的征程，如果你把财务自由作为人生追求的目标，把投资当成是一辈子的事业，那么如何建立适合自己的风险控制体系是你必须要认真思考和学习的第一课。

中国的股市与世界其他股市明显不同，具有强烈的政策性和不可预测性，经常是暴涨暴跌。而此时技术分析会显得那么脆弱无力。面对这样的市场我们只能靠合理的资金管理和严格的风险控制来规避市场上的不确定性因素导致的风险。

要想在股市上持续稳定盈利，必须学习高手的行为和技术，这样才能提高股票操作水平。要成为高手不仅要有过硬的技术、良好的心态、合理的资金管理，还要有严格的止盈、止损策略。本书是你通向成功之路的基石，希望广大读者认真阅读，它能使你快速从一个菜鸟变成一个职业操盘手。

我们也愿意帮助志同道合的读者一起应对这个特殊的市场（现本人正在组建投资俱乐部，欢迎有志之士加盟）。